ENTENDENDO O PENSAMENTO A3

S677e Sobek II, Durward K.
         Entendendo o pensamento A3 : um componente crítico do PDCA da Toyota / Durward K. Sobek II, Art Smalley ; tradução Francisco Araújo da Costa ; revisão técnica: Paulo Ghinato. – Porto Alegre : Bookman, 2010.
         192 p. : il. ; 23 cm.

         ISBN 978-85-7780-571-6

         1. Administração da produção – Estudo de caso. 2. Sistema Toyota de Produção. I. Título.

                                                        CDU 005.61

Catalogação na publicação: Renata de Souza Borges CRB-10/1922

DURWARD K. SOBEK II
ART SMALLEY

ENTENDENDO O PENSAMENTO A3

UM COMPONENTE CRÍTICO DO PDCA DA TOYOTA

Tradução:
Francisco Araújo da Costa

Revisão Técnica:
Paulo Ghinato
Ph.D. em Engenharia de Sistemas de Manufatura
pela Kobe University, Japão

2010

Obra originalmente publicada sob o título
Understanding A3 Thinking: A Critical Component of Toyota's PDCA Management System

ISBN 978-1-56327-360-5

Copyright © 2008 by Taylor & Francis Group, LLC

Todos os direitos reservados. Publicado conforme acordo com a editora original, Productivity Press, uma divisão da Taylor & Francis Group, LLC.

Capa: *Rogério Grilho*
Leitura final: *Douglas Ceconello*
Editora sênior: *Arysinha Jacques Affonso*
Editora júnior: *Júlia Angst Coelho*
Editoração eletrônica: *Techbooks*

Reservados todos os direitos de publicação, em língua portuguesa, à
ARTMED® EDITORA S.A.
(BOOKMAN® Companhia Editora é uma divisão da ARTMED® EDITORA S.A.)
Av. Jerônimo de Ornelas, 670 - Santana
90040-340 - Porto Alegre - RS
Fone (51) 3027-7000 - Fax (51) 3027-7070

É proibida a duplicação ou reprodução deste volume, no todo ou em parte, sob quaisquer formas ou por quaisquer meios (eletrônico, mecânico, gravação, fotocópia, distribuição na Web e outros), sem permissão expressa da Editora.

SÃO PAULO
Av. Angélica, 1091 - Higienópolis
01227-100 - São Paulo - SP
Fone (11) 3665-1100 - Fax (11) 3667-1333

SAC 0800 703-3444

IMPRESSO NO BRASIL
PRINTED IN BRAZIL
Impresso sob demanda na Meta Brasil a pedido de Grupo A Educação.

Os autores

Durward K. Sobek II é professor adjunto de engenharia industrial e administrativa na Montana State University. Sobek é um especialista renomado no campo de sistemas de desenvolvimento de produtos, além de pesquisador e observador da Toyota há muitos anos. Recentemente, trabalhou com a aplicação da metodologia A3 aos serviços de saúde e ao desenvolvimento de produtos. Escreveu diversos artigos, fez apresentações e realizou oficinas relacionadas ao seu premiado trabalho.

Art Smalley é presidente da Art of Lean, uma empresa de consultoria especializada na implementação de STP avançado. Art foi contratado e treinado como engenheiro de produção na Toyota japonesa para apoiar a criação de instalações no exterior. Durante seu tempo lá, Art mergulhou na cultura da Toyota e nos métodos de redação de relatórios A3, auxiliado por seus mentores na empresa. Art escreveu o livro *Criando o Sistema Puxado Nivelado*, que ganhou o Prêmio Shingo de Pesquisa, em parceria com o Lean Enterprise Institute, em 2003. Em 2006, foi aceito pela Academia do Prêmio Shingo de Produção pelas suas contribuições ao campo de produção enxuta.

Agradecimentos

Agradecemos ao pessoal da Toyota Motor Corporation, que compartilhou sua sabedoria conosco durante todos esses anos e continua a ser uma fonte de inspiração e de visão. Embora uma lista completa de todos que influenciaram nossas ideias sobre esse assunto seja longa demais, não podemos deixar de mencionar Isao Kato, o gerente de educação e treinamento, hoje aposentado. Os gerentes da Toyota Tomoo Harada, Mitsuru Kawai e Mihaya Hayamizu foram especialmente importantes para o desenvolvimento pessoal e profissional de Art Smalley quando este era funcionário da Toyota. Além disso, diversos membros do Toyota Technical Center foram muito generosos em compartilhar o modo como tentaram traduzir a prática dos relatórios A3 do Japão para os Estados Unidos, dentro da organização de engenharia da Toyota; agradecemos especialmente a Mike Masaki, Bruce Brownlee, Mary Cassar e Kris Marvin.

Também somos gratos a diversas outras pessoas que ajudaram a tornar este livro realidade: ao já falecido Allen Ward, que nos deu o termo "pensamento A3"; a Brian e Michael Kennedy, que nos fizeram levar o assunto a um novo nível e a formalizar o pensamento e os processos por trás dos relatórios A3; a Cindy Jimmerson, por muitas conversas maravilhosas sobre rascunhos de A3s e por compartilhar suas visões práticas sobre a implementação da ferramenta em tempo real em um ambiente hospitalar; a Manimay Ghosh, que ajudou a coletar exemplos de A3 e cuja pesquisa nos forneceu mais ideias sobre por que os elementos do processo A3 funcionam como funcionam; a Michael Balle, Bill Farmer, Dan Jones e Katherine Radeka, que revisaram uma primeira versão deste livro e deram *feedback* valioso. Também agradecemos à equipe editorial da Productivity Press por seu excelente trabalho para melhorar o texto.

Parte do financiamento deste trabalho veio da National Science Foundation, prêmio #011535. Também gostaríamos de agradecer à Montana State University pelo tempo e pelos recursos fornecidos para completar o projeto. Qualquer opinião, conclusão ou recomendação expressa neste material é dos autores e não reflete necessariamente as opiniões da National Science Foundation ou da Montana State University.

Finalmente, agradecemos a nossas esposas, Sarah e Miwa, e a nossas famílias e nossos clientes. Sem seu apoio, este trabalho teria sido impossível.

Apresentação à edição brasileira

É uma honra e satisfação estar novamente envolvido com o trabalho de Smalley, de quem já tive a oportunidade de, anos atrás, revisar a edição em português da obra *Criando o Sistema Puxado Nivelado*. Um ex-*Toyota man* de incrível bagagem e capacidade de transmissão de conhecimento.

Já era tempo de alguém com a necessária experiência, cuidado metodológico e fôlego mergulhar fundo e trazer à tona este elemento fundamental do Modelo Toyota (*Toyota Way*): o relatório A3 e o padrão de pensamento que sustenta sua aplicação. Foi isso que esta dupla de "mergulhadores profissionais" fez, trazendo o resultado para nós, em linguagem simples e abordagem bem estruturada. Este livro é o produto da combinação mais do que acertada do esmero acadêmico de Sobek com o senso prático e experiência de "anos de Toyota" de Smalley.

Ainda que aqui se trate e apresente em detalhes as diferentes formas do Relatório A3, os autores alertam para o ponto central deste livro: o modelo mental de aplicação sistemática do PDCA, revelado até no próprio título do livro (que Liker, em sua Apresentação, apropriadamente destaca). Este modelo mental, que os autores chamam simplesmente de mentalidade A3 é uma maneira de perceber, analisar e tratar uma situação/problema, que se serve de uma forma mais ou menos padronizada de registrar e apresentar esta situação/problema. Aqui temos algo que pode surpreender a muitos: a padronização do formato do relatório (mesmo o próprio tamanho A3) é realmente secundária. A forma deve ser um meio que favoreça a melhor aplicação da lógica PDCA. Aqui sim, não há espaço para desvios: cada problema tratado, cada situação a ser retratada ou proposta a ser apresentada deve sempre ser abordada, rigorosamente, a partir da lógica PDCA. Isso entendido, os padrões de relatório A3 para solução de problema, para *status* e para proposta (os três tipos básicos de A3) recomendados por Sobek e Smalley podem servir como conveniente ponto de partida para o exercício da mentalidade A3. Vale lembrar que na Toyota, dificilmente dois A3s terão exatamente a mesma estrutura e apresentação.

Aplicar sistematicamente a lógica PDCA é seguramente um dos maiores desafios da gestão. Isso significa, também, que os líderes devem instilar em todos a "mentalidade A3", fundamental instrumento da melhoria contínua e do respeito pelas pessoas, pilares do Modelo Toyota. A melhoria contínua depende diretamente da aplicação do ciclo PDCA, ao mesmo tempo em que o respeito pelas pessoas significa acreditar que todos podem pensar e realizar melhorias continuamente. Neste aspecto, o método e a forma associados à mentalidade A3 são instrumentais.

Neste livro você encontrará orientações fundamentais (os sete elementos chave do relatório A3, por exemplo) para construir relatórios A3 com simplicidade e robustez; resultado que, sem estas precisas orientações, exigiriam muita e muita prática. Isso não quer dizer que essas "dicas" sejam suficientes para construir bons A3s. Pelo contrário, os autores enfatizam que um bom A3 resulta de muita experimentação. Aliás, o desafio que os autores apresentam de exercitar a mentalidade A3 ao longo da leitura do livro é evidência desta preocupação. Além das preciosas "dicas", este livro está recheado de ricos exemplos de A3 (consulte os apêndices!), que facilitam o entendimento do leitor. Os *checklists* para revisão e aprimoramento dos A3s também são um apoio importante para quem quer começar a utilizar os relatórios e experimentar a mentalidade A3.

Este é mais do que um livro; é um guia ao qual você deve recorrer sistematicamente durante suas experiências de construção dos relatórios A3. Além das dicas, *checklists* e exemplos, os resumos ao final de cada capítulo também podem ser muito úteis para refrescar a memória a respeito do que trata cada capítulo e para localizar rapidamente o ponto de seu interesse.

Meus primeiros ensinamentos quanto à aplicação da mentalidade A3 foram valiosíssimos, mas extremamente duros. Vieram há 10 anos, por meio de discípulos de Mr. Ohba (ex-diretor da Toyota e discípulo direto do famoso e já falecido Taiichi Ohno – Vice-Presidente da Toyota Motors e considerado o "pai" do Sistema Toyota de Produção.): John Marushin e Gregory Colación – ex-*Toyota men* e *senseis* com quem trabalhei durante três anos em um projeto de implementação do Lean System no Brasil. O método e a forma sobressaíam (era o que era visível!), ao mesmo tempo em que eu percebia na fala e atitude de John e Greg que esta não era a questão essencial: "Você vai entender... Continue indo ao *genba* e fazendo o esforço de sintetizar (com lápis, papel e muita borracha!) em uma história consistente o que você é capaz de ver", eles me diziam... Os porquês, as orientações e dicas de Sobek e Smalley teriam me poupado muito esforço e, seguramente, teriam me permitido aprender muito mais de meus *senseis*... você tem esta grande vantagem. Aproveite!

Paulo Ghinato – Diretor-Geral
Lean Way Consulting

Apresentação

É possível que a Toyota seja a empresa mais admirada e mais imitada do mundo hoje. Alguns maus resultados trimestrais poderiam mudar completamente o alto nível de interesse, mas isso não parece muito provável no momento. É difícil encontrar uma empresa mais consistente em termos de lucratividade e crescimento contínuo durante décadas. De fora, isso pode parecer apenas o produto de alguns truques japoneses, como os sistemas *just-in-time* (JIT), para reduzir os estoques e um sistema geral de produção e logística que sempre produz qualidade excepcional. Mas ninguém de dentro da empresa concordaria com essa análise. Se conversar com os seus executivos, ouvirá sempre o mesmo assunto: sua vantagem competitiva vem do envolvimento de todas as pessoas da empresa com a melhoria contínua. Na verdade, na Toyota de hoje, a casa do Sistema Toyota de Produção (STP) foi substituída pela casa do Modelo Toyota, apresentada pelo então presidente Fujio Cho em *The Toyota Way 2001*.

O STP é representado por dois pilares: JIT e *jidoka*. *Jidoka* se refere a equipamentos com a inteligência para interromper sua própria operação. Dentro da Toyota, ambos os pilares têm a ver com a solução de problemas. O JIT é um sistema com pouco estoque; os problemas interrompem a linha e criam um sentido de urgência para resolvê-los. O *jidoka* envolve equipamentos e pessoas que interrompem a linha quando há um problema. Por que alguém iria querer interromper a linha? A resposta é que os líderes Toyota não querem interromper a linha, já que isso é caro e pode provocar atrasos em entregas para clientes. O que os líderes querem é revelar problemas para que as pessoas que trabalham nos processos atuem sobre a causa fundamental, fortalecendo o processo. É com esse fortalecimento contínuo dos processos em toda a empresa e em todo o mundo que a Toyota se torna um pouco melhor a cada dia. Os concorrentes podem imitar as diversas ferramentas e os métodos do JIT e do *jidoka*, mas, a menos que melhorem um pouquinho a cada dia durante décadas, jamais conseguirão competir com a Toyota.

O modelo Toyota possui dois pilares diferentes: respeito pelas pessoas e melhoria contínua. A casa do STP destacava sistemas técnicos, como o JIT, enquanto a nova versão destaca pessoas solucionando problemas. Na verdade, desde que Taiichi Ohno começou a desenvolvê-lo, o objetivo do STP sempre foi a solução de problemas, apesar disso não estar explícito naquele modelo. Além de enfocar mais explicitamente o lado humano, esse novo modelo, o Modelo Toyota, também é genérico e pode ser aplicado a todas as partes da Toyota, não apenas à produção.

O método de solução de problemas ensinado às pessoas na Toyota funciona como a caixa de ferramentas para a melhoria contínua. Esse método se baseia no que a Toyota aprendeu décadas atrás com o guru da qualidade W. Edwards Deming: Planejar, Executar, Verificar, Agir (PDCA). Esses passos se enraizaram firmemente como parte integral da cultura corporativa. Outro elemento que se enraizou na cultura é um modo de relatar os resultados do PDCA que agora está se tornando conhecido como relatório A3. O A3 é uma folha de papel de 42 x 29,7cm, e as regras do jogo são colocar todo o relatório em um lado da folha. Originalmente, segundo me explicaram, essa era a maior folha de papel que cabia em uma máquina de fax. Também já vi americanos que trabalham para a Toyota que estavam lutando para colocar seu relatório A3 em uma folha A4, explicando que a Toyota hoje quer relatórios ainda mais curtos, escritos em papel de 21 x 29,7cm.

Até faz sentido que uma empresa tão apaixonada pela simplificação de suas fábricas e por eliminar até a última gota de perda tente criar um relatório sem perdas. Na verdade, um dos motivos para processos tão enxutos no Japão foi a falta de espaço e de dinheiro nos primeiros tempos da Toyota Motor Company. Não havia espaço para estoque extra, nem dinheiro para equipamentos enormes que construíssem tudo em grandes lotes. Um lado de uma folha de papel não é muito espaço, então é impossível usar muito palavrório sem valor agregado nesse espaçozinho. Aliás, se uma imagem vale mil palavras, faz sentido usar figuras em seu A3 quando possível.

Mais de uma vez já passei pela experiência de receber uma ligação mais ou menos assim: "Meu chefe quer levar a produção enxuta para o escritório. Fizemos o programa enxuto no chão de fábrica com muito sucesso e precisamos de outra ferramenta para levar ao escritório. Ele ouviu falar dos relatórios A3 como ferramenta enxuta e me mandou dar uma olhada. Ele quer que todos os relatórios futuros sejam A3". Com uma orientação assim, é verdade que há mesmo o risco de ver os relatórios A3 se tornarem equivalentes dos escritórios aos cartões de *kanban* (um dispositivo de sinalização que dá autorização e instruções para a produção ou retirada de itens em um processo de produção) das fábricas. Havia um modismo de usar *kanban* para eliminar estoque. Imprima cartões o suficiente, deixe-os coloridos, sele-os e, pronto, você tem um sistema puxado como o da Toyota. Crie *kanban* eletrônico e a Toyota está ultrapassada. Agora, diz a teoria, é possível escrever vários relatórios A3 no escritório e ser enxuto como a Toyota. Infelizmente, não é tão simples.

Entendendo o Pensamento A3: Um componente Crítico do PDCA da Toyota é o título certo para este livro. Muito se esconde por trás desse título. Primeiro, é preciso entender que o A3 é mais um modo de pensar do que uma metodologia de elaboração de relatórios. Quando a Toyota passou do papel A3 para o A4, o processo não estava sendo alterado em sua base. Na verdade, se a empresa decidisse permitir o uso de ambos os lados do papel, a mudança não seria importante. O importante é a filosofia que sustenta a metodologia.

Além disso, a filosofia está enraizada no modo PDCA de pensar. O PDCA é uma ferramenta prática para a melhoria contínua. Ela é prática no sentido de criar uma estrutura para ações, mas ser prática não é o mesmo que ser fácil. O PDCA não é nada fácil. É fácil executar, executar, executar. É muito difícil pensar sobre todos os aspectos de um problema e chegar à causa fundamental para formular um plano. Parece ainda mais difícil verificar que as mudanças estão funcionando, mesmo depois que a contramedida foi implementada e parece estar funcionando, para depois identificar mais ações a fim de continuar melhorando. A melhoria contínua é isso mesmo: contínua. Não é possível resolver problemas, presumir que o processo está consertado e ignorá-lo até que cause problemas de novo. Cada nova fase torna o processo um pouco mais forte e mais robusto, mas sempre há mais perdas e mais espaço para melhorias, e as condições sempre mudam. Então, o PDCA, na verdade, é PDCAPDCAPDCA...

A metodologia de solução de problemas da Toyota e o modo como a Toyota envolve pessoas com ela são multifacetados. Felizmente, a equipe que escreveu este livro é de alta qualidade e entende profundamente esse modo de pensar. Art Smalley trabalhou para a Toyota por muitos anos e foi um dos poucos americanos que aprendeu japonês e trabalhou para a Toyota no Japão. Após deixar a empresa, levou sua experiência com o STP a muitas indústrias, sempre aprofundando sua compreensão no processo. Durward Sobek é meu ex-aluno e, no começo, recebeu uma bolsa nossa para estudar o sistema de desenvolvimento de produtos da Toyota. Mas havia um porém: antes precisava aprender japonês para fazer sua pesquisa no Japão. Durward foi um aluno nota 10 em japonês avançado e foi ao Japão fazer as entrevistas em japonês. Ele aprendeu como os relatórios A3 e a filosofia PDCA por trás deles eram a espinha dorsal do sistema de desenvolvimento de produtos da Toyota. Juntos, Art e Durward entendem o pensamento A3 profundamente e já viram a sua aplicação em diversos contextos.

Os autores montaram um guia prático recheado de excelentes exemplos para ensiná-lo a desenvolver um relatório A3. Mas, se você aprender apenas a mecânica do processo, estará ignorando a verdadeira mensagem deste livro. A mensagem profunda está no processo de pensamento. O A3 é uma maneira disciplinada de relatar problemas que encoraja uma maneira disciplinada de resolver problemas. Infelizmente, o sistema não é perfeito, e um processo ruim de solução de problemas não fica bom só porque foi documentado em um A3 colorido. Recomendo que estude este livro e reflita sobre o significado profundo do PDCA. Use os relatórios A3 como uma maneira de exercitar suas habilidades de PDCA e torne-se um estudioso da melhoria contínua... por toda sua vida.

Jeffrey K. Liker
Professor de Engenharia Industrial e de Operações – Universidade de Michigan

Sumário

1. A base para a eficácia administrativa **23**
    PDCA: o coração do modelo Toyota 24
    O que não entendemos? 26
    Um sistema para apoiar a gestão PDCA 29
    Notas 30

2. O pensamento A3 .... **33**
    Os sete elementos do pensamento A3 34
        Elemento 1: processo de raciocínio lógico 34
        Elemento 2: objetividade 35
        Elemento 3: resultados e processo 37
        Elemento 4: síntese, destilação e visualização 38
        Elemento 5: alinhamento 39
        Elemento 6: coerência interna e consistência externa 40
        Elemento 7: ponto de vista sistêmico 40
    Solução prática de problemas 42
        Entendendo a situação atual 42
        Identificando a causa fundamental 45
        Criando contramedidas e visualizando o estado futuro 46
        Criando um plano de implementação 47
        Criando um plano de acompanhamento 48
        Discutindo com as partes afetadas 48
        Obtendo aprovação 49
        Executando os planos de implementação e acompanhamento 49
    Resumo 50
    Notas 50

3. O relatório A3 de solução de problemas **53**
    A narrativa do A3 de solução de problemas 54
        Tema 56
        Histórico 58
        Condição atual e descrição do problema 59

Declaração do objetivo 62
Análise da causa fundamental 63
Contramedidas 66
Verificação/Confirmação de efeito 68
Ações de acompanhamento 70
Efeito total 71
Revisando A3s de solução de problemas 72
Sua vez 76
    Parte 1: escreva um A3 77
    Parte 2: critique seu A3 80
Resumo 81
Notas 81

4. O relatório A3 de proposta 83
A narrativa do A3 de proposta 85
    Tema 87
    Histórico 87
    Condição atual 88
    Análise e proposta 89
    Detalhes do plano 91
    Questões não resolvidas (opcional) 91
    Cronograma de implementação 93
    Efeito total 94
Exemplo de A3 de proposta 1 95
Exemplo de A3 de proposta 2 101
Revisando A3s de proposta 105
    Discutir com grupo de colegas ou orientador 105
    Discutir com as partes afetadas 106
    Obter aprovação 108
Sua vez 109
    Parte 1: escreva um A3 de proposta 109
    Parte 2: revise seu A3 110
Resumo 111
Notas 111

5. O relatório A3 de *status* 113
A narrativa do A3 de *status* 115
    Tema 115
    Histórico 116
    Condição atual 117

Resultados 119
Questões não resolvidas/Ações de acompanhamento 121
Efeito total 122
Exemplo de A3 de *status* 125
Discutir com grupo de colegas ou orientador 128
Sua vez 129
Resumo 129
Notas 129

6. Notas sobre forma e estilo 131
Forma 132
Estilo 133
Gráficos 135
    Entenda seus dados 135
    Use o melhor gráfico para os dados 135
    Use os rótulos certos 138
    Use o mínimo de tinta possível 138
    Deixe os gráficos falarem 138
    Tabelas 139
Resumo 140
Notas 140

7. Estruturas de apoio 141
Modelos padrão 142
Onde começar 144
Relatórios A3 escritos à mão ou feitos no computador 145
Coaching 148
Aprovação 150
Armazenamento e recuperação 152
Resumo 153
Notas 153

8. Conclusão 155
O PDCA e a eficácia gerencial 156
O pensamento A3 158
Os três tipos principais 159
Forma e estilo 160
Conselhos finais 161
Notas 162

**Apêndice A Relatório A3 de solução de problemas
"reduzindo o tempo de envio de cobrança"** 163

**Apêndice B Relatório A3 de proposta
"solução prática de problemas"** 175

Índice 185

Introdução

A maioria das organizações modernas luta para melhorar seu desempenho. No nível fundamental, a melhoria contínua exige solução efetiva de problemas. Infelizmente, descobrimos que a maioria das organizações não tem sucesso consistente na solução dos problemas que encontram em suas rotinas. Sim, é verdade que muitas são excelentes no processo de "apagar incêndios", mas a habilidade de resolver problemas organizacionais a ponto de a probabilidade de sua recorrência ser quase nula continua rara.

Neste livro, apresentamos uma ferramenta de uso geral que pode melhorar bastante a capacidade de solução de problemas de uma organização e de seus membros, guiando você por uma investigação completa e honesta dos atuais problemas de seu local de trabalho, estimulando a colaboração entre os membros da organização e documentando decisões, planos e resultados de maneira concisa. A ferramenta é geral o suficiente para ser aplicada a uma grande variedade de problemas organizacionais e se mostrou eficaz em inúmeros contextos. E é conceitualmente simples: não é necessário qualquer treinamento técnico ou matemático sofisticado além de papel, caneta e alfabetização.

Essa ferramenta é o relatório A3, assim chamado devido ao tamanho do papel usado tradicionalmente em sua confecção. O que descrevemos nestas páginas foi desenvolvido pela Toyota e se baseia em nossa pesquisa e experiência com profissionais da Toyota por muitos anos, além de nossas experiências usando a ferramenta em organizações americanas. Outras empresas usaram ferramentas semelhantes com bons resultados. No entanto, em todos os casos, as ferramentas são eficazes apenas na medida em que ajudam a criar um estilo de pensamento rigoroso e completo, um estilo de comunicação que se concentra em dados concretos e informações vitais, e um estilo de solução de problemas que é colaborativo e objetivo. Assim, o título deste livro tenta enfatizar que os processos usados para desenvolver os documentos são tão importantes quanto, ou até mais importantes que, os próprios documentos.

Entender a força dos relatórios A3 e o pensamento por trás deles exige um bom entendimento do ciclo Planejar-Executar-Verificar-Agir (PDCA). O PDCA é uma metodologia de alto nível para melhoria contínua que há muito tempo é um elemento básico no movimento de Gestão da Qualidade Total. Como explicamos no Capítulo 1, o PDCA é a filosofia básica por trás do pensamento A3. Infelizmente, descobrimos que muitos gerentes não conhecem o PDCA e muitos dos que conhecem não o compreendem de verdade. Assim, usamos boa parte do primeiro capítulo para explicar o PDCA e sua importância fundamental.

No pensamento A3, o desenvolvimento de bons solucionadores de problemas é tão importante quanto a solução eficaz de problemas. Assim, o Capítulo 2 se concentra no entendimento dos métodos que os solucionadores de problemas usam e que o sistema foi criado para desenvolver. Articulamos sete elementos do pensamento A3 (ou seja, do tipo de pensamento que o relatório A3 encoraja) e o processo que põe carne sobre o esqueleto do PDCA, tornando-o mais útil e permitindo que seja acionado.

Ao mesmo tempo, descrevemos um conjunto de ferramentas práticas que, junto com uma compreensão do sistema e de sua lógica, pode ser implementado rapidamente e com bons resultados. O Capítulo 3 descreve a forma mais básica de relatório A3, o A3 de solução de problemas. Os Capítulos 4 e 5 detalham duas outras formas comuns de relatório A3: o A3 de proposta e o A3 de *status*. Cada tipo geral de relatório é útil para situações específicas. Esses capítulos descrevem os relatórios em linhas gerais, incluindo exemplos e modelos, e fornecem exercícios para dar ao leitor a oportunidade de aprender na prática. Cada capítulo também inclui uma seção sobre a revisão de relatórios A3. O sistema de revisão tem um papel importante no sistema geral, pois é o principal mecanismo para garantir que processos rigorosos são seguidos. O sistema também representa um mecanismo essencial dentro da Toyota para ensinar a solução de problemas.

A seguir, aproveitamos o Capítulo 6 para definir alguns dos mecanismos da redação dos relatórios A3 que são aplicáveis independentemente do tipo de relatório. O foco aqui é no estilo e na forma, e não, como nos capítulos anteriores, no conteúdo. O Capítulo 7 discute questões relativas às estruturas de apoio que ajudarão a projetar e implementar um sistema de relatórios A3 eficaz em nível organizacional. As questões discutidas aqui não são essenciais no começo, mas se tornam mais importantes à medida que o sistema cresce e começa a ser utilizado por toda a organização. A conclusão (Capítulo 8) oferece algumas reflexões finais sobre os passos seguintes, partindo principalmente de nossas experiências com a implementação desse sistema em organizações americanas.

A descrição do sistema de gestão PDCA contido aqui se baseia em nossas observações e pesquisa da Toyota e, no caso do segundo autor, em sua experiência pessoal escrevendo relatórios A3 sob mentoramento Toyota. Devemos muito à Toyota pelas oportunidades que tivemos de compreender seu sistema e não merecemos crédito pela maioria das ideias, pois aprendemos quase tudo que sabemos com a excelente equipe da Toyota. No entanto, apesar de ter nascido na indústria automobilística, o sistema pode ser aplicado em linhas gerais a praticamente qualquer sistema administrativo. Na verdade, internamente, a Toyota usa o sistema em produção, engenharia de produção, desenvolvimento de produtos, vendas, *marketing* e até no nível executivo. Um espectro tão amplo de aplicação sugere que o sistema pode ser transportado para diversos setores. Na verdade, o primeiro autor aplicou-o em um contexto de serviços de saúde, com excelentes resultados.

Convidamos você para uma jornada em que aprenderá a abordar problemas organizacionais e a aproveitar novas oportunidades de maneira prática e eficaz, como base de seus projetos de melhoria contínua. Mesmo que o sistema completo não seja adotado por sua organização (apesar de desejarmos que seja), é possível melhorar muito a sua eficácia pessoal com a aplicação dos processos, do pensamento e das ferramentas descritos nas páginas a seguir. Venha, explore e, acima de tudo, pratique o que você aprender nestas páginas.

A base para a eficácia administrativa   1

A Toyota Motor Corporation é uma das empresas mais estudadas dos tempos modernos. Mais de uma dúzia de livros[1] já foram escritos sobre a empresa, seu sistema e sua filosofia de administração e suas abordagens a diversos problemas operacionais e de negócios. Um dos últimos livros, *O Modelo Toyota*, de Jeffrey Liker[2], se tornou um *best-seller* instantâneo, indicando a forte atração que o nome Toyota exerce na comunidade empresarial. Uma busca no site Business Source Premier (http://www.uwe.ac.uk) revelou mais de 3 mil artigos publicados em 10 anos com "Toyota" no título. E esse número sequer inclui as centenas de volumes e inúmeros artigos sobre produção enxuta ou seus diversos aspectos (como 5S, *kanban*, *poka-yoke*) que se baseiam principalmente em ferramentas e práticas desenvolvidas pela Toyota.

Essa atenção é merecida. Na época da redação deste livro, a Toyota havia acabado de ultrapassar a Ford Motor Company em número de veículos vendidos por ano nos Estados Unidos, já tendo ultrapassado a Ford em vendas mundiais alguns anos antes, e estava prestes a superar a General Motors e tornar-se a maior indústria automobilística do mundo. Em 2005, a Toyota produziu um veículo a cada quatro segundos, aproximadamente, em alguma parte do mundo; ao mesmo tempo, tornava-se o *benchmark* para qualidade de produto. A Toyota sempre vence prêmios nacionais e internacionais em todas as avaliações de qualidade automobilística. Por exemplo, o Lexus, uma das principais marcas da empresa, foi o primeiro colocado da J. D. Power's Initial Quality Survey nos últimos 10 anos. Além disso, a empresa é lucrativa; na verdade, é muito lucrativa. A Toyota teve lucros recordes em 2003, 2004 e 2005, com mais de 10 bilhões de dólares por ano, enquanto a concorrência americana via seus lucros caírem significativamente ou até mesmo amargava prejuízos.

Mas outras empresas também tiveram sucesso. O que torna a Toyota tão intrigante é que, pelos padrões da maioria dos negócios, seu sucesso se sustenta há muitíssimo tempo. A partir das cinzas da Segunda Guerra Mundial, a Toyota inicialmente precisou batalhar apenas para evitar a falência, mas cresceu durante as décadas seguintes para se tornar a maior indústria do Japão. À medida que cresceu, a Toyota começou a buscar mercados fora do Japão. No começo da década de 1980, a Toyota estava firmemente estabelecida no mercado americano. A Toyota cresceu todos os anos nos últimos 50 anos e não teve perda em receita líquida desde o começo da década de 1950. Esse é um desempenho espetacular em um ramo caracterizado por ciclos de altos e baixos.

A Toyota também é intrigante porque sua filosofia de negócios e de administração é especial, sua abordagem à produção é excepcional e contraintuitiva e sua compreensão coletiva da dinâmica operacional é de uma inteligência impressionante. A Toyota é mais conhecida por seu sistema de produção, documentado pela primeira vez em um manual detalhado de 80 páginas, publicado internamente em 1973, em japonês. Sua primeira publicação em inglês apareceu em 1977, escrita por Sugimori e colaboradores[3], como resumo de alto nível. No entanto, foi apenas no começo da década de 1990 que a qualidade única do sistema da Toyota passou a ser conhecida pelo público em geral, com a publicação do livro *A Máquina que Mudou o Mundo (The Machine That Changed the World*[4]*)*. Nele, os professores do MIT detalham os sistemas incrivelmente robustos, flexíveis e eficientes que observaram no Japão. Eles chamaram esses sistemas de "produção enxuta", por sua capacidade de projetar, produzir e entregar grandes volumes de produtos de maior qualidade com uma fração dos recursos usados pelos concorrentes americanos e europeus. A comunidade industrial aprenderia mais tarde que o modelo de produção enxuta era o Sistema Toyota de Produção (STP).

A Toyota tem sido muito aberta com seu sistema, compartilhando com outros e até mesmo estabelecendo o Toyota Supplier Support Center para prestar consultoria para empresas americanas que querem operar de maneira mais eficiente, tudo sem qualquer custo ao cliente. Mais recentemente, passamos a entender que a qualidade especial da Toyota se estende a outras áreas, incluindo desenvolvimento de produtos e logística. Em diversas áreas estão surgindo pequenas empresas que fornecem treinamento em ferramentas e conceitos enxutos e auxiliam a sua implementação. As aplicações enxutas que um dia se concentravam principalmente em indústrias de alto volume estão rapidamente invadindo outros setores da economia, incluindo engenharia, serviços financeiros, transporte e logística, saúde, serviços de alimentação e governo (incluindo operações militares). O impacto da Toyota está sendo sentido muito além da indústria automobilística.

PDCA: o coração do modelo Toyota

O modelo enxuto está alterando a indústria no mundo desenvolvido. Os estoques estão se reduzindo, os tempos de atravessamento estão se encurtando, a qualidade está se mantendo ou mesmo melhorando e os preços estão caindo. Esperamos que essa tendência também apareça em outros setores, assim como aconteceu na indústria. Ainda assim, até onde sabemos, apesar de todo o nosso conhecimento, de tudo que já foi publicado, de todos os recursos disponíveis, nenhuma empresa americana atingiu o nível da Toyota em termos de eficiência e eficácia. Na verdade, a Toyota está construindo fábricas nos EUA ao mesmo tempo em que a maioria das indústrias americanas está tentando levar suas operações para o exterior ou mesmo terceirizá-las por completo. Por que não vemos mais empresas emulando o sucesso da Toyota?

Pode haver muitas outras explicações, mas talvez a mais importante seja que a maioria de nós não entende – ou, se entende, não aprecia – o que está no coração da abordagem da Toyota aos negócios, à administração e à produção. Tendemos a ver o complexo conjunto de ferramentas como se fosse o próprio sistema. Apesar de esse conjunto ser importante para o sistema como existe hoje, ele é a superfície, não seu centro. Na verdade, Taiichi Ohno, o pai do moderno STP, disse que as ferramentas são apenas contramedidas para problemas de negócios que a Toyota enfrentou e que seriam usadas apenas até contramedidas melhores serem encontradas.[5] Em outras palavras, a rede interligada de ferramentas e práticas que conhecemos como produção enxuta é o resultado de um conjunto mais profundo de processos. Nossa tese é que esses processos mais profundos estão no coração do sistema da Toyota.

Como o sistema Toyota surgiu? Em linhas gerais, o sistema surgiu à medida que o pessoal da Toyota encontrou problemas ou oportunidades, "solucionou" os problemas de maneira agressiva e sistemática para encontrar uma maneira melhor de trabalhar e, então, verificou rigorosamente que essa nova maneira era mesmo melhor. Se a solução melhorava mesmo o sistema, a nova maneira se tornava o modo padrão de fazer o trabalho; caso contrário, a solução de problemas e a verificação continuam até que o problema seja resolvido satisfatoriamente.

As raízes desse processo estão plantadas no método científico de investigação. Os fundadores do grupo Toyota original foram Sakichi Toyoda e seu filho, Kiichiro. Sakichi é reconhecido em livros escolares japoneses como um dos maiores inventores de seu tempo. Seu grande feito foi a criação de um tear automático em 1924, que em muito ultrapassava a produtividade e a qualidade de qualquer produto semelhante no mercado da época. Mais de 24 patentes foram concedidas apenas para aquela máquina: a maioria para Sakichi, mas diversas também foram desenvolvidas por Kiichiro, que se formara no departamento de engenharia mecânica da Universidade de Tóquio (considerada a melhor universidade do país). Assim como seu pai, Kiichiro era um inventor nato e gostava de criar, montar e desmontar por natureza. As máquinas desenvolvidas por eles nasceram dessa repetitiva experimentação. Esse gosto por ações e pelo teste de ideias por meio de experimentos continua até hoje.[6]

As abordagens de solução de problemas usadas pela Toyota hoje também foram profundamente influenciadas pela metodologia de alto nível desenvolvida por Walter Shewhart, na Bell Labs, na década de 1930. Essa metodologia mais tarde seria adotada por W. Edwards Deming, que se tornaria seu maior evangelista.[7] A metodologia é o ciclo Planejar-Executar-Verificar-Agir (PDCA), também conhecido como Ciclo de Deming. Outra fonte de educação foram os representantes da Japan Union of Scientists and Engineers (JUSE, ou União Japonesa de Cientistas e Engenheiros), que realizou palestras na Toyota e em outras indústrias japonesas após a Segunda Guerra Mundial, ensinando princípios científicos de controle de qualidade e melhorias.[8] O coração desses ensinamentos é o ciclo PDCA.

O ciclo PDCA começa com o passo Planejar, no qual o solucionador de problemas estuda completamente o problema ou a oportunidade para compreendê-lo de todos os pontos de vista possíveis, analisa-o (quantitativamente, se possível) para encontrar as causas fundamentais, desenvolve uma ou mais ideias para resolver o problema ou aproveitar a oportunidade e cria um plano para sua implementação. No passo Executar, o plano é posto em prática tão logo seja possível e prudente. O passo Verificar envolve medir os efeitos da implementação e compará-los com as metas ou previsões. Agir se refere ao estabelecimento de um novo processo, solução ou sistema como padrão se os resultados são satisfatórios, ou a aplicação de ações corretivas se não são. O ciclo PDCA simplesmente segue os passos do método científico: Planejar é o desenvolvimento de uma hipótese e o projeto do experimento; Executar é a condução do experimento; a Verificar é a coleta de medições; e Agir é a interpretação dos resultados e a aplicação das ações adequadas.

Com o passar dos anos, a Toyota refinou um conjunto de normas e práticas sobre como realizar cada passo do ciclo da maneira mais eficaz. A todo instante, o solucionador tentar confrontar suas próprias pressuposições e preconceitos para entender melhor a situação ou o fenômeno ou para validar a precisão de sua compreensão. Se surge alguma nova ideia, o novo aprendizado precisa ser confirmado com experimentos. Se o nível de compreensão atual é considerado deficiente, é necessário realizar ações corretivas imediatas.

O que não entendemos?

Nada disso deveria parecer novo ou exótico para os gerentes ocidentais. Ironicamente, os conceitos de metodologia científica ou PDCA são ocidentais e não são originais à cultura japonesa. Então, por que tantas organizações não adotaram esse processo ou modo de pensar da maneira como a Toyota fez? Cremos que essa pergunta suscita diversas respostas.

O que é mais significativo é que, no Ocidente, temos a tendência de nos orientar para resultados de curto prazo. Queremos cuidar do problema e seguir em frente. Na Toyota, no entanto, o processo pelo qual os resultados são conquistados é igualmente importante, se não mais importante, e o objetivo final não é apenas a resolução imediata dos problemas, mas também que 1) a probabilidade de recorrência do problema caia no futuro devido a melhorias gerais do sistema e 2) o solucionador de problemas tenha melhorado suas habilidades e esteja preparado para encarar tarefas ainda mais desafiadoras no futuro. Essa diferença de perspectiva altera fundamentalmente o modo como vemos o PDCA.

Costuma-se dizer que uma firma americana, ao enfrentar um problema complicado que tem um ano para resolver, gastará os três primeiros meses com planejamento, três com implementação e seis fazendo ajustes e atando pontas soltas. A Toyota, na mesma situação, gastaria onze meses planejando e um mês implementando (sem deixar pontas soltas!). É claro que essa comparação é um exagero, mas ainda assim contém um importante fundo de verdade. A Toyota gasta tanto tempo e esforço com a fase de planejamento porque ela é crítica para a aprendizagem. Os gerentes da Toyota querem garantir que compreendem profundamente o histórico e os fatos da situação atual antes de seguir em frente. Após análises completas do estado atual, os gerentes querem estabelecer com alto grau de certeza que identificaram a causa fundamental do problema. Isso inclui compreender a situação de múltiplas perspectivas, não apenas da própria, e coletar e analisar o desempenho do sistema de maneira quantitativa.

Os solucionadores de problemas da Toyota também planejam a mudança aos mínimos detalhes (incluindo quais passos serão dados, por quem e quando) e conquistam o consenso entre os indivíduos envolvidos e, se necessário, de seus supervisores. Esse nível de planejamento de implementação é importante para a aprendizagem porque, se a melhoria esperada não for conquistada, a equipe vai querer saber se os resultados decepcionantes foram consequência de falta de compreensão da situação ou de má implementação da solução.

Além disso, o planejamento completo inclui uma previsão razoável da mudança em desempenho e um plano de acompanhamento. Novamente, quem fará o que e quando. A previsão do desempenho futuro é, na verdade, uma afirmação informal da hipótese com base no estado atual de conhecimento. Essa é uma afirmação *a priori* da hipótese (ou seja, antes do experimento), que permite que a aprendizagem ocorra durante o acompanhamento. Ou confirmamos nossa compreensão atual, ou descobrimos sem sombra de dúvida que temos mais a aprender. Sem a hipótese, o método científico logo se transforma em mero jogo de adivinhações ou em uma abordagem de tentativa e erro, com quedas correspondentes no nível de aprendizagem.

Depois que a função de planejamento está completa, o plano pode ser executado. Basicamente, o passo Executar precisa ser realizado para que qualquer mudança possa ocorrer. Isso pode parecer óbvio, mas muitas organizações parecem se contentar com gastar todo seu tempo em reuniões e nunca chegam a fazer nada em relação aos problemas identificados. A Toyota reconhece que o passo Executar é essencial. Esse passo é o experimento que testa a hipótese.

O passo Verificar, então, é o ponto em que os indivíduos envolvidos validam seu nível atual de compreensão, um passo crucial do processo de aprendizagem. Como sabemos que o que pensamos ter aprendido e compreendido durante o passo Planejar é mesmo correto? A Toyota faz isso seguindo os conselhos de Shewhart e Deming e medindo os resultados reais. Se os resultados reais correspondem às previsões, a equipe de solução de problemas confirma que o que pensam ter aprendido é provavelmente correto. Em outras palavras, o conhecimento foi validado. Se os resultados reais não combinam com a previsão, é preciso mais investigações para descobrir por quê. A equipe também vai querer garantir que a implementação ocorreu tal e qual foi planejada (se não, é claro, então por que não).

Finalmente, o passo Agir identifica quaisquer pontas soltas ou modificações a serem feitas com base na aprendizagem do ciclo Verificar. Esse também é o passo no qual a mudança é institucionalizada como desempenho melhorado do sistema e a aprendizagem é compartilhada com as partes adequadas da organização. Parece óbvio que não gostaríamos de institucionalizar uma mudança até verificarmos que a organização terá mesmo um desempenho melhor em consequência dela; no entanto, muitas organizações costumam instituir mudanças sistêmicas sem ter uma boa ideia de quais serão os efeitos da mudança.

Assim, vemos que, apesar de muitos gerentes terem ouvido falar do PDCA, a maioria não entende que o sistema envolve muito mais do que resolver problemas prontamente. O PDCA é uma metodologia de alto nível para elevar a consciência individual e organizacional sobre o que é conhecido e o que não é conhecido a fim de resolver os problemas enfrentados no presente e prevenir sua recorrência no futuro. Ao mesmo tempo, o PDCA pretende melhorar o desempenho do sistema no longo prazo, não apenas cuidar de um problema localizado. Como a discussão anterior demonstra, o sucesso no uso do ciclo exige certo nível de disciplina.

Uma história ajuda a ilustrar a questão. Quando um dos autores era um jovem *trainee* no Japão, foi solicitado que resolvesse um problema de qualidade em uma retífica de precisão. A princípio, sua proposta foi mudar diversos parâmetros de uma só vez para "consertar" o problema. Em vez disso, seu supervisor ordenou que desenhasse a máquina nos mínimos detalhes e fizesse um gráfico de Pareto de todos os diversos tipos de defeitos dela. Esse exercício isolou um tipo de defeito específico como a principal causa de preocupação. O supervisor, então, fez o *trainee* listar todas as possíveis causas do defeito, uma a uma, usando um diagrama de espinha de peixe.

Como uma relação de causa e efeito positiva não podia ser estabelecida apenas por dedução, pediu-se que o *trainee* listasse diversas ações corretivas para serem testadas para cada causa potencial. Ele as testou uma a uma. Finalmente, após alguns dias, o *trainee* fez uma descoberta quando analisou e trocou o óleo de refrigeração que lubrificava a peça durante o ciclo de retificação. O óleo havia sido infectado por bactérias. Após substituir o óleo, os defeitos caíram de 2,3% para menos de 0,2%.

O *trainee* informou as boas notícias com orgulho a seu supervisor e ao gerente de produção. Esperando elogios, ele se sentiu um pouco humilhado quando ambos não pareceram totalmente satisfeitos. O *trainee* ouviu, basicamente: "Obrigado por seus esforços. A propósito, já considerou como foi que o óleo se contaminou? Que tipo de controle temos para analisá-lo em busca desse problema? Quem é o encarregado pelo seu processo de análise? Como podemos prevenir contaminações futuras?"

As palavras e perguntas não foram duras ou excessivamente negativas. Foram pensadas com um propósito específico. Sim, resolver o problema naquela única máquina era bom. No entanto, o desenvolvimento da capacidade do *trainee* de solucionar problemas e ver os problemas maiores era mais importante. Além disso, um avanço só merece elogios quando as verdadeiras relações entre causa e efeito foram estabelecidas e as verdadeiras contramedidas (ou seja, neste caso, como impedir contaminações futuras do óleo de refrigeração) são implementadas para prevenir a recorrência do problema. Essa distinção pouco sutil é a diferença entre solucionadores de problemas que são apenas bons e aqueles que são excelentes.

Um sistema para apoiar a gestão PDCA

Defendemos que o sucesso chamativo da Toyota nasce mais fundamentalmente de uma filosofia e uma cultura administrativas firmemente enraizadas no PDCA do que do mero uso de ferramentas enxutas. Ao contrário de alguns elementos da abordagem da Toyota que certos autores alegam ser inatos e implícitos (e, portanto, difíceis de evocar porque as pessoas da Toyota não estão conscientes deles), esse elemento é bastante explícito e onipresente na empresa. Nas reuniões de equipe, no mentoramento individual, em manuais e cursos de treinamento internos e, até mesmo, em apresentações públicas, o PDCA é mencionado explicitamente como uma filosofia suprema em quase tudo que a Toyota faz. Além disso, defendemos que deixar de compreender completamente os detalhes e o rigor do papel do PDCA implica em dificuldades para compreender a Toyota além de suas ferramentas e práticas. A consequência final é provavelmente nunca conseguir cumprir a promessa da produção enxuta.

Nosso propósito ao escrever este livro, no entanto, não é nos concentrarmos no PDCA enquanto abordagem geral à administração, apesar de termos começado assim para fornecer a fundamentação essencial para as ideias que serão expressas nas páginas seguintes. Nossa meta também não é explicar a Toyota, apesar de que faremos um pouco disso também. Em vez disso, nosso propósito é descrever um sistema simples para a implementação da gestão PDCA, um sistema que é simples sem deixar de ser disciplinado e rigoroso. O livro se concentra no que a Toyota chama de relatórios A3, documentos de uma página que registram os principais resultados do ciclo PDCA. (Os relatórios A3 têm esse nome porque cabem em um lado de uma folha de papel A3, que equivale a cerca de 42 x 29,7 cm.) Os modelos de relatórios servem como diretrizes para enfrentar de maneira sistemática e rigorosa as causas fundamentais dos problemas que surgem no local de trabalho. Os relatórios que emergem do processo documentam os planos para que possam ser discutidos, esmiuçados e (após sua aprovação) seguidos, além de convidar a reflexões e introspecção sobre a aprendizagem que ocorreu, documentar essa aprendizagem para referência futura e criar um ponto focal para *coaching* e mentoramento.

Apesar dos relatórios serem a peça central do sistema, os documentos não são, por si próprios, o sistema. O sistema da Toyota, como o entendemos, inclui processos para abordar e acompanhar problemas e oportunidades, e são os processos, mais que os documentos, que levam aos resultados. Simplesmente completar um relatório A3 faz pouco pela organização na ausência de um processo adequado. Além disso, queremos que você, leitor, compreenda o pensamento por trás do sistema, como o título do livro sugere. Nem todos os problemas e oportunidades da Toyota são atacados com o uso de um relatório A3, mas os raciocínios por trás do sistema quase sempre são invocados. É isso que queremos esclarecer. Além disso, o estilo de pensamento nos relatórios não é usado apenas nos departamentos de produção da empresa: ele é usado em todas as funções da Toyota e em todos os níveis. Agora, vamos examinar aquilo que chamamos de pensamento A3.

Notas

1. Por exemplo, M. A. Cusumano, The Japanese Automobile Industry: Technology and Management at Nissan and Toyota (Cambridge, MA: Council on East Asian Studies and Harvard University, 1986); T. Ohno, O Sistema Toyota de Produção: além da produção em larga escala (Porto Alegre: Bookman, 1997); S. Shingo, O Sistema Toyota de Produção do ponto de vista da engenharia de produção (Porto Alegre: Bookman, 1996); Japan Management Association and D. J. Lu, Kanban Just-in-Time at Toyota: Management Begins at the Workplace (Cambrid-

ge, MA: Productivity Press, 1989); Y. Monden, The Toyota Management System: Linking the Seven Key Functional Areas (Cambridge, MA: Productivity Press, 1996); T. L. Besser, Team Toyota: Transplanting the Toyota Culture to the Camry Plant in Kentucky (Albany, NY: SUNY Press, 1996); M. A. Cusumano and N. Kentaro, Thinking beyond Lean: How Multi-Project Management Is Transforming Product Development at Toyota (New York: Free Press, 1998); Y. Monden, Toyota Production System: An Integrated Approach to Just-in-Time (Norcross, GA: Engineering & Management Press, 1998); T. Fujimoto, The Evolution of a Manufacturing System at Toyota (New York: Oxford University Press, 1999); M. N. Kennedy, Product Development for the Lean Enterprise: Why Toyota's System Is Four Times More Productive, Richmond VA: The Oaklea Press 2003; S. Hino, O pensamento Toyota: princípios de gestão para um crescimento duradouro (Porto Alegre: Bookman, 2009); J. M. Morgan and J. K. Liker, Sistema Toyota de Desenvolvimento de Produto: integrando pessoas, processo e tecnologia. (Porto Alegre: Bookman, 2008).

2. Liker, J. K. *O Modelo Toyota: 14 princípios de gestão do maior fabricante do mundo.* Porto Alegre: Bookman, 2006.
3. Y. Sugimori K. Kusunoki, F. Cho, and S. Uchikawa (1977) "Toyota Production System and Kanban System: Materialization of Just-in-Time and Respect-for-Human System," International Journal of Production Research, 15(6): 553—64.
4. J. P. Womack, D. T. Jones, and D. Roos, *The Machine That Changed the World* (New York: HarperPerennial 1990).
5. Taiichi Ohno é considerado o arquiteto do que conhecemos como produção enxuta, incluindo os conceitos de *just-in-time*, *kanban* e fluxo contínuo. Ver T. Ohno, *Toyota Production System: Beyond Large-Scale Production* (Portland, OR: Productivity Press, 1988).
6. Wada Kazuo and Yui Tsunehiko, *Kiichiro Den: The Life of Kiichiro Toyoda* (Nagoya, Japan: Nagoya University Publishing, 2002). © Toyota Motor Corporation, 2002.
7. W. A. Shewhart, Statistical Method from the Viewpoint of Quality Control (New York: Dover, 1939); HCi, "PDCA Cycle," www.hci.com.au/hcisite3/toolkit/pdcacycl.htm (accessed December 2007).
8. Andrea Gabor, *The Man Who Discovered Quality* (New York: Times Books, 1990).

O pensamento A3 — 2

O relatório A3 é uma ferramenta poderosa que estabelece uma estrutura concreta para implementar a gestão PDCA e ajuda a levar os autores dos relatórios a uma compreensão mais profunda do problema ou da oportunidade, além de dar novas ideias sobre como atacar um problema. O relatório A3 facilita a coesão e o alinhamento interno da organização em relação ao melhor curso de ação. Mas, assim como qualquer ferramenta, é preciso saber usar o relatório A3. Como mencionado na introdução, a ferramenta em si é menos importante do que o tipo de pensamento promovido pelo seu uso. Portanto, mesmo a adesão mais fiel às diretrizes para elaboração de relatórios A3 descritas nos capítulos seguintes não salvaria a situação, pois o resultado valorizaria mais a forma do que o conteúdo.

Para evitar essa situação, neste capítulo descrevemos o tipo de pensamento promovido pelo sistema de relatórios A3. Acreditamos (e achamos que você vai concordar conosco) que o tipo de pensamento do qual estamos falando é raríssimo na maioria das organizações, apesar de poder criar uma força de trabalho extremamente competente. Essa qualificação da força de trabalho se traduz em sistemas de trabalho altamente efetivos e em contínua melhoria e em excelente desempenho organizacional. Em nossa opinião, o pensamento A3 é o segredo para evitar a valorização da forma sobre o conteúdo no uso de relatórios A3.

Além disso, os relatórios A3 não podem ser elaborados em isolamento, por um indivíduo trabalhando exclusivamente em seu cubículo. Há uma espécie de processo, um conjunto de princípios seguidos em certa sequência, que provoca uma série de comportamentos necessários para aproveitar o poder do relatório A3 enquanto ferramenta de solução de problemas colaborativa. Assim, a segunda metade deste capítulo descreve uma abordagem prática à solução de problemas que deriva de nosso trabalho na Toyota.

Pensar na solução de problemas como uma atividade principalmente intelectual não seria consistente com a filosofia PDCA, com o pensamento A3 e com o modelo Toyota. Ações específicas são necessárias para precipitar os modos corretos de pensamento, que levam às próximas ações e a um pensamento ainda mais profundo, e assim por diante, em um ciclo infinito de pensamento e ação que produz as melhorias desejadas. Assim, para demonstrar esse ponto crucial, apresentamos esses dois lados simultaneamente, pensamento e comportamentos, em um único capítulo.

Os sete elementos do pensamento A3

À medida que refletimos sobre nossas experiências e pesquisa na Toyota, descobrimos que o desenvolvimento intelectual das pessoas é uma alta prioridade dentro da empresa. Também vemos que a Toyota usa o sistema de relatórios A3 como uma maneira de cultivar o desenvolvimento intelectual de seus membros e que a gerência da empresa tenta intencionalmente guiar esse desenvolvimento de maneiras específicas. Desvendamos a mentalidade por trás do sistema A3 em sete elementos:

1. Processo de raciocínio lógico
2. Objetividade
3. Resultados e processo
4. Síntese, destilação e visualização
5. Alinhamento
6. Coerência interna e consistência externa
7. Ponto de vista sistêmico

Vamos analisar cada um desses elementos separadamente e ver como o pensamento A3 é a base para a solução efetiva de problemas em tempo real.

Elemento 1: processo de raciocínio lógico

Talvez acima de tudo, a Toyota quer que seu pessoal consiga pensar e, então, agir racionalmente no processo de tomada de decisões e solução de problemas. A estrutura básica e a técnica representadas pela elaboração de relatórios A3 são uma mistura de disciplina na execução do PDCA com uma boa dose de metodologia científica de investigação. Pensando sobre seu tempo na Toyota, um dos autores deste livro se impressiona com a ênfase e a importância dadas ao discernimento factual da diferença entre "causa" e "efeito" no mundo diário de produção. Por outro lado, a Toyota vê a incapacidade de diferenciar corretamente causa e efeito como a causa principal de muitas más decisões gerenciais e problemas que permanecem sem solução na gestão diária.

Como muitos gerentes da Toyota gostam de dizer, a infeliz realidade é que as organizações têm um número infinito de problemas para resolver, mas apenas uma quantidade finita de recursos disponível com a qual resolvê-los. Empresas de sucesso como a Toyota são capazes de desenvolver pessoas para reconhecer os problemas mais importantes enfrentados pelo negócio ou por um processo (por exemplo, compreensão do princípio 80/20[1]), e fazem com que os funcionários incorporem a obrigação e a capacidade de resolver problemas prontamente.

Os benefícios não são apenas táticos, em termos de geração de resultados; o pensamento A3 também é incrivelmente poderoso porque cria abordagens socialmente construídas e consistentes a classes importantes de problemas, para que os membros da organização passem menos tempo correndo sem sair do lugar ou tentando descobrir como outra pessoa está abordando uma mesma situação. Essa é uma dinâmica importante, mas em geral ignorada, da Toyota Motor Corporation. A empresa simplesmente tem menos tempo de gerência perdido, pois as reuniões são mais focadas e produtivas e as coisas erradas recebem menos atenção.

Relatórios A3 bem utilizados, assim como os padrões de pensamento por trás deles, ajudam a promover e reforçar os processos de raciocínio lógico completos que atacam todos os detalhes importantes, consideram diversos caminhos em potencial, levam em consideração os efeitos da implementação, antecipam possíveis obstáculos e incorporam contingências. Os processos se aplicam tanto a questões de estabelecimento de metas, elaboração de políticas e decisões diárias quanto à solução de problemas de negócios, organizacionais e de engenharia.

Elemento 2: objetividade

Como a observação humana é inerentemente subjetiva, cada pessoa vê o mundo de uma maneira um pouco diferente da outra. Assim, as representações mentais da realidade que as pessoas sentem podem ser muito diferentes, e cada pessoa tende a acreditar que a sua representação é a "certa". Na maioria dos casos, os indivíduos dentro de uma organização possuem um entendimento suficientemente comum para conseguirem trabalhar juntos e ter sucesso. Mas, com bastante frequência, quando vão aos detalhes da situação, o entendimento comum começa a desmoronar e as diferenças no modo como vemos a realidade ficam expostas.

Por exemplo, considere uma fábrica que usa muitas máquinas e que está tendo muitas paradas mecânicas em seus equipamentos.[2] Todo o pessoal da fábrica sabe que o tempo morto é um problema, mas concordar sobre o que fazer é outra história. A produção culpa a manutenção pela demora, inabilidade ou falta de urgência. A manutenção, por outro lado, culpa a produção por não fazer as limpezas diárias das máquinas, por não dar tempo para a manutenção preventiva ou por deixar de comunicar os sintomas do problema cedo o suficiente. Ambos os lados têm pontos de vista altamente subjetivos e emocionais em relação à situação, o que costuma obscurecer sua objetividade e seu raciocínio lógico. A reação natural, quando pensamos que nossa representação é a certa, é ver as dos outros como "erradas", um processo que logo se degenera nas trocas de acusações que são tão comuns em situações que envolvem participação interdepartamental.

O pensamento A3, por outro lado, tenta reconciliar os diversos pontos de vista, em parte porque uma visão da situação que inclui múltiplas perspectivas costuma ser mais objetiva que qualquer ponto de vista isolado. Os solucionadores de problemas necessariamente começam com suas próprias imagens da situação e as explicitam para que possam compartilhá-las melhor com os outros e testá-las. Eles também coletam fatos quantitativos (ou seja, objetivos) e discutem sua imagem com os outros, para verificar que estão retratando a situação de maneira precisa. Se não estiverem, fazem os ajustes adequados até que uma representação fiel seja criada, o que alguns chamam de uma realidade compartilhada. Em outras palavras, é uma representação compartilhada de uma realidade compartilhada.

Voltando ao debate entre manutenção e produção, seria mais útil descobrir que, das 120 máquinas na fábrica, apenas sete são responsáveis pela maior parte do tempo morto e, depois de mais investigações, que cinco delas ficaram fora de serviços por longos períodos devido à falta de peças mecânicas de reposição. As peças foram encomendadas, mas ficaram presas no setor de compras devido a informações incorretas do fornecedor no formulário de requisição. O problema ainda é grave, mas a discussão sobre o que fazer é completamente diferente. Nesse exemplo, nem as habilidades nem a motivação dos funcionários de produção ou dos técnicos de manutenção era a causa fundamental do problema. E o problema se repetirá no futuro, a menos que o modo como ele é visto mude.

O ponto é que a objetividade é um componente central da mentalidade do pensamento A3. Os solucionadores de problemas de sucesso testam continuamente sua compreensão de uma situação, analisando suas pressuposições, seus vieses e suas incompreensões. O processo começa enquadrando o problema em relação aos fatos e detalhes relevantes da maneira mais objetiva possível. Além disso, soluções sugeridas ou cursos de ação recomendados devem promover o bem organizacional, não planos pessoais (mesmo que subconscientes). Há pouco espaço no pensamento A3 para opiniões qualitativas ou desejos.

Elemento 3: resultados e processo

Apesar de toda a atenção que a Toyota recebe por seu famoso processo de produção, na verdade a organização é bastante orientada a resultados. Metas operacionais e de negócios agressivas são estabelecidas e tanto indivíduos quanto equipes são avaliadas com base em quanto desses objetivos conseguem atingir. Mas, na Toyota, atingir metas com processos descuidados é inaceitável. O fim não justifica os meios. Nosso colega John Shook, que trabalhou para a Toyota no Japão, costuma comentar que "na Toyota, é importante obter resultados, mas também é importante obtê-los do jeito certo". Ou seja, do jeito da Toyota. O pensamento A3 diz respeito tanto sobre o desenvolvimento pessoal quanto sobre a conquista de resultados, então os processos usados se tornam críticos. Os mentores da Toyota querem saber clara e especificamente o quanto você entende o problema, investiga alternativas, entende como a proposta se encaixa no contexto maior e assim por diante. Assim, os resultados testam seu entendimento. A conquista acidental de resultados, ou pela sorte, não vale muito no longo prazo. Com uma abordagem A3, o processo pode ser refinado e repetido para se conseguir resultados melhores no futuro.

Ao mesmo tempo, seguir o processo e não atingir resultados é igualmente ineficaz. Os resultados são mesmo um teste de nossa compreensão. Os maus resultados não apenas deixam de fazer a organização avançar, eles também refletem uma má compreensão, uma situação que precisa ser consertada. Assim, continuamos a aplicar o processo (ou seja, a aplicar o PDCA) até atingirmos resultados que reflitam um nível aceitável de compreensão.

Pense no exemplo de uma seguradora que recebe muitos pedidos de cotação de seus agentes de campo. O tempo de rotatividade de uma cotação média é de cerca de cinco dias. O problema é que, quando a cotação chega ao agente de campo, o cliente em geral já foi conquistado pela concorrência. Para resolver essa situação, a gerência poderia contratar mais pessoas para processar cotações mais rapidamente ou pressionar seus funcionários a trabalharem com mais empenho ou velocidade. Essas abordagens poderiam produzir resultados, mas, dentro do modelo Toyota de pensar sobre problemas, não seriam aceitáveis. A gerência Toyota iria querer descobrir o motivo do tempo de rotatividade ser de cinco dias. Informações faltando? Fluxo ruim no processamento das cotações? Processo de aprovação demorado? Falta de treinamento entre os funcionários? Para a Toyota, descobrir e resolver a verdadeira causa fundamental, reduzindo o tempo de rotatividade para um dia ou menos com os recursos existentes, é o processo "certo" a ser usado. Um processo que logo salta para uma solução (como, por exemplo, contratar mais analistas) sem entender bem as causas fundamentais, apesar de poder produzir os resultados desejados, não seria visto como um processo de sucesso.

Assim, o terceiro elemento do pensamento A3 diz que tantos os resultados quanto os processos são importantes. Os resultados não são preferíveis ao processo usado para atingi-los, e o processo não é elevado acima dos resultados. Ambos são necessários e críticos para a melhoria organizacional e para o desenvolvimento da equipe.

Elemento 4: síntese, destilação e visualização

Os relatórios A3 são breves de propósito. Muitos gerentes americanos com quem conversamos sobre o conceito de A3 ficam apaixonados por essa característica. Eles já leram relatórios demais em que a informação crítica estava escondida em uma nota de rodapé da vigésima página, ou já haviam visto muitas apresentações de PowerPoint nas quais a ideia principal aparecia como o quarto item do *slide* 56. Um relatório breve, que vá direto ao ponto, seria puro ar fresco. Mas a brevidade não é um objetivo em si, apesar de ser um benefício secundário muito atraente.

A questão é que a brevidade força a síntese da aprendizagem adquirida durante a pesquisa sobre o problema ou oportunidade e sua discussão com outros. O exercício faz com que diversas informações, das mais diferentes fontes, se integrem em um retrato coerente da situação e da ação futura recomendada. Além disso, nem todas as informações obtidas merecem o mesmo destaque. Assim, o autor do relatório precisa destilar o retrato sintetizado até chegar apenas aos pontos mais cruciais necessários para o posicionamento e o entendimento adequados.

Os gerentes e executivos da Toyota gostam de ter contato pessoal com todos os funcionários e membros de equipe. Em organizações piramidais, como a Toyota, que tem mais de 200.000 funcionários em todo o mundo, isso fica mais difícil de realizar nos níveis mais altos da empresa. Frequentemente, no entanto, o presidente e outros membros do nível executivo visitam o "chão" de fábrica. Quando realizam suas visitas, simples *flipcharts* e relatórios A3 de uma página são usados para apresentações breves sobre o *status* do trabalho em uma área de solução de problemas. Essas apresentações quase sempre seguem um formato padronizado (o que chamamos de pensamento A3) que fornece uma quantidade incrível de detalhes junto à narração do funcionário. O tempo gasto entendendo explicações verbais repetitivas e confusas é eliminado, permitindo que o executivo ou gerente interaja com mais grupos e de um modo altamente produtivo.

A maneira mais eficiente de transmitir informações quase sempre é por meio de representações gráficas. Como professor de engenharia industrial, o primeiro autor deste livro já leu muitos textos de alunos que se estendem por páginas e mais páginas para descrever um processo ou sistema de trabalho quando um simples gráfico teria fornecido as mesmas informações em menos espaço e mais rapidamente. Da mesma maneira, um simples desenho do processo e do problema pode eliminar mil palavras e o tempo e energia necessários para explicá-las. Assim, o pensamento A3 encoraja a visualização das informações sintetizadas principais para comunicar a mensagem de maneira clara e eficiente. Na verdade, em muitos casos, o próprio ato de criar uma visualização ajuda o processo de síntese e destilação.

Elemento 5: alinhamento

Muitos autores defendem que a implementação de sucesso de uma mudança costuma depender da obtenção de consenso prévio de todas as partes envolvidas. Com o consenso, todos reúnem seus esforços para superar obstáculos e realizar as mudanças. O quinto elemento do pensamento A3, assim, destaca o alto valor que a Toyota coloca sobre o desenvolvimento de um acordo em relação às decisões sobre cursos de ação específicos. Colocar os principais fatos sobre a situação, o raciocínio, a ação proposta e o plano de acompanhamento no papel dá a cada pessoa afetada algo concreto com o qual pode concordar ou discordar.

O alinhamento no pensamento A3 normalmente envolve comunicação tridimensional: horizontal (através da organização), vertical (em toda a hierarquia) e em profundidade (para frente e para trás no tempo). A equipe de solução de problemas se comunica horizontalmente com outros grupos na organização que podem ser afetados pela mudança proposta e incorporam suas preocupações à solução. A equipe também se comunica verticalmente com os indivíduos que estão na linha de frente (digamos, engenheiros de primeiro nível), para ver como são afetados, e com gerentes em níveis superiores da hierarquia para determinar se alguma questão mais ampla não foi trabalhada. Finalmente, é importante que o histórico da situação seja levado em consideração, incluindo soluções anteriores, e que recomendações de ação considerem possíveis exigências futuras. Levar tudo isso em consideração resulta em recomendações inovadoras e que podem conquistar acordo mútuo. Além disso, o fato de os relatórios A3 serem escritos significa que podem ser usados como referência no futuro, o que ajuda a garantir que o acompanhamento e a avaliação serão consistentes e estarão alinhados ao plano original.

A Toyota, assim como muitas organizações japonesas, valoriza muito o consenso. Mas estamos falando aqui de um consenso prático: a empresa reconhece que 100% de consenso não será sempre possível, então, nos casos em que os solucionadores não conseguem incorporar as preocupações de uma pessoa, espera-se que voltem àquela pessoa e expliquem por que suas preocupações não foram incluídas. O propósito dessa conversa é mais do que mera boa educação. É um ato concreto para mostrar que as preocupações foram levadas a sério, além de um pedido implícito para que o indivíduo sacrifique parte de seu interesse próprio em prol do bem comum. Ambos fortalecem o alinhamento da organização.

Elemento 6: coerência interna e consistência externa

Um dos segredos da elaboração de relatórios A3 é o estabelecimento de um fluxo lógico de uma seção do relatório para a seguinte, o que promove a coerência interna da abordagem de solução de problemas, parte do sexto elemento do pensamento A3.

Com frequência, vemos esforços de solução de problemas ineficazes apenas porque os solucionadores não conseguem manter a coerência. Eles enfrentam problemas que não são importantes para as metas da organização, propõem soluções que não trabalham as causas fundamentais ou mesmo definem planos de implementação que excluem partes críticas da solução proposta. Assim, a coerência interna à abordagem de solução de problemas é de suma importância para o sucesso da resolução do problema.

O uso de relatórios A3 reforça um padrão generalizado de solução de problemas e aumenta a visibilidade da coerência (ou falta de coerência) da abordagem usada. Na elaboração de um relatório A3, o tema ou questão deve ser consistente com as metas e os valores da organização. O diagnóstico da situação atual se alinha com o tema. A análise da causa fundamental segue diretamente da análise da situação atual. As soluções propostas impactam as causas fundamentais identificadas. O plano de implementação aciona as soluções. O plano de acompanhamento testa os resultados das soluções, em contraste com as metas estabelecidas no começo do relatório.

Ao mesmo tempo, como o fluxo de diferentes tipos de A3 (designados a partir de diferentes situações organizacionais) é comum por toda a Toyota, a organização consegue estabelecer um alto nível de consistência em todas as suas unidades organizacionais. Abordagens consistentes aceleram a comunicação e auxiliam o estabelecimento de um entendimento compartilhado. Os membros organizacionais compreendem a lógica implícita da abordagem, podendo, então, antecipar e oferecer informações que ajudem os solucionadores de problemas à medida que avançam dentro do processo.

Elemento 7: ponto de vista sistêmico

A manutenção de um ponto de vista sistêmico é um valor forte da Toyota, refletido no sétimo e último elemento do pensamento A3. Antes de se envolver com um curso de ação específico, o indivíduo é orientado a desenvolver uma compreensão profunda de:

- O propósito do curso de ação.
- Como o curso de ação faz avançar as metas, necessidades e prioridades da organização.
- Como ele se encaixa no contexto e afeta outras partes da organização.

Em geral, é preciso evitar soluções que resolvem um problema em uma parte da organização e criem outro em outra parte. Assim, uma recomendação de seguir um curso de ação que promova uma meta organizacional ao custo de todas as outras também tem poucas chances de receber uma recepção amigável. O ponto é que o solucionador de problemas deve compreender a situação em um contexto suficientemente amplo, e as recomendações devem promover o bem geral da organização.

As universidades frequentemente sofrem por não levar em consideração um ponto de vista sistêmico quando enfrentam desafios. Por exemplo, se um programa acadêmico descobre que os alunos não estão aprendendo as informações de base para uma certa área, a solução mais comum é incluir uma disciplina sobre aquele tópico. Mas agir assim aumenta o peso sobre o corpo docente, gastando recursos pedagógicos que poderiam ser usados para outras coisas, como apoio à pesquisa ou a estudantes de pós-graduação, e também aumenta a carga sobre os alunos. Em suma, uma meta é avançada, mas várias outras retrocedem. No mundo da indústria, os departamentos de produção sempre podem fabricar mais unidades em qualquer dia de trabalho para aumentar as estatísticas de produtividade. No entanto, isso pode resultar em superprodução, uma das sete perdas do Sistema Toyota de Produção (STP), se a fabricação de mais itens não se traduzir em mais dólares de vendas ou em efeitos positivos sobre os lucros da empresa. Os indicadores de um departamento podem parecer bons, mas o desempenho geral da organização continua o mesmo ou piora, o que sugere a ausência de um ponto de vista sistêmico.

Em suma, apesar de termos apresentado os elementos do pensamento A3 como sete peças distintas, na verdade elas interagem e reforçam umas às outras. A maioria dos elementos, por exemplo, pode ser considerada uma extensão do ponto de vista sistêmico ou dos processos de raciocínio lógico. Defendemos que, se quiser ter pessoas dentro de sua organização que usam raciocínio lógico e que abordam os problemas que encontram de maneira sistêmica, o melhor é promover a objetividade, encorajar a síntese e a destilação das informações mais relevantes, buscar sempre o alinhamento organizacional (nos níveis adequados) para os cursos de ação recomendados, manter a consistência por todas as unidades organizacionais em sua abordagem organizacional e a coerência dentro de cada caso de solução de problemas, bem como avaliar o desempenho com base no processo e nos resultados.

Solução prática de problemas

Os elementos do pensamento A3 formam um pano de fundo crítico para entender como e por que a ferramenta A3 funciona, mas esses elementos não são necessariamente muito acionáveis. Simplesmente dizer "vamos adotar um ponto de vista sistêmico" em geral não basta para realizar algo concreto em prol dessa meta. Assim, passamos agora a discutir as ações específicas que promovem o tipo de pensamento descrito nas seções anteriores. A elaboração de relatórios A3 é importante, mas não é tão importante quanto as atividades executadas na criação do relatório e as conversas que os relatórios ajudam a gerar. Na verdade, no programa de treinamento interno da Toyota, os alunos não podem realizar cursos sobre elaboração de relatórios A3 até terem completado o curso de gestão PDCA e um curso sobre solução prática de problemas. Descrevemos os principais elementos da gestão PDCA no Capítulo 1 e agora faremos o mesmo para a solução prática de problemas.

Destilamos um processo geral para abordar problemas que ocorrem durante o trabalho, com base em nossas observações e pesquisas na Toyota (ver Figura 2.1). O mesmo processo básico é seguido para propostas destinadas a aproveitar oportunidades. O processo parece ser serial, mas na verdade tende a ter natureza iterativa, pois os passos são repetidos sempre que necessário, para remediar quaisquer falhas ou lidar com preocupações surgidas em fases posteriores. Os passos também podem não ocorrer exatamente na ordem apresentada, apesar de, quase sempre, com exceção dos movimentos em loop, o fluxo geral ser consistente. Os primeiros sete passos representam o passo Planejar do ciclo PDCA. Após a aprovação, a equipe entra imediatamente no passo Executar, seguido pelo passo Verificar. Se os resultados forem satisfatórios, a nova mudança se torna o procedimento operacional padrão, completando o passo Agir do PDCA; caso contrário, o processo começa de novo, como indicado pela flecha pontilhada. A seguir, discutimos um pouco mais sobre cada passo.

Entendendo a situação atual

O passo de solução de problemas que mais diferencia a Toyota de qualquer outra empresa é o primeiro passo do ciclo: entender a situação atual. O que a Toyota quer dizer com essa frase é conseguir entender completamente um problema, no contexto no qual ocorre. O contexto é crítico porque, com frequência, o segredo para resolver um problema está em um detalhe que ninguém notou ainda (pois, se alguém já tivesse notado, o problema teria sido prevenido!).

Por exemplo, na discussão entre produção e manutenção sobre a responsabilidade pelo tempo morto, apresentada anteriormente, o entendimento da situação atual exigiria, no mínimo, determinar:

- O número de horas de tempo morto e incidentes que ocorreram nos últimos meses.

```
                        ┌─────────────────────┐
                        │ Problema percebido  │◄─ ─ ─ ─ ─ ─ ─ ─ ┐
                        └──────────┬──────────┘                 │
                                   ▼                            │
                        ┌─────────────────────┐                 │
              ┌───────► │         1           │ ◄──────┐        │
              │         │ Entender a situação atual   │        │
              │         └──────────┬──────────┘                 │
              │                    ▼                            │
              │         ┌─────────────────────┐                 │
              │  ┌────► │         2           │ ◄──────┐        │
              │  │      │ Identificar a causa fundamental│      │
```

Planejar

1. Entender a situação atual
2. Identificar a causa fundamental
3. Criar contramedidas e visualizar o estado futuro
4. Criar o plano de implementação
5. Criar o plano de acompanhamento
6. Discutir com as partes afetadas
7. Obter aprovação

Executar

8. Executar o plano de implementação

Verificar

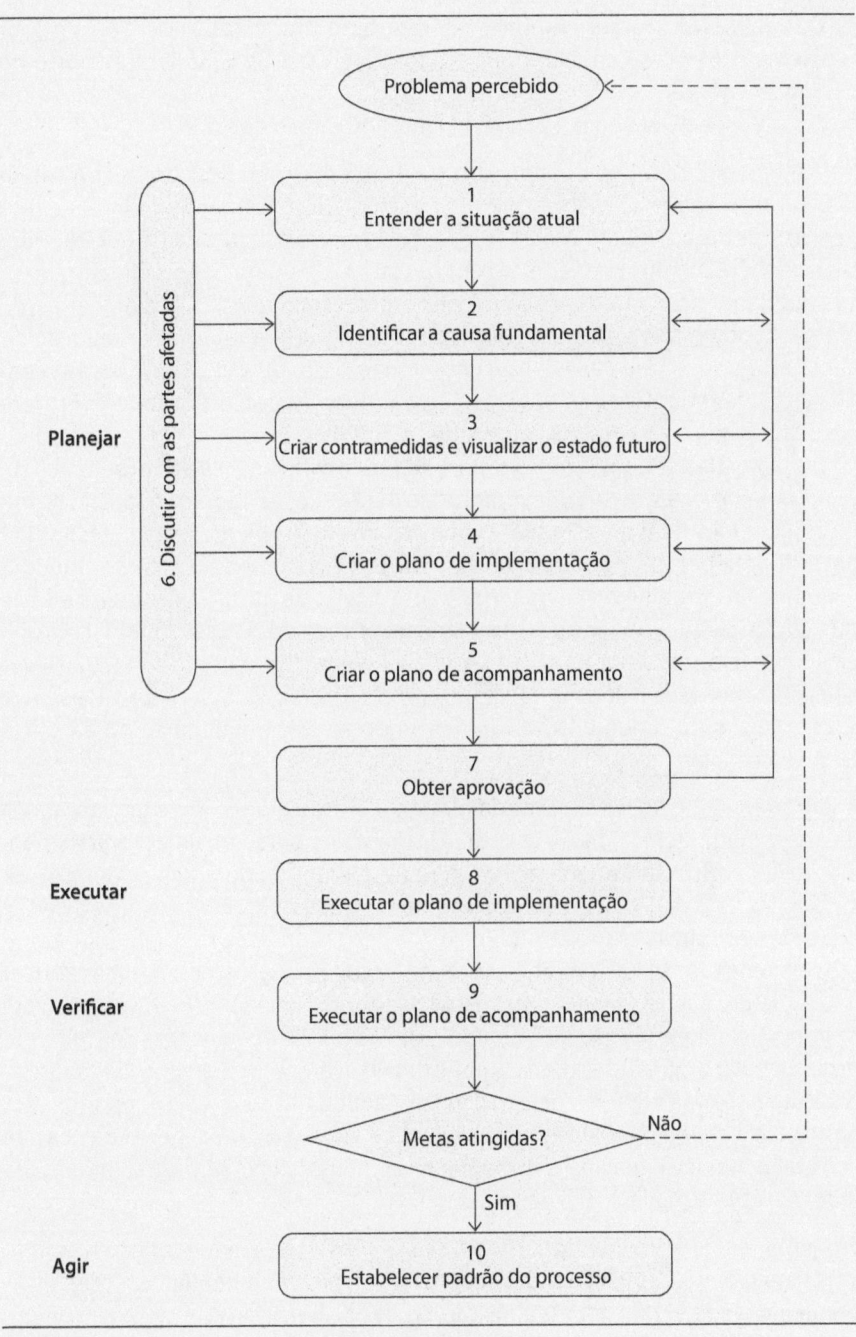

9. Executar o plano de acompanhamento

Metas atingidas? — Não (retorna ao Problema percebido) / Sim

Agir

10. Estabelecer padrão do processo

Figura 2.1 Processo de solução prática de problemas.

- Que máquinas foram responsáveis por qual proporção do problema (por exemplo, cinco máquinas foram responsáveis por 81% do tempo morto do departamento).
- O que, especificamente, causou as falhas de cada máquina.

Nesse mesmo ramo, o solucionador de problemas deve esclarecer o problema. O primeiro passo mais comum na Toyota é ir fisicamente ao local real (o *genba*[3]) onde o problema ocorreu e observar a situação em primeira mão. Isso também significa conversar com os envolvidos para descobrir exatamente onde, quando e sob quais condições o problema ocorreu. Esclarecer ainda mais o problema envolve descobrir por que o problema é um problema; ou seja, o que deveria estar acontecendo e não está, ou o que está acontecendo e não deveria. Um dos autores estava atuando como tradutor-intérprete para um ex-gerente geral de qualidade da Toyota quando um *trainee* de administração estrangeiro perguntou por que precisava ver grandes problemas de qualidade no chão de fábrica quando acabaria recebendo um relatório sobre o problema no final da semana. O ato de ir ver o problema por si mesmo lhe parecia uma perda. O gerente geral, o Sr. Tomura, foi incisivo, comparando a incidência de problemas de qualidade com a cena de um assassinato. A menos que o investigador analise por si mesmo pouco tempo depois do fato, com sua visão especializada, antes que a cena seja contaminada, não conseguirá ver as evidências necessárias para capturar o assassino. Se quiser ter sucesso na Toyota, disse duramente, tratará os problemas de qualidade como a polícia trata um caso de assassinato.

A importância de observar em primeira mão o problema e seu contexto nunca é subestimada dentro da Toyota. Um dos motivos pelos quais achamos que a empresa enfatiza tanto essa ação é que esse é um modo altamente eficaz de confrontar nossas pressuposições, incompreensões e vieses em relação a certas situações. O solucionador de problemas pode achar que certa tarefa (por exemplo, encomendar testes do laboratório ou peças de reposição em uma fábrica) é feita de uma certa maneira, mas é preciso confirmar isso com observação em primeira mão do processo de trabalho real. Ele ou ela pode acabar descobrindo que sua ideia original era apenas uma aproximação, que existem diversas exceções, que apenas algumas pessoas agem daquela maneira e assim por diante. Assim, ir ao *genba* para observar e entender a situação é uma maneira eficaz de verificar e atualizar sua imagem mental de como o sistema funciona, tornando-a uma representação mais fiel da realidade.

Em geral, como no caso hipotético de produção *versus* manutenção acima, o ponto no qual o problema foi descoberto (em uma máquina) não é a origem do problema (onde e como formulários de pedidos de peças de reposição são preenchidos). Outro exemplo: amostras podem chegar ao laboratório hospitalar com instruções incompletas. O problema foi descoberto no laboratório pelo técnico, mas ocorreu de fato no departamento no qual a amostra foi extraída e rotulada (por exemplo, o ambulatório ou a sala de cirurgia). O local de surgimento do problema é conhecido como origem. Depois que o solucionador de problemas rastreou o problema até sua origem, está na hora de tentar quantificar o tamanho do problema. Com que frequência ocorre? Que porcentagem de unidades contêm esse defeito? Qual o impacto do problema em termos de custos? Com a quantificação, o solucionador agora possui uma medida para usar na verificação dos resultados do esforço de solução de problemas.

Depois que o solucionador de problemas sente que tem uma compreensão suficiente da situação atual, seu próximo passo é desenhar uma figura ou diagrama que ilustre a situação, o processo ou o sistema atual e o(s) problema(s) observados; ou, se a situação não se presta a uma representação gráfica, deve descrevê-la por escrito. O solucionador de problemas pode, então, compartilhar essa documentação com os outros envolvidos com o problema, ou afetados por ele, para confirmar a precisão de seu retrato e/ou modificá-lo para incorporar novas informações.

Identificando a causa fundamental

Na origem, costuma ser relativamente simples identificar a causa direta do problema. Qual é a coisa imediata que está acontecendo (ou deixando de acontecer) que está criando o problema? Essa descoberta precisa ser confirmada com mais observações e experimentos, pois seria muito improdutivo implementar uma contramedida que não atacasse o problema.

No entanto, é raro que a causa mais óbvia seja a causa fundamental. Assim, o solucionador de problemas continua a investigação até encontrar a causa fundamental, aquela que, se resolvida, eliminará todas as ocorrências futuras do problema. Um método comum de investigação é usar a abordagem dos cinco porquês. O solucionador pergunta: "Por que esse problema está ocorrendo?". Depois de responder à pergunta, ele identificou a causa do efeito observado. A seguir, o solucionador faz a pergunta novamente, dessa vez transformando a causa em efeito, para identificar uma causa mais profunda. O solucionador continua sua investigação até que a recorrência possa ser prevenida com a resolução daquela causa. Ao final, o solucionador possui uma cadeia de causa e efeito clara e coerente, que demonstra um entendimento profundo do problema em seu contexto, observando como a causa fundamental se liga ao fenômeno observado. A cadeia de causa e efeito deve ser compartilhada com outros para que verifiquem que é provável e razoável.

Em outros casos, a causa fundamental não pode ser deduzida pela técnica dos cinco porquês, e testes ou experimentos estruturados são usados para eliminar as causas possíveis. Por exemplo, um dos autores deste um livro uma vez investigou um problema de qualidade no processo de assentamento final de uma biela. O orifício de virabrequim maior da biela não estava ficando paralelo ao furo menor para conexão com o pino de pistão. O autor identificou seis explicações possíveis para a causa do problema, mas pôde determinar sua verdadeira causa apenas testando cada causa possível em uma sequência cuidadosa, com mensurações a cada passo. Finalmente, o autor confirmou que um processo anterior era o culpado e que o orifício menor não estava sendo alargado corretamente. O problema se resolveu com o realinhamento do cabeçote porta-fuso e a fixação adequada dos mancais na máquina em questão.

Em nossa experiência, a articulação das regras do Sistema Toyota de Produção (STP) de Spear and Bowen[4] se mostrou muito útil em problemas relativos a processos organizacionais. Em sua pesquisa, a dupla formulou três regras que parecem governar o modo como a Toyota projeta seus sistemas de trabalho. São elas:

- As atividades devem ser especificadas de acordo com conteúdo, sequência, duração e resultado.
- As relações entre cliente e fornecedor devem ser claras, diretas e binárias.
- As rotas dos produtos ou bens devem ser simples e diretas.

No trabalho de um dos autores em sistemas hospitalares, não descobrimos nenhum caso em que um problema operacional não tivesse, em sua origem, uma violação de pelo menos uma das regras anteriores. Em outras palavras, todos os problemas que observamos resultaram de uma atividade mal especificada, uma relação obscura ou um caminho complicado ou indefinido. Assim, em geral, sugerimos que a investigação da causa fundamental dos problemas relacionados ao processo continue até que uma dessas regras tenha sido identificada.

Criando contramedidas e visualizando o estado futuro

Depois que a causa fundamental (ou as causas) foi identificada, o solucionador de problemas pode começar a pensar em mudanças específicas ao sistema atual que trabalhem a(s) causa(s). A Toyota chama essas medidas específicas de contramedidas, que costumam ser sugeridas durante o processo de compreender a situação atual e investigar a causa fundamental. As contramedidas devem ser projetadas para prevenir a recorrência do problema.

Essa questão da recorrência precisa ser levada a sério. Na nossa experiência, há uma forte tendência de tentar contornar o problema em vez de tentar prevenir sua recorrência. A natureza humana tende em direção ao caminho de menor esforço. Assim, o pessoal da manutenção substitui um interruptor danificado ou uma válvula quebrada e pensa que o serviço terminou, e as enfermeiras acham um leito para o paciente ou perguntam a informação que falta para resolver o problema urgente e esquecem o assunto. É raro ver organizações se esforçarem ou pensarem muito sobre por que o problema ocorreu originalmente e como preveni-lo no futuro.

Pensando em contramedidas que previnam a recorrência, a equipe de solução de problemas deve passar a considerar seriamente como o novo sistema, processo ou procedimento irá operar depois que as contramedidas forem implementadas. O estado futuro (ou objetivo) deve ser representado graficamente, ilustrando o novo sistema, processo ou procedimento. Nesse mesmo momento, com um entendimento profundo do problema e de suas causas, o solucionador de problemas também deve ser capaz de prever até que ponto a mudança proposta aliviará o problema, uma previsão que deve ser explicitada.

A seguir, o solucionador de problemas deve compartilhar a mudança planejada com os principais representantes dos grupos que serão impactados pela solução. Na medida do possível, o *feedback* das partes afetadas deve ser incorporado e o estado futuro revisado (ou objetivo) deve ser compartilhado novamente. Diversas iterações podem ser necessárias para incorporar tantas preocupações quanto for possível.

A Toyota desenvolveu uma convenção para ajudar na coleta de *feedback* e na construção de alinhamento. Os solucionadores de problemas são estimulados a considerar múltiplas contramedidas para todos os problemas. Essa abordagem não apenas incentiva a criatividade na solução de problemas, ela também permite participações mais tangíveis sobre o estado futuro que será criado aos outros participantes. A seleção da alternativa final pode incluir o *feedback* e as preocupações de todos os participantes, garantindo que a mudança proposta incorpora um ponto de vista sistêmico.

Criando um plano de implementação

Em algumas organizações, as boas ideias vêm à tona apenas para serem abandonadas, pois não há um caminho claro para sua implementação. Ou grandes ideias deixam de realizar seu potencial porque a implementação, não a ideia em si, é problemática. Assim, a criação de um plano de implementação é parte de qualquer processo rigoroso de solução de problemas.

Na Toyota, o plano de implementação consiste nas tarefas exigidas para realizar o estado futuro planejado (ou seja, as tarefas necessárias para realizar e implementar as contramedidas propostas), quem é responsável pela liderança da atividade e quando a atividade estará completa. Isso não é nada mais do que uma aplicação do princípio 5W1H: para cada implementação, verifique se está claro Quem fará O Quê, Onde, Quando, Por Quê e Como (em inglês, *Who, What, Where, When, Why* e *How*). Além disso, o resultado de cada tarefa é explicitado (ou deixado absolutamente óbvio) a partir da descrição. O solucionador de problemas deve criar o plano em colaboração, para que as pessoas listadas no plano de implementação concordem em executar suas tarefas dentro dos prazos estabelecidos.

Criando um plano de acompanhamento

Uma metodologia rigorosa de solução de problemas deve incluir um plano para como os resultados reais serão verificados em comparação com os previstos. Assim como com o plano de implementação, as atividades exatas devem ser explicitadas junto com a pessoa responsável por fazer com que cada ação aconteça, bem como as datas para quando tais atividades ocorrerão. Apesar de parecer simples, com frequência isso sequer é tentado.

Por exemplo, imagine uma mudança no sistema de encomenda de peças ou que um pedido de testes laboratoriais é alterado em resposta a um problema. Após a mudança, como saberemos que o problema foi resolvido se não verificarmos quantitativamente que as contramedidas funcionaram como planejado? Mudar o ciclo de manutenção preventiva da máquina produziu menos tempo morto? A mudança no formulário de pedidos reduziu o número de erros? Se sim, quanto o problema diminuiu? Se não, por que não?

O acompanhamento é importante por pelo menos três motivos. Primeiro, como indicado, essa fase determina se o item de implementação teve algum efeito. Se não, é preciso trabalhar e estudar mais o problema. Segundo, o ato de acompanhamento aumenta em muito a quantidade de aprendizagem que ocorre nos eventos de solução de problemas. Como você sabe que entendeu a situação bem o suficiente para criar contramedidas que funcionem de verdade? Como você sabe que o problema foi resolvido de verdade? É por isso que é crítico ao ciclo PDCA, e pensar no futuro para verificar as atividades torna o passo Verificar uma ação intencional, em vez de mera nota de rodapé do processo. Terceiro, o acompanhamento realizado por indivíduos importantes ou gerentes mostra que a organização está prestando atenção nos problemas, não apenas deixando-os escorregar por entre seus dedos após uma reunião de discussão.

Discutindo com as partes afetadas

Como a Figura 2.1 (p. 43) indica, e como observamos nas últimas seções, a discussão das ideias e aprendizagem de um indivíduo com aqueles afetados pela mudança ocorre durante toda a fase Planejar. Mesmo com essas discussões contínuas, vale a pena abordar aqueles indivíduos novamente com o contexto geral, do diagrama da situação atual ao diagnóstico da causa fundamental, por meio de planos de implementação e acompanhamento, para garantir o maior alinhamento possível. Por exemplo, é possível que uma pessoa que havia concordado com uma contramedida no começo agora esteja contrariada pelo modo como a implementação está sendo realizada. Assim, apesar do esforço de solução de problemas poder ser liderado por um indivíduo, o processo deve ser realizado em colaboração, com um público tão amplo quanto for cabível para o problema.

Obtendo aprovação

Na Toyota, qualquer mudança deve ser aprovada antes de ser implementada. À primeira vista, essa regra pode parecer excessivamente burocrática, mas na verdade tem um papel crítico no sucesso do sistema de gestão depois que você entende o que o passo de aprovação representa. Primeiro, talvez, acima de tudo, o passo de aprovação é uma oportunidade explícita de mentoramento. Em geral, a aprovação deve vir do gerente do indivíduo (ou do gerente do gerente), o que dá ao gerente a oportunidade de orientar o solucionador, refinar suas habilidades de dedução e investigação, ajudar a construir suas capacidades comunicativas e expandir sua rede social, além de desafiar o rigor da abordagem A3. Os relatórios A3, na verdade, facilitam o mentoramento e o tornam mais acessível, pois explicitam os processos de raciocínio do autor do relatório. Uma vez que esses processos estão visíveis, o mentor pode encorajar os aspectos mais fortes e tentar melhorar os mais fracos.

Em segundo lugar, a verificação de aprovação garante o rigor e a objetividade do processo e a profundidade do entendimento conquistado. O investigador visitou o *genba*? A causa fundamental faz sentido? As contramedidas trabalham as causas fundamentais? O plano de implementação é realista? O plano de acompanhamento é robusto? O solucionador de problemas conversou com as pessoas certas? Todas as pessoas certas concordam com a mudança proposta? Se o problema não foi investigado e planejado suficientemente, de acordo com as regras do jogo que todos conhecem, o gerente provavelmente pedirá ao solucionador que trabalhe mais, revise seus planos e os reapresente. Por outro lado, o plano será aprovado mesmo que o gerente duvide que as contramedidas afetarão o problema exatamente como seu subordinado espera, desde que o processo certo tenha sido seguido. O motivo é que ele representa uma oportunidade de aprendizagem e, se toda a preparação foi feita para posicionar a pessoa a fim de aprender algo de valioso, por que negar a chance de seguir em frente?

Executando os planos de implementação e acompanhamento

O plano de implementação é executado após a aprovação. Para as pessoas da Toyota, é essencial que o plano de implementação seja executado tal como o planejado, até o ponto em que isto é possível. Isso é importante para poder separar os efeitos das contramedidas e da implementação e para melhorar gradativamente as habilidades de planejamento.

Após a implementação (ou, às vezes, durante), as equipes de solução de problemas executam o plano de acompanhamento para determinar se a mudança produziu os efeitos previstos. Dependendo desses resultados, dois cursos de ação são possíveis. Se os resultados foram satisfatórios, a nova mudança é estabelecida como processo padrão e os resultados são disseminados a outros grupos que podem estar enfrentando situações parecidas (por exemplo, aqueles que usam equipamentos semelhantes). A perspectiva aqui é que a implementação é, na medida do possível, um experimento. Se não dá certo, então volta-se ao sistema antigo até encontrar algo melhor. Se os resultados não foram satisfatórios, a equipe se envolve em um processo de solução de problemas resumido para descobrir por que os resultados não foram satisfatórios e realizar ações corretivas.

Resumo

O processo de solução de problemas ilustrado pela Figura 2.1 (p. 43) e descrito com certo detalhe neste capítulo representa uma abordagem concreta e tangível à implementação do ciclo PDCA em um contexto organizacional. Os passos descrevem uma fase Planejar bastante completa e evocam explicitamente as fases Executar, Verificar e Agir. Ao mesmo tempo, o processo de solução de problemas exige e provoca elementos do pensamento A3 que exigem objetividade, coerência, síntese e destilação da informação apenas aos pontos essenciais; e uma abordagem sistêmica marcada por forte alinhamento organizacional, uma abordagem de solução de problemas consistente e uma ênfase sobre o processo e os resultados para melhorar os processos organizacionais e desenvolver o pessoal.

Com o processo geral em mente, agora nos voltamos para o relatório A3. Como foi enfatizado anteriormente, o poder da ferramenta pode ser aproveitado apenas quando usada em conjunto com o pensamento apropriado e com um processo de solução de problemas adequado para apoiá-la. O relatório A3 não é um formato de documentação. É, na verdade, um mecanismo para promover aprendizagem profunda, colaboração envolvente e meticulosidade.

Notas

1. Também conhecido como Regra de Pareto, o princípio 80/20 diz, em suma, que a maioria dos resultados (cerca de 80%) resulta de uma pequena quantidade (cerca de 20%) de causas. Assim, 80% dos lucros vêm de 20% dos produtos, 80% dos problemas são o resultado de 20% das causas, e assim por diante.

2. Tempo morto é a quantidade de tempo que uma máquina fica fora de serviço ou indisponível para operação.
3. *Genba* (ou, às vezes, *gemba*) é uma palavra japonesa que significa lugar real. A ideia à qual aludimos aqui é a mesma defendida por outros autores, como M. Imai, Gemba Kaizen (New York: McGraw-Hill, 1997). É o mesmo conceito que Liker descreve como *genchi genbutsu* (significando "lugar real, coisa real") em *O Modelo Toyota* (2004).
4. S. Spear and H. K. Bowen, "The DNA of the Toyota Production System," *Harvard Business Review* (September—October 1999): 97—106.

O relatório A3 de solução de problemas 3

A Toyota usa um documento de uma página simples e semiestruturado como sua principal ferramenta para implementar a gestão PDCA em todos os departamentos e níveis da organização. Com seus muitos anos de prática, a Toyota aperfeiçoou a arte de confeccionar relatórios em uma página A3 e atingiu um alto nível de sofisticação. Os relatórios passaram de um meio de comunicação eficiente a uma poderosa ferramenta de treinamento e mentoramento.

A ideia de relatórios escritos curtos (como sumários) como ferramenta organizacional ou de negócios não é nova. No entanto, relatórios curtos parecem ter ficado menos populares, especialmente com o advento da disseminação da informática, da tecnologia da informação e das tecnologias de apresentação. Defendemos que comunicações no estilo do relatório A3 (e os processos de solução de problemas e raciocínio que os acompanham) são mais importantes do que nunca. A quantidade de informação disponível a qualquer um pode ser atordoante e está crescendo em proporção geométrica. Isso torna a capacidade de sintetizar e destilar informações apenas ao que é criticamente importante uma habilidade cada vez mais essencial no ambiente hipercompetitivo em que vivemos. Além disso, a capacidade de documentar de maneira a acelerar a comunicação é igualmente essencial.

Os relatórios A3 estão se tornando mais populares. Até onde sabemos, essa ferramenta de solução de problemas foi apresentada fora do Japão pela primeira vez durante a pesquisa de doutorado de um dos autores deste livro.[1] Publicações mais recentes sobre a Toyota adotaram a ferramenta, fornecendo detalhes adicionais,[2] e o relatório A3 passou a ser usado até mesmo no movimento enxuto nos serviços de saúde.[3]

Neste capítulo, focamos no tipo mais básico de relatório A3, o A3 de solução de problemas. Descrevemos o que é documentado de fato no relatório A3 durante o processo de solução prática de problemas apresentado no Capítulo 2, ou seja, o conteúdo e o fluxo básico do A3 de solução de problemas. A seguir, incluímos uma seção sobre a revisão de relatórios A3. Essa seção é útil para colegas, gerentes e mentores à medida que se envolvem com a implementação do A3, com dicas sobre como revisá-lo para oferecer mentoramento com substância. A seção também é útil para os autores de relatórios A3, pois os ajuda a verificar seus próprios relatórios. Finalmente, oferecemos a você a oportunidade de praticar o que aprendeu descrevendo um exemplo de caso para o qual os leitores são encorajados a elaborar um relatório A3. Nos capítulos seguintes, discutiremos variações comuns dos relatórios A3, como o A3 de proposta e o A3 de *status*. Analisemos em mais detalhes o relatório A3 de solução de problemas.

A narrativa do A3 de solução de problemas

Os relatórios A3 têm esse nome porque cabem em um lado de uma folha de papel A3, equivalente a 42 x 29,7 cm. O fluxo do relatório é de cima para baixo na esquerda e, depois, de cima para baixo na direita, como mostrado na Figura 3.1.

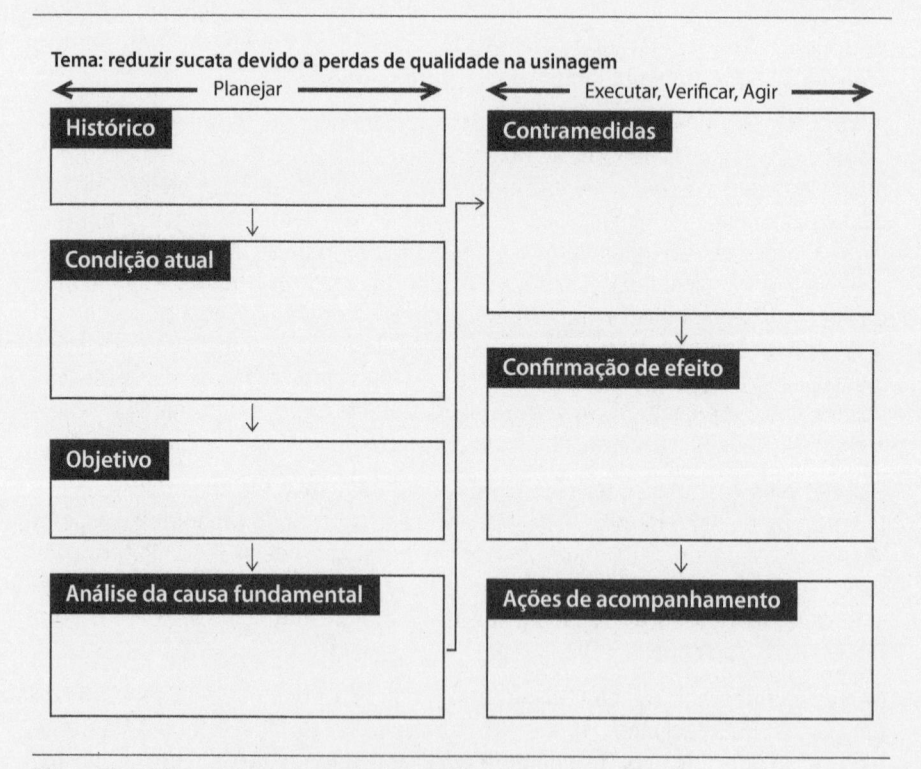

Tema: reduzir sucata devido a perdas de qualidade na usinagem

← Planejar → ← Executar, Verificar, Agir →

- Histórico
- Condição atual
- Objetivo
- Análise da causa fundamental
- Contramedidas
- Confirmação de efeito
- Ações de acompanhamento

Figura 3.1 Fluxo típico de um relatório A3 de solução de problemas.

Os relatórios A3 são, assim, facilmente adaptáveis a duas folhas A4 (21 x 29,7 cm). Os autores elaboram os relatórios em seções, todas rotuladas claramente e ordenadas em um fluxo lógico.

De acordo com Isao Kato, gerente aposentado do Departamento de Educação e Treinamento da Toyota, a ferramenta de relatório sumário A3 foi bastante influenciada por diversos fatores históricos. Uma influência foi a ênfase do ciclo PDCA básico para a gerência, introduzido na empresa por diversos canais na década de 1950. Outra influência foi um programa formal de Controle da Qualidade Total (CQT), lançado em 1962, por insistência do ex-presidente da empresa, Eiji Toyoda. Esse programa apresentou metodologias mais rigorosas de controle estatístico da qualidade e um método em doze passos para resumir as atividades dos Círculos de Controle da Qualidade na produção. Uma terceira influência foi a preferência inata da alta gerência por controle visual e sua proporcional aversão a longos relatórios textuais. Taiichi Ohno, hoje famoso por ter liderado a implementação do Sistema Toyota de Produção, desenvolveu dentro da empresa a reputação de não ler nenhum relatório com mais de uma página. Quando Ohno tinha uma pergunta, sempre insistia em ir até o chão de fábrica para ver o problema pessoalmente.

Essas diversas influências e práticas dentro da Toyota acabaram por resultar na criação da estrutura de solução de problemas e elaboração de relatórios que se tornou, na prática, um padrão, chamado genericamente de "A3" devido ao tamanho do papel usado frequentemente nos resumos de uma página. Os primeiros A3 eram simples resumos de solução de problemas. Mais tarde, a ferramenta evoluiu em direção a outras aplicações (não apenas solução de problemas) e outros departamentos (além da produção).

O relatório A3 é uma ferramenta flexível, que pode ser adaptada à maioria das situações de solução de problemas. Para ilustrar a flexibilidade inerente da ferramenta, vamos demonstrar diferentes tipos de A3 neste livro. No entanto, como ponto de partida, o melhor é compreender o fluxo (o que os treinadores da Toyota costumam chamar de "narrativa") do relatório A3 de solução de problemas original.

O fluxo geral do formato do relatório representa o ciclo Planejar-Executar-Verificar-Agir de gestão. O lado esquerdo do A3 costuma ser usado para a parte Planejar do PDCA, apresentando o histórico da situação, as condições atuais, a meta a ser atingida e a causa fundamental do problema. O lado direito reflete as partes Executar, Verificar e Agir do ciclo. O equilíbrio geral do relatório A3 não é coincidência ou acidente. O relatório reflete uma opinião popular dentro da Toyota sobre solução de problemas: pelo menos metade do esforço (talvez mais) deve ser gasto compreendendo adequadamente a situação; ou seja, com o lado esquerdo do A3.

O relatório A3 é composto de sete seções, além de um tema ou título:

- Histórico
- Condição atual e descrição do problema
- Declaração do objetivo
- Análise da causa fundamental
- Contramedidas
- Verificação/Confirmação de efeito
- Ações de acompanhamento

Um relatório em branco típico se parece com a imagem da Figura 3.1 (p. 54). Separamos essas seções como modelo pedagógico para o autor novato de relatórios A3. É um ponto de partida, mas, na prática, seções diferentes podem ser mais adequadas para comunicar a mensagem do autor. Isso não é problema: na verdade, é encorajado, desde que a narrativa básica (pense "PDCA") continue intacta. Dentro da Toyota, é raro encontrar um relatório A3 que se encaixe exatamente no modelo que estamos prestes a apresentar, mas todos sempre seguem a narrativa PDCA básica e possuem os mesmos elementos básicos. É esse pensamento, e não a obediência ao modelo, que importa. Agora, usaremos um exemplo ilustrativo para explicarmos o processo passo a passo.

Tema

Todo relatório A3 começa com um título temático que apresenta seu conteúdo ao público. O tema descreve objetivamente o problema discutido no relatório e reflete o conteúdo temático da história geral apresentada ao público. Por exemplo, "Reduzir Sucata na Usinagem", "Melhorar Produtividade na Estamparia", ou "Redução do Tempo de Ciclo da Montagem" podem ser títulos típicos na produção. Em funções administrativas ou em serviços, os títulos em geral se parecem com "Reduzir Erros em Contas a Pagar" ou "Reduzir Tempo de Admissão de Pacientes". O tema deve ajudar o leitor a entender rapidamente o sentido geral do conteúdo. Em suma, o tema é a descrição do documento. Se os relatórios A3 são armazenados eletronicamente, o tema se torna um campo de texto que pode ser buscado e que apareceria em uma lista de relatórios buscados. É possível ler as descrições de tema rapidamente para encontrar os relatórios mais valiosos para uma determinada questão.

Os autores de relatórios A3 podem se sentir tentados a enxergar os problemas através das lentes de uma solução preferida; por exemplo, o problema é que essa ou aquela ferramenta não está sendo usada. No entanto, para sermos objetivos, o tema deve concentrar-se no problema observado, e não defender uma solução específica. Por exemplo, um tema como "Unidades hospitalares mandando pedidos para a farmácia por telefone em vez de por *e-mail*" predispõe o processo de solução de problemas a uma solução: fazer com que as unidades hospitalares mandem seus pedidos por *e-mail* em vez de por telefone. Um tema melhor seria "Reduzir tempos de rotatividade por meio da diminuição de interrupções ao farmacêutico". O problema maior é que os farmacêuticos estão sendo interrompidos; reduzir o número de interrupções telefônicas com um sistema de pedidos *online* é uma contramedida possível, mas pode haver outras.

Nosso primeiro exemplo está relacionado a uma usinagem que está tendo perdas significativas devido a peças de má qualidade que precisam ser descartadas. O índice de sucata está muito acima das metas da empresa. O objetivo geral do processo de solução de problemas é investigar as principais fontes de produtos defeituosos e tentar reduzir o índice de sucata, para que fique abaixo da meta estabelecida pela gerência da fábrica. Por uma questão de simplicidade e clareza na comunicação, escolhemos chamar o tema de "Reduzir sucata devido a perdas de qualidade na usinagem" e o colocamos no cabeçalho de nosso relatório A3 (ver Figura 3.2).

Tema: reduzir sucata devido a perdas de qualidade na usinagem

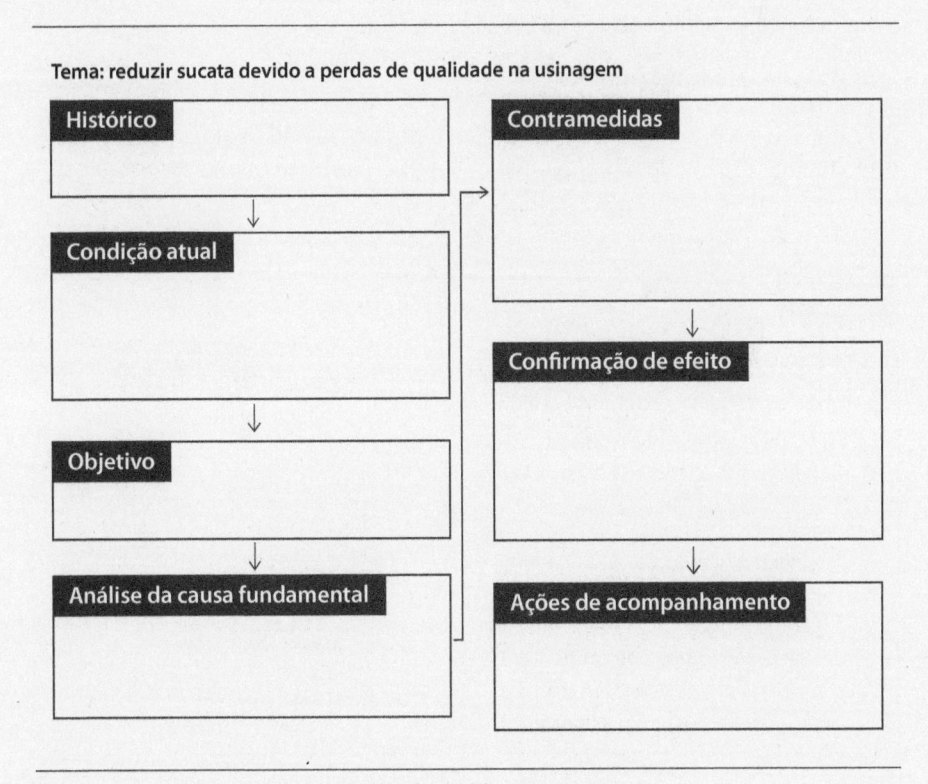

Histórico	Contramedidas
Condição atual	Confirmação de efeito
Objetivo	Ações de acompanhamento
Análise da causa fundamental	

Figura 3.2 Modelo de A3 de solução de problemas com tema.

Histórico

Depois de decidir o título, o autor do relatório A3 deve documentar toda a informação histórica pertinente que for essencial para entender a extensão e a importância do problema. Em nossa experiência, dois itens são especialmente críticos para a seção de histórico. Primeiro, o autor deve estar bastante consciente de seu público, incluindo seus históricos e necessidades informacionais. Se o histórico do projeto não é esclarecido, o público pode não entender o assunto do relatório, o que produz apenas desperdício de tempo com explicações sobre o que o relatório está tentando informar.

Segundo, também é crítico estabelecer uma ligação entre o histórico e os objetivos da empresa. Se o relatório A3 não estiver relacionado de algum modo com os objetivos da empresa, o solucionador de problemas pode estar perdendo tempo ao trabalhar em uma questão que não é muito importante para o sucesso da organização, podendo ser considerado um mau gerente dos recursos da empresa. Assim, na Toyota, espera-se que os autores de relatórios explicitem a ligação com os objetivos da empresa na seção de histórico. Outros itens que podem ser incluídos nessa seção são como o problema foi descoberto, quem está envolvido, os sintomas do problema, desempenho ou experiência passados e estrutura organizacional, entre outros.

A Figura 3.3 mostra uma seção de histórico para nosso A3 "Reduzir sucata devido a perdas de qualidade na usinagem". A figura mostra que as prioridades da

---

Histórico

1. Metas corporativas 2006
- Aumentar participação de mercado mundial
- Melhorar qualidade e serviço
- Aumentar lucros da empresa

2. Metas de produção 2006
- Reduzir custos em 5%
- Reduzir sucata em 15%
- Melhorar produtividade em 7%
- Melhor índice de SSMA* em 10%

*Segurança, saúde e meio ambiente

Sucata geral %: 3,2 (2004); 2,7 (2005); 2,6 (2006)
2,3% Objetivo

Não está atingindo meta para 2006!

Média do ano até o momento

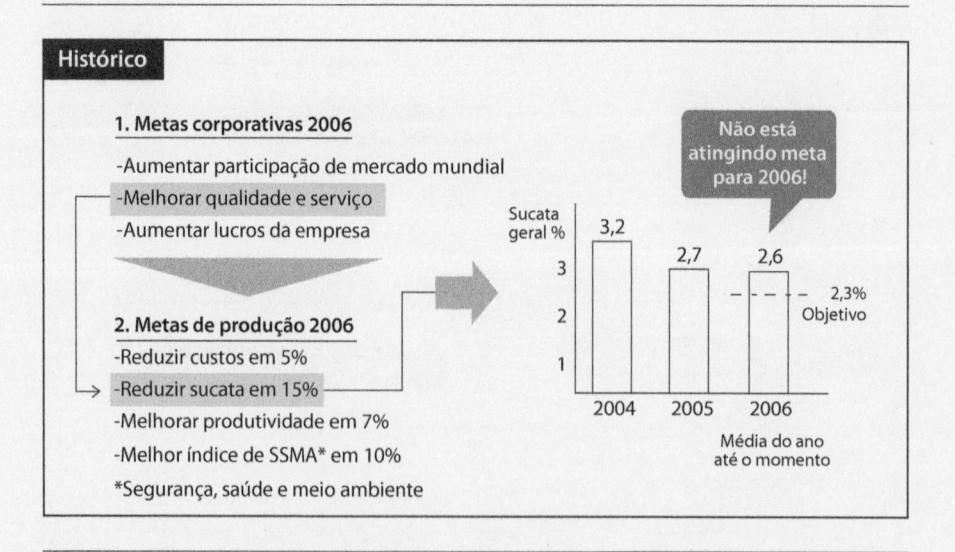

Figura 3.3 Exemplo de seção de histórico de relatório A3 de solução de problemas.

companhia incluem melhoria de qualidade e que essas prioridades passam pelo nível da fábrica em termos de uma meta relativamente agressiva de redução do índice de sucata. O autor a seguir prenuncia o *status* do problema ao retratar a tendência histórica de índices de sucata durante os últimos anos, indicando que a fábrica ainda está muito acima das metas. O autor do relatório, nesse caso, está tentando defender que esse é um problema importante com o qual deve trabalhar, tanto em termos de objetivos imediatos para o ano presente quanto em termos de objetivos gerais da empresa. No entanto, se esse relatório fosse escrito para um público diferente, mais ou menos informações poderiam ser necessárias. Por exemplo, se o público fosse composto por um executivo da matriz internacional, em vez de a gerência local da fábrica, o autor poderia incluir também as implicações de custos do alto índice de sucata e o impacto sobre o retorno sobre investimento da divisão.

Observe, também, que o autor de nosso exemplo de caso comunicou o histórico de maneira visual, em vez de apenas com texto, o que é consistente com o pensamento A3. O impacto é imediato, e o leitor compreende rapidamente a importância desse relatório em relação aos objetivos da empresa.

Aqui estão alguns pontos importantes a considerar ao escrever a seção de histórico:

- Apresente o contexto geral da situação da forma mais clara e visual possível.
- Identifique o público-alvo e escreva de acordo.
- Forneça as informações que o público precisa conhecer antes de seguir em frente.
- Explique como o assunto se alinha com as metas da empresa.
- Inclua quaisquer outras informações, como dados históricos, datas ou nomes, que possam ajudar o público a compreender a importância do problema.

Respostas escritas a cada um desses pontos principais não são sempre necessárias, mas o autor de relatórios A3 mais esperto incluirá as porções mais relevantes e estará pronto para explicar a essência do histórico quando necessário. Como exercício, o autor do relatório pode considerar ter apenas 30 segundos para explicar o lado esquerdo de seu relatório aos executivos da empresa: como o histórico da situação poderia ser resumido para evitar o desperdício de seu precioso tempo?

Condição atual e descrição do problema

Esta é, talvez, a seção mais importante do relatório A3. O objetivo é enquadrar a condição atual de uma maneira simples para a compreensão do leitor (e não só do autor). Nela, o autor cria uma representação visual que retrata os elementos críticos do sistema ou processo que produziu o problema. Isso deve envolver o uso de quadros, gráficos, tabelas ou outras técnicas que retratem a condição atual sem precisar de resumos escritos ou listas de itens. Um bom relatório A3 mostra uma imagem clara do que está acontecendo e não tenta resumir opiniões qualitativas. Nesta seção, o autor investiga bem os fatos da situação e os apresenta de um modo visual, o que ajuda o público a entendê-la.

O principal objetivo da seção de condição atual é dar ao público uma visão geral simples (mas sem ser simplista!) do processo atual e demonstrar um entendimento do problema baseado em fatos. O essencial da seção não é dizer ao público a "resposta" ou a opinião do autor sobre o que está acontecendo, mas, sim, enquadrar o problema de maneira útil para comunicação e diálogo. Um dos elementos principais do pensamento A3 é alinhamento, conquistar concordância sobre uma decisão para um curso de ação específico. Ter uma imagem da situação atual facilita bastante o alinhamento, pois o diagrama se torna o foco da discussão, com pessoas literalmente apontando para as partes com as quais concordam ou discordam, ou sobre as quais têm perguntas. A representação gráfica serve como objeto limitador muito mais forte para mediar o compartilhamento de conhecimento do que uma simples lista numerada.

Na maioria dos exemplos dentro da seção de condição atual, os problemas podem ser destacados do diagrama com balões ou outras marcações úteis para a clareza da imagem. O ideal é que o material expresso na condição atual quantifique a extensão do problema (por exemplo, porcentagens de defeitos, horas de tempo morto, etc.) e mostre essa informação gráfica ou numericamente. Os diagramas devem ser desenhados de maneira limpa, facilmente compreensível a leitores bem informados, ilustrando claramente o problema e sua localização. Quando necessário, uma descrição de problema específica pode ser inserida para enquadrar o problema em palavras. Essa foi uma exigência dos cursos de treinamento em A3 da Toyota por vários anos.

Para nosso problema "Reduzir sucata", o autor do relatório coletou informações sobre o índice de sucata de todos os principais departamentos da fábrica, quantificou o impacto geral da sucata em termos de custos e descobriu que a maior quantidade de sucata vinha da usinagem. A seguir, o autor fez mais investigações, procurando as diferentes operações dentro do departamento de usinagem, para quantificar índices de sucata e impactos econômicos. Usando essa informação, o autor criou uma representação visual que organizava as informações da operação de melhor desempenho até o departamento com pior desempenho em termos de índice de sucata. Essa informação é mostrada de modo visual e compacto no diagrama de condição atual, na Figura 3.4.

O autor projetou esse diagrama para fazer uma ligação visual clara entre sua conclusão (a retífica é a principal culpada pela atual situação de índice de su-

O Relatório A3 de Solução de Problemas

Condição atual

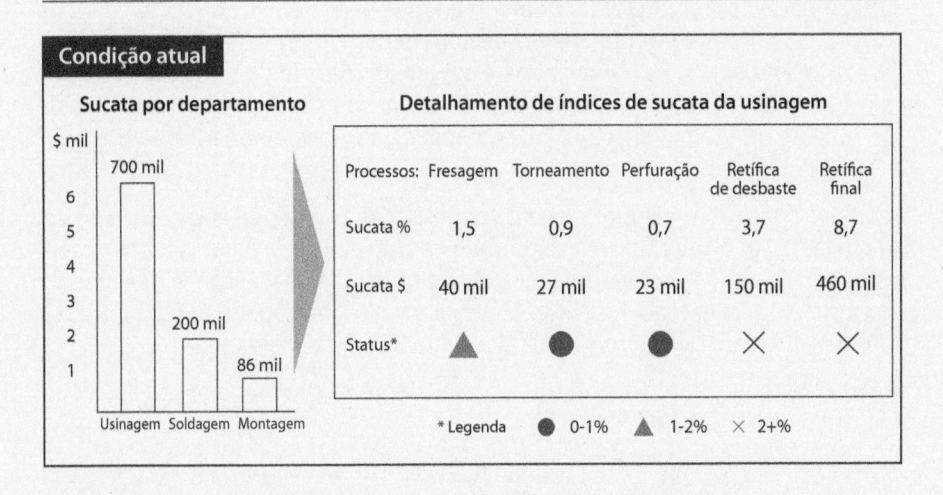

Sucata por departamento:
- Usinagem: 700 mil
- Soldagem: 200 mil
- Montagem: 86 mil

Detalhamento de índices de sucata da usinagem:

Processos:	Fresagem	Torneamento	Perfuração	Retífica de desbaste	Retífica final
Sucata %	1,5	0,9	0,7	3,7	8,7
Sucata $	40 mil	27 mil	23 mil	150 mil	460 mil
Status*	▲	●	●	✕	✕

*Legenda: ● 0-1% ▲ 1-2% ✕ 2+%

Figura 3.4 Exemplo de seção de condição atual de relatório A3 de solução de problemas.

cata) e o processo usado para chegar a ela. O leitor precisa de apenas alguns segundos para entender onde está boa parte do problema do índice de sucata e, ao mesmo tempo, pode confiar que o investigador foi objetivo em sua avaliação da situação.

Os dados usados para desenvolver o diagrama de condição atual devem ser coletados por observação direta, além de confirmados por informações históricas. Lembre-se de como, no Capítulo 2, na Toyota, o entendimento profundo e detalhado do processo atual como realizado de verdade (e não como deveria ser feito ou como alguém diz que é feito) é absolutamente crítico. Os trabalhadores e supervisores costumam descrever como os processos funcionam ou deveriam funcionar em termos teóricos ou muito gerais, mas desvios desses conceitos gerais ou hipotéticos costumam ser o segredo para resolver o problema. Por esse motivo, os dados para descrever a extensão do problema devem sempre ser dados reais, talvez reunidos em um livro de registro, se necessário, e não apenas chutes bem-informados.

Os benefícios da diagramação e quantificação do problema são vários. Primeiro, o ato de desenhar um diagrama incentiva o entendimento mais profundo, pois ajuda o autor a organizar de maneira compacta conhecimento e ideias conquistados durante a observação. Segundo, o digrama comunica rápida e eficazmente as questões centrais aos outros. O diagrama deve ajudar a apresentar "o que o problema é" e, se possível, "o que o problema não é". A representação gráfica pode conter uma quantidade bastante densa de informações, mas os leitores as entendem rapidamente devido ao uso de representação pictórica. Terceiro, ao diagramar o sistema, os esforços de solução de problemas se concentram no sistema, em vez de se concentrar nas pessoas, o que deve resultar em uma abordagem mais objetiva, com menos atitudes defensivas da parte de todos.

A ênfase final sobre a importância de estabelecer uma representação precisa e objetiva da condição atual é a seguinte: nossa experiência é que o motivo mais comum pelo qual os esforços de solução de problemas fracassam é que o autor (ou autores) não entendeu suficientemente bem a condição atual. Esse fracasso raramente se deve à incompetência ou à falta de engenhosidade.

A seguir, alguns pontos importantes a considerar ao elaborar a seção de condição atual:

- Apresente visualmente um resumo do estado atual do processo ou sistema.
- Destaque os fatores principais do estado atual.
- Identifique o problema real no estado atual. O que é? O que não é?
- Use medidas quantitativas para representar o *status* do estado atual (não apenas opiniões qualitativas).
- Resuma as informações relevantes para o estado atual.

Declaração do objetivo

A seção de declaração do objetivo do relatório A3 depende do tipo de problema e do tipo de relatório A3. Para A3s de solução de problemas, a declaração de objetivo deve lidar com pelo menos duas questões fundamentais:

- Como saberemos que projeto teve sucesso ao final da implementação.
- Que padrão ou base de comparação será usado.

Situações mais simples podem ter apenas uma métrica para verificação de sucesso. Casos mais complexos, nos quais há trocas entre mais de um indicador (por exemplo, peso, custo, tempo de ciclo e complexidade) podem envolver diversas métricas.

No caso de redução de sucata que estamos discutindo, basta mostrar o desempenho atual das máquinas em questão e o nível de desempenho que o autor gostaria de alcançar. O autor escolheu comunicar essas informações com um simples gráfico de barras, mostrado na Figura 3.5. Nesse caso, o padrão é a porcentagem de produtos sucateados, e saberemos se o projeto teve sucesso ou não se o índice de sucata for reduzido a 2% ou menos.

Em capítulos posteriores, veremos que pode fazer sentido usar diferentes tipos de declarações de objetivos. Nesses casos, podemos até mesmo chamá-las de

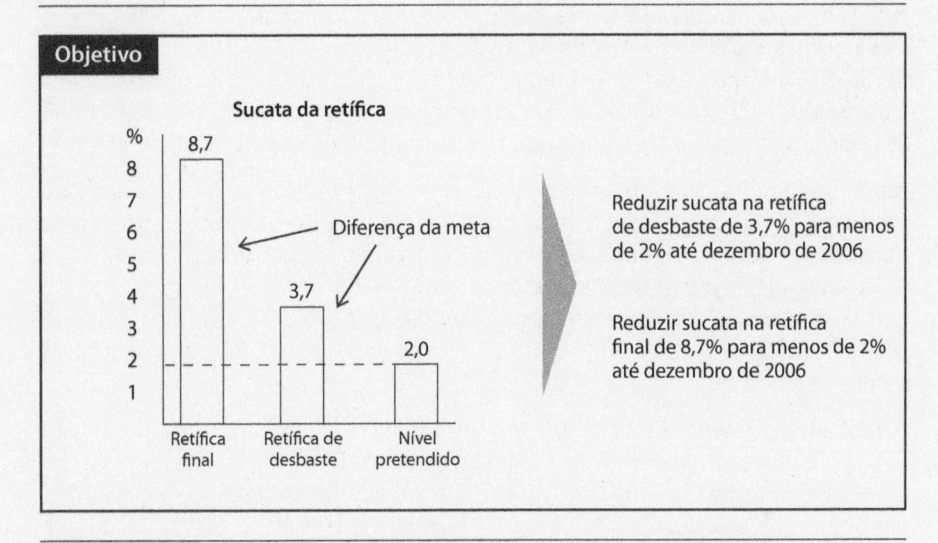

Figura 3.5 Exemplo de declaração de objetivo de relatório A3 de solução de problemas.

"condição objetivo" a ser atingida, ou de objetivo de "estado futuro", em vez de simples objetivos. Ambos podem ser usados com sucesso após aprendermos o padrão básico. De qualquer maneira, é importante ter um padrão quantificável contra o qual comparar os resultados, pois ele permite que você determine se a mudança produziu ou não melhorias.

Aqui estão alguns pontos importantes a considerar ao elaborar a seção de declaração do objetivo:

- Estabeleça uma meta ou estado pretendido para a situação.
- Seja claro sobre a mensuração do desempenho.
- Considere como coletar dados para avaliação e verificação posterior da eficácia de todos os itens de ação.

Análise da causa fundamental

O autor do relatório deve continuar a investigação da condição atual até descobrir a causa fundamental dos sintomas do problema identificados no diagrama de condição atual. Deixar de trabalhar a semente enraizada do problema significa que ele provavelmente recorrerá. Como foi mencionado no Capítulo 2, uma técnica comum de análise da causa fundamental é o método dos Cinco Porquês. Usando essa técnica dedutiva, o solucionador de problemas apenas pergunta "por quê?" cerca de cinco vezes, uma após a outra, aprofundando cada vez mais o nível de causalidade. A experiência demonstrou que parar com apenas dois ou três porquês geralmente significa que a investigação não foi suficientemente a fundo. Descobrir a causa fundamental também pode exigir a realização de alguns experimentos. Em outros casos, um diagrama de Ishikawa ou de espinha de peixe pode ser útil para determinar algumas das possíveis causas fundamentais.

A documentação de treinamento da Toyota sobre relatórios A3 e solução de problemas trabalha bastante para enfatizar o conceito do método dos Cinco Porquês de dedução quando o assunto é análise da causa fundamental. Os praticantes da Toyota aprenderam, com trabalho duro e experiência, que é raro que o primeiro *insight* seja correto e que quase nunca é a causa original do problema. Assim, os solucionadores devem desenvolver a disciplina de ir além do nível superficial.

Para ilustrar esse ponto, considere um problema de tempo morto na produção no qual a máquina para devido a um alarme no painel de controle. A resposta de produção inicial seria reconfigurar o dispositivo de sobrecarga; no entanto, o problema recorreu. Com o tempo, detectou-se um eixo de motor danificado na unidade de bomba, e o eixo foi substituído. A maioria das empresas pararia suas atividades de solução de problemas por aqui. Infelizmente, em muitos casos como esse, a ação não atacou a causa fundamental do problema. É muito provável que o problema recorra em algum momento do futuro. É apenas ao forçar a disciplina do pensamento dos Cinco Porquês que o solucionador pode começar a abordar a causa fundamental do problema.

Se levarmos a investigação adiante, como mostrado pela Figura 3.6, diversos passos são necessários para chegar à verdadeira causa fundamental do proble-

A máquina parou → Por quê?
O circuito de sobrecarga foi disparado → Por quê?
A bomba estava emperrando → Por quê?
Cavacos metálicos danificaram o eixo → Por quê?
Cavacos entraram no sistema de lubrificação → Por quê?
O cano de entrada não tem filtro!

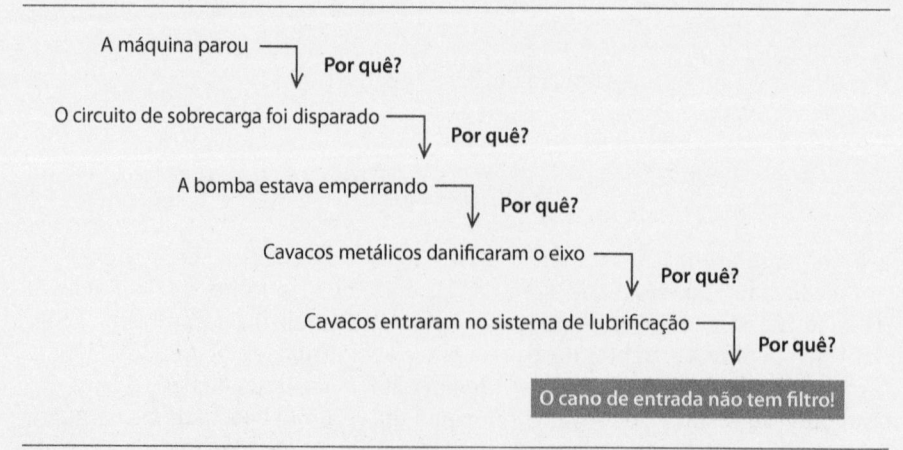

Figura 3.6 Exemplo do método dos Cinco Por quês.

ma; ou seja, que os cavacos metálicos entraram no sistema de lubrificação. O processo de raciocínio dedutivo acaba por levar a uma ideia melhor: colocar um filtro no cano de entrada de lubrificação é uma resposta adequada, que prevenirá de verdade a recorrência do problema. Parar antes desse nível não resolveria o problema permanentemente, apenas atrasaria seu retorno futuro.

É claro que é possível ir ainda além, como, por exemplo, perguntar por que os cavacos entram no tanque de lubrificação ou por que o processo gera cavacos. Mas, nesse caso, a resposta do nível do quinto porquê, de atarraxar um coador ao cano de entrada, é considerada suficiente para resolver o problema. Se não fosse suficiente, seria necessária uma contramedida mais robusta. É o processo de raciocínio e a capacidade de determinar a verdadeira causa e efeito que é crítica. A repetição da pergunta "por quê?" diversas vezes ajuda a guiar o processo.

Na prática, problemas reais costumam ter causas múltiplas ou bastante escondidas que não podem ser deduzidas rapidamente com a metodologia dos Cinco Porquês. Assim, é preciso realizar experimentos para estabelecer relações de causa e efeito. Assim, os Cinco Porquês não são sempre apresentados no relatório A3: afinal, isso seria forçar um processo, não exigir raciocínio. No entanto, a análise da causa fundamental e o pensamento crítico sempre são sondados e desafiados durante o processo de elaborar e revisar um A3.

Independentemente da técnica utilizada para determinar a causa fundamental, o objetivo da seção de análise da causa fundamental é demonstrar, por dedução lógica ou experimentação, o estabelecimento da relação entre causa e efeito. A maior parte dos esforços de solução de problemas fracassa, e muito, nesse objetivo. As equipes de solução de problemas que observamos costumam listar itens que são percebidos como problemas sem estabelecer qualquer nível básico de provas, ou então listam itens que são fáceis e populares. Isso não é aceitável no pensamento A3. É preciso estabelecer uma relação de causa e efeito ou uma série estruturada de experimentos, que servem como testes para buscar causa e efeito. Se não, o solucionador está apenas tentando adivinhar os problemas e praticando uma forma da escola de solução de problemas de "preparar, fogo, apontar", nessa ordem.

A Figura 3.7 mostra um exemplo de análise da causa fundamental resumida do problema de sucata na usinagem. Após mais investigação, o autor do relatório descobriu que uma espécie particular de problema, o braço do eixo pequeno demais, era responsável por 72% da sucata nas operações de retificação. Nesse caso, descobriu-se que múltiplas causas possíveis contribuíam para o problema de qualidade. Seria muito trabalhoso listar todas as árvores de Cinco Porquês neste espaço, então apresentamos um diagrama de espinha de peixe usado para listar as principais causas que poderiam contribuir ao problema de alguma maneira. Nesse caso, a causalidade direta não foi determinada, então as contra-

Análise da causa fundamental

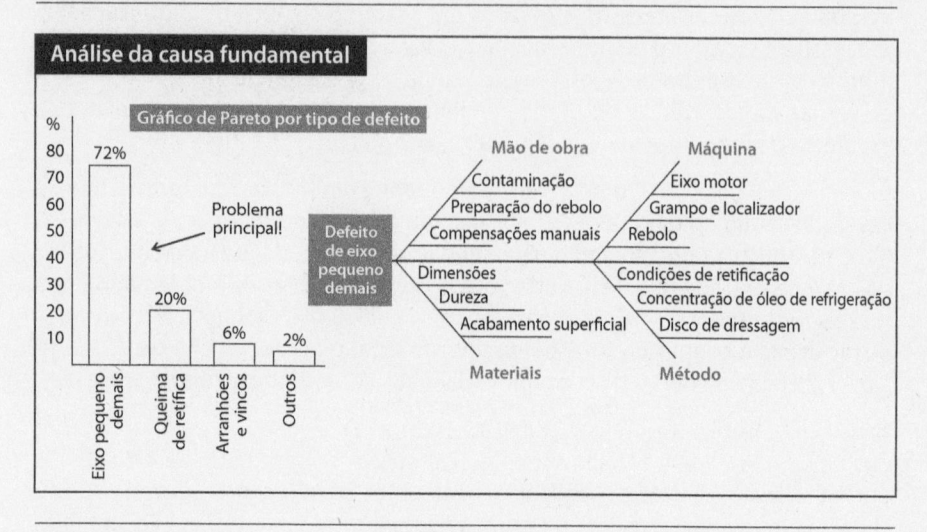

Gráfico de Pareto por tipo de defeito

%	
80	72%
70	
60	
50	
40	
30	20%
20	
10	6% 2%

- Eixo pequeno demais
- Queima de retífica
- Arranhões e vincos
- Outros

Problema principal! → Defeito de eixo pequeno demais

Mão de obra
- Contaminação
- Preparação do rebolo
- Compensações manuais

Máquina
- Eixo motor
- Grampo e localizador
- Rebolo

Materiais
- Dimensões
- Dureza
- Acabamento superficial

Método
- Condições de retificação
- Concentração de óleo de refrigeração
- Disco de dressagem

Figura 3.7 Exemplo de seção de análise da causa fundamental de relatório A3 de solução de problemas.

medidas serão tentadas para solucionar as diferentes causas percebidas. Sua eficácia também será confirmada nesse momento.

Aqui estão alguns itens a considerar ao elaborar a seção de análise da causa fundamental:

- Certifique-se de mostrar a causa fundamental do(s) problema(s) identificado(s) no estado atual.
- Separe sintomas e opiniões da determinação de causa e efeito.
- Considere quais técnicas seriam mais úteis para explicar sua compreensão da causa fundamental: Cinco Porquês? Análise de espinha de peixe? Outra?
- Identifique que testes podem ser realizados para estabelecer algum nível de certeza em relação a causa e efeito.
- Resuma os principais achados da análise de causa fundamental, visualmente se possível.

Contramedidas

Após a análise de causas fundamentais, o solucionador de problemas deve ter um entendimento profundo de como o trabalho é realizado no momento e compreender bem a causa fundamental (ou as causas) dos problemas sentidos no sistema. O solucionador agora está pronto para considerar como o sistema pode ser melhorado. A Toyota chama as melhorias de "contramedidas" (em vez das "soluções" que se vê por todos os lados) porque isso implica uma contraposição a um problema específico que será usada até que uma contramedida ainda melhor seja descoberta. As contramedidas abordam a causa fundamental (ou as causas) ao mesmo tempo em que se conformam aos princípios de *design* enxutos.[4] A meta é levar a organização em direção a um estado ideal, em que consegue dar ao cliente exatamente o que ele precisa, com segurança, quando necessário, exatamente na quantidade certa e sem perdas.[5]

A seção de contramedidas do A3 de solução de problemas é muito parecida com uma lista de ações de como o problema ou investigação foi abordado. As contramedidas são descritas em termos de "o que" (qual a causa do problema), "como" (como foi investigado ou implementado), "quem" (quem foi o responsável pela contramedida), "quando" (quando foi implementada) e "onde" (onde foi implementada). O "porquê" da condução da contramedida também deve ficar claro, mesmo que apenas no contexto, assim como um plano de como verificar se o efeito pretendido foi atingido ou não. Em nosso A3 de amostra "Reduzindo sucata", a seção de respostas contém uma tabela listando todas as causas possíveis, a ação realizada para investigar cada uma, as pessoas responsáveis por tanto, a data em que foi realizada e o resultado (ver Quadro 3.1).

Quadro 3.1 Exemplo de seção de contramedidas de relatório A3 de solução de problemas

Contramedidas				
Causa suspeita	Item de ação	Responsável	Prazo	Achado
1. Sujeira e contaminação	Tarefas diárias de 5S e MP	Tony (LE)	2/11	Conduzindo diariamente. Sem problemas.
2. Verificação da preparação do rebolo	Verificação da preparação do rebolo	Tony (LE)	4/11	Sem problemas.
3. Função de compensações manuais	Verificar função de compensação	Tony (LE)	4/11	Sem problemas.
4. Mancal do eixo motor solto	Verificação do mancal do eixo do motor	Ed (Manutenção)	5/11	Tampa de mancal frouxa. Apertada.
5. Danos a grampo e localizador	Verificação de grampo e localizador	Ed (Manutenção)	5/11	Nada anormal.
6. Balanceamento do rebolo	Verificação do rebolo	Tony (LE)	5/11	Nada anormal.
7. Dimensões das peças de entrada	Medir dimensões das peças	Janet (CQ)	9/11	Dentro das especificações.
8. Material com dureza inadequada	Medir dureza	Janet (CQ)	9/11	Dentro das especificações.
9. Verificação de acabamento superficial anormal	Verificação de acabamento superficial	Janet (CQ)	9/11	Dentro das especificações.
10. Condições de retificação anormais	Verificação das condições de retificação	Mary (Eng)	13/11	Nada anormal.
11. Concentração de óleo de refrigeração	Medir concentração	John (Manutenção)	13/11	Tanques contaminados. Substituídos.
12. Verificação de disco de dressagem	Verificar condições	Mary (Eng)	13/11	Nada anormal.

Os solucionadores de problemas da Toyota costumam começar seus relatórios A3 durante os estágios iniciais de solução de problemas (não apenas no final), para que possam documentar, compartilhar e criar alinhamento durante todos os passos. Assim, uma versão inicial da seção de contramedidas pode servir como plano de ação que descreve quem fará o que e quando. À medida que os diversos indivíduos envolvidos realizam seus itens de ação, o autor atualiza a seção com os resultados. Assim, o autor pode ter muitas versões do A3, criadas em diversos momentos do processo de solução de problemas. Normalmente, no entanto, apenas o A3 final "completo" é arquivado.

No mundo ideal para a solução de problemas, a causa fundamental seria determinada com a apresentação de fatos na seção de análise da causa fundamental. Mas em casos em que há diversas causas potenciais ou concorrentes para o problema real, a seção de contramedidas pode conter itens que são tentados, mas que, ao final do dia, acabam por não afetar o problema observado. Pelo bem da completude, deixamos todos os itens no plano de contramedidas mostrados no Quadro 3.1, como se costuma fazer, pela aprendizagem em A3s. Às vezes é tão importante saber o que não funcionou quanto o que realmente funcionou.

Em outros casos, envolvendo alguma transformação física, organizacional ou de procedimento (como um novo *layout*, um fluxo de informação diferente ou uma modificação de projeto), o autor geralmente desenha um diagrama da condição-alvo, ou seja, um diagrama de como o sistema imaginado funcionará ou o nível de desempenho desejado após a implementação das contramedidas. As contramedidas podem ser anotadas no diagrama ou listadas em uma tabela separada. Assim como a condição atual, qualquer diagrama de condição-alvo deve ser limpo e claro para todos que lerem o relatório. Um modelo desse estilo será fornecido como exemplo de A3 de proposta (ver Capítulo 4).

A seguir, alguns pontos importantes a considerar ao elaborar a seção de contramedidas:

- Lembre-se de lidar com as possíveis causas fundamentais com os itens de ação.
- Identifique quem implementará a contramedida.
- Esclareça exatamente o que será feito.
- Esclareça o prazo para completar os itens de ação.
- Esclareça ordem e local da implementação.

Verificação/Confirmação de efeito

Quase todos os A3s de solução de problemas contêm uma seção chamada verificação ou confirmação de efeito. O motivo por trás disso é bastante simples. Primeiro, os relatórios A3 têm partes de suas raízes intelectuais nos círculos de controle da qualidade, que por sua vez representam o ciclo de gestão Planejar-Executar-Verificar-Agir, defendido por líderes da qualidade, como Walter Shewhart e W. Edwards Deming. A Toyota simplesmente se dispôs a praticar o que pensadores como esses cavalheiros buscaram ensinar aos gerentes americanos em décadas passadas.

O segundo motivo para a fase de Verificar é se contrapor à tendência natural de pular esse passo crucial da solução de problemas. É comum que itens de ação sejam implementados e as pessoas simplesmente sigam em frente, sem verificar rigorosamente se o problema foi ou não eliminado ou reduzido. Preencher uma seção de confirmação de efeito força o autor a demonstrar que efeitos suas contramedidas tiveram, testando, assim, seu entendimento das causas e efeitos relacionadas ao problema estudado.

Dois elementos importantes do pensamento A3 também devem estar evidentes na seção de verificação. O primeiro é que o autor usou padrão ou base para a comparação afirmada na seção de objetivos. Em outras palavras, é possível saber se os itens de ação tiveram algum efeito? Segundo, e igualmente importante, a seção de verificação deve estabelecer uma relação causal entre os itens de ação e o efeito observado. As equipes costumam implementar diversos itens de ação em resposta a um mesmo problema, que às vezes some. No entanto, ninguém sabe exatamente por que o problema sumiu ou qual item de ação foi o principal responsável por sua eliminação. Assim, a verdadeira relação de causa e efeito não foi determinada. Essa distinção é essencial no pensamento A3: o autor deve buscar compreender relações de causa e efeito, não apenas implementar diversas coisas diferentes que ajudam a fazer o problema sumir. Em geral, isso significa que as ações devem ser realizadas uma de cada vez, e devem ser realizadas medições para verificar que ação provocou o efeito desejado.

Em nosso exemplo corrente, a equipe foi capaz de deduzir por experimentação que, de seus doze itens de ação pensados cuidadosamente, apenas dois produziram a maior parte da redução do problema: apertar as tampas de mancal e substituir o fluído nos tanques de refrigeração. O autor do relatório mostra a dedução usando um gráfico de série temporal que representa a queda no índice de sucata e o cronograma que acompanha as duas contramedidas mais eficazes (ver Figura 3.8).

Aqui estão alguns pontos importantes a considerar ao elaborar a seção de confirmação de efeito:

- Verifique a eficácia total dos itens de ação.
- Use o mesmo padrão listado na seção de objetivos.
- Determine maneiras de verificar a eficácia dos itens, individualmente se possível.
- Planeje de antemão que dados precisarão ser coletados.
- Identifique quem ajudará a coletar os dados e com que frequência.

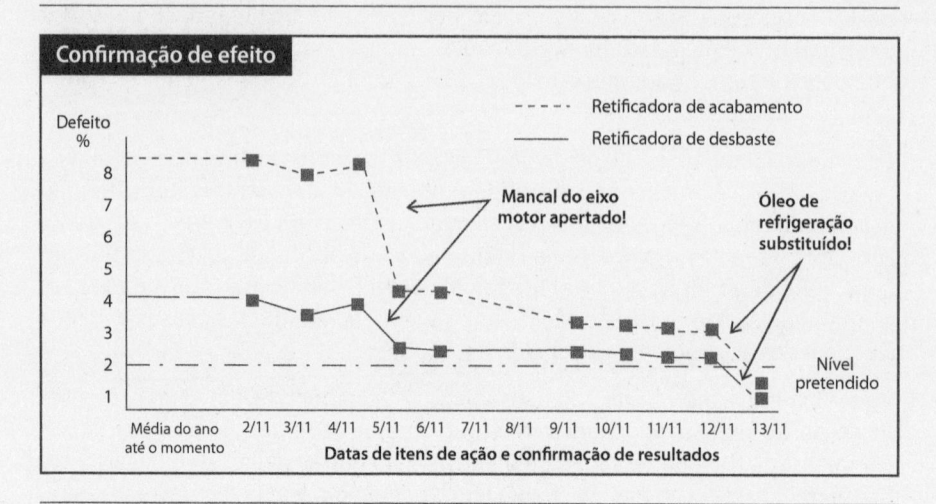

Figura 3.8 Exemplo de seção de confirmação de efeito de relatório A3 de solução de problemas.

Ações de acompanhamento

A seção final do relatório A3 de solução de problemas deve refletir o passo Agir do ciclo de gestão PDCA. A eficácia da implementação das contramedidas é confirmada na seção anterior do relatório. À luz da aprendizagem obtida, a intenção da seção de ações de acompanhamento é refletir sobre de que outras maneiras o sistema pode ser mudado para sustentar a melhoria e o que ainda precisa ser feito (ou seja, questões que não foram investigadas, mas que, segundo o autor, deveriam ser).

Um ângulo a ser considerado é o que precisa ser feito para garantir que os ganhos das contramedidas se mantenham. No exemplo do relatório "Reduzindo sucata", os dois itens com os maiores efeitos foram apertar os mancais da máquina, que haviam se afrouxado com o tempo de uso, e contaminação do óleo de refrigeração. O ideal seria que os mancais nunca se afrouxassem, mas talvez isso exigisse uma reformulação cara de todo o equipamento. Se esse for o caso, então, o mínimo necessário seria estabelecer um intervalo de verificação de manutenção preventiva (MP) adequado para essas máquinas. Apertar os mancais e verificar a concentração do óleo de refrigeração como parte da rotina de manutenção da máquina, como mostrado no Quadro 3.2, permite que a organização impeça a recorrência do problema no futuro, pelo menos enquanto consequência dessas duas causas.

O segundo ângulo a ser considerado na seção de ações de acompanhamento é quem mais deveria saber sobre essa descoberta para expandir a melhoria. Por

Quadro 3.2 Exemplo de seção de ações de acompanhamento de relatório A3 de solução de problemas

Ações de acompanhamento

Item de investigação	Responsabilidade	Prazo	Status
1. Estabelecer MP de verificação de refrigerante	Operações e manutenção	15/11	Crescimento completo
2. Estabelecer MP de verificação de mancal	Operações e manutenção	15/11	Crescimento completo
3. Comunicar os achados a fábricas semelhantes	Tom – gerente engenharia	22/11	Em processo
4. Discutir problema do mancal com fabricante	Tom – gerente engenharia	29/11	Pendente

exemplo, máquinas de tipos semelhantes são usadas em alguma outra parte da empresa? A empresa comprará esse tipo de máquina de novo no futuro? Se sim, como seu projeto pode ser melhorado em relação aos problemas? Se alguma dessas questões for relevante, então qual seria a melhor maneira de comunicar essas descobertas às partes relevantes? Em japonês, a Toyota chama esse processo de *yoko-narabi-tenkai*, cuja tradução aproximada é "distribuição lateral de descobertas a grupos relacionados". Essa é uma parte importante, mas frequentemente ignorada, do pensamento A3 e do processo PDCA. O ponto principal é levar a informação às outras pessoas que também precisam conhecê-las. Caso contrário, os resultados continuam meramente locais e não são completamente otimizados. É aqui que o tamanho compacto e a alta legibilidade da ferramenta A3 mostram seu poder, disseminando a nova aprendizagem de maneira rápida e eficaz às partes apropriadas de toda a organização.

Aqui estão alguns itens importantes a considerar ao elaborar a seção de ações de acompanhamento:

- Procure processos semelhantes no departamento que poderiam se beneficiar dessas contramedidas.
- Pergunte se há processos semelhantes fora do departamento ou da fábrica que deveriam conhecer essas informações.
- Considere se algum departamento de planejamento deve ser informado da mudança para poder melhorar processos futuros.

Efeito total

Em geral, o fluxo do relatório A3 de solução de problemas segue a abordagem de solução prática de problemas descrita no Capítulo 2. A começar pelo tema do relatório, o autor fornece informações históricas pertinentes para a plateia e depois retrata a situação atual da maneira mais visual e factual possível, seguida por uma análise da causa fundamental. A seguir, o autor apresenta as contramedidas usadas para atacar o problema e fornece dados sobre os resultados da implementação. O relatório conclui com reflexões sobre que passos adicionais devem ser dados com a aprendizagem conquistada com as atividades de solução de problemas. A Figura 3.9 mostra o relatório A3 completo para o exemplo "Reduzir sucata devido a perdas de qualidade na usinagem", com pequenas modificações de formatação.

Revisando A3s de solução de problemas

Enquanto o A3 é confeccionado, o autor recebe *feedback* sobre sua análise do problema, a começar pela confirmação do histórico e das condições atuais, até as contramedidas e ações de acompanhamento. O autor integra tanto *feedback* quanto for possível ao relatório. Essa é uma ética tão forte na Toyota que espera-se que os solucionadores de problemas, por cortesia profissional, expliquem aos revisores por que não foram capazes de incorporar seu *feedback* ao problema quando isso acontece. A colaboração interfuncional é importante porque, mais do que aumentar a qualidade do relatório, permite a consideração da maior quantidade de ângulos possível (o que fortalece a objetividade) e constrói alinhamento.

Em uma empresa como a Toyota, que tem grandes quantidades de gerentes treinados nesse estilo de pensamento e confecção de relatórios, encontrar pessoas capazes de oferecer críticas construtivas sobre seu relatório é fácil. Em muitas empresas, no entanto, esse pode não ser o caso. Assim, desenvolvemos uma lista dos tipos de perguntas mais ouvidas durante uma revisão de relatório A3 (ver Quadro 3.3, p. 75). As perguntas estão listadas por seção do relatório e são aquelas mais frequentes da parte de colegas ou supervisores com experiência na revisão de rascunhos de A3s. Os autores de relatórios podem usar essas mesmas questões para realizar autocrítica e a fim de prepararem-se para reuniões. A preparação para reuniões ou sessões de relatórios desse modo aumenta significativamente a eficiência do processo de discussão. Nem todas as perguntas podem se aplicar a cada A3 e nem toda essa informação pode caber em um único relatório, mas espera-se que os autores de relatórios da Toyota estejam preparados para responder a essas perguntas oralmente se, ou quando, surgirem.

Na Toyota, todos os relatórios A3 são escritos e submetidos a alguém, em geral um gerente ou supervisor que critica o relatório, o processo de solução de problemas usado e os resultados. A revisão quase sempre segue um estilo socrático de questionamento, usando perguntas semelhantes àquelas listadas no Quadro 3.3, e não precisa esperar até que o relatório esteja completo. Se o gerente que revisa o relatório completo ficar satisfeito, o relatório é aprovado, as ações de

O Relatório A3 de Solução de Problemas

Tema: reduzir sucata na usinagem

Histórico

1. Metas corporativas 2006
- Aumentar participação de mercado mundial
- **Melhorar qualidade e serviço**
- Aumentar lucros da empresa

2. Metas de produção 2006
- Reduzir custos em 5%
- **Reduzir sucata em 15%**
- Melhorar produtividade em 7%
- Melhor índice de SSMA* em 10%

*Segurança, saúde e meio ambiente

Sucata geral %: 2004: 3,2% | 2005: 2,7% | 2006: 2,6% (Ano até o momento) — Objetivo: 2,3%

Não está atingindo meta para 2006!

Condição atual

Sucata por departamento ($ mil)
- Usinagem: 700 mil
- Soldagem: 200 mil
- Montagem: 86 mil

Detalhamento de índices de sucata da usinagem

Processos:	Fresagem	Torneamento	Perfuração	Retífica de desbaste	Retífica final
Sucata %	1,5	0,9	0,7	3,7	8,7
Sucata $	40 mil	27 mil	23 mil	150 mil	460 mil
Status*	▲	●	●	×	×

*Legenda: ● 0-1% ▲ 1-2% × 2+%

Objetivo

Até dezembro de 2006:
- Reduzir sucata na retífica de desbaste de 3,7% para menos de 2%
- Reduzir sucata na retífica final de 8,7% para menos de 2%

Análise da causa fundamental

Defeito de eixo pequeno demais
72% dos defeitos de retífica

- **Mão de obra**
  - Contaminação
  - Preparação do rebolo
  - Compensações manuais
- **Máquina**
  - Eixo motor
  - Grampo e localizador
  - Rebolo
- **Materiais**
  - Dimensões
  - Dureza
  - Acabamento superficial
- **Método**
  - Condições de retificação
  - Concentração do óleo de refrigeração
  - Disco de dressagem

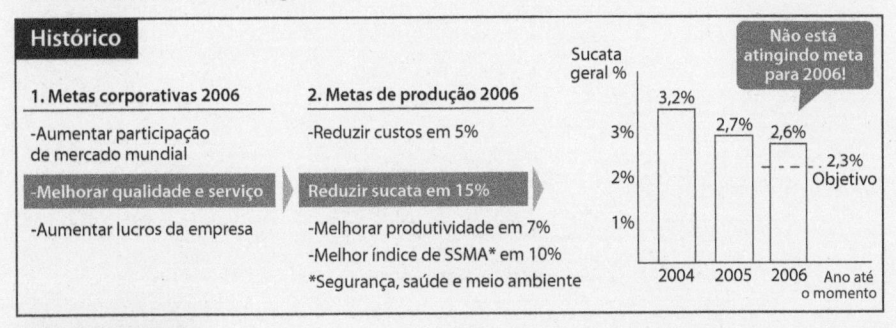

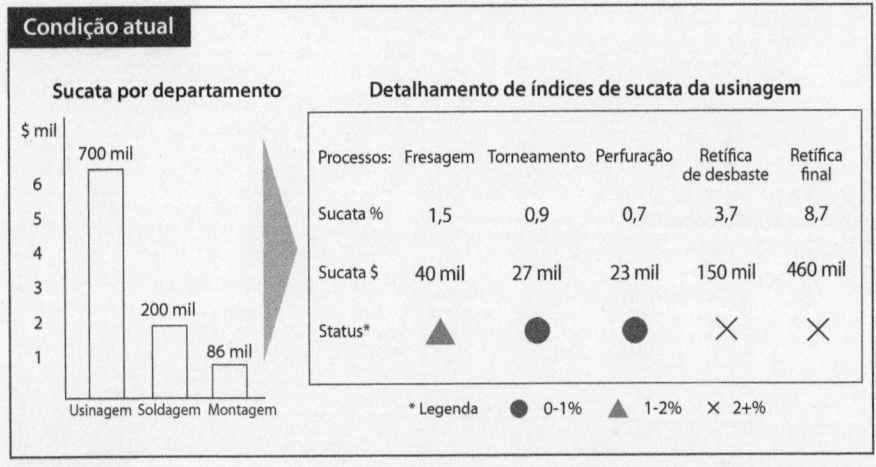

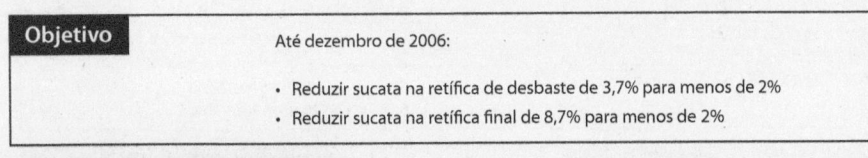

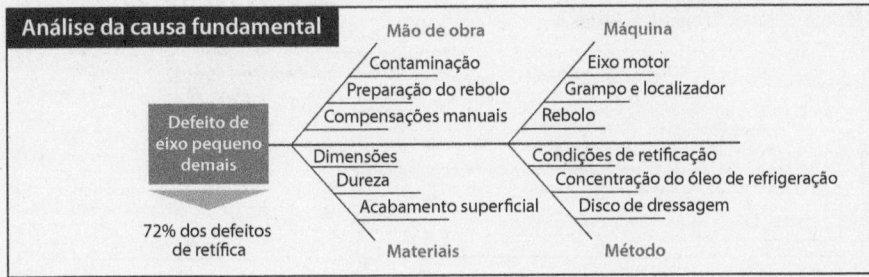

Figura 3.9a Exemplo de relatório A3 de solução de problemas "Reduzindo Sucata".

(continua...)

Contramedidas

Causa Suspeita	Item de Ação	Responsável	Prazo	Achado
1. Sujeira e contaminação	Tarefas diárias de 5S e MP	Tony (LE)	2/11	Conduzindo diariamente. Sem problemas.
2. Verificação da preparação do rebolo	Verificação da preparação do rebolo	Tony (LE)	4/11	Sem problemas.
3. Função de compensações manuais	Verificar função de compensação	Tony (LE)	4/11	Sem problemas.
4. Mancal do eixo motor solto	Verificação do mancal do eixo do motor	Ed (Manutenção)	5/11	Tampa de mancal frouxa. Apertada.
5. Danos a grampo e localizador	Verificação de grampo e localizador	Ed (Manutenção)	5/11	Nada anormal.
6. Balanceamento do rebolo	Verificação do rebolo	Tony (LE)	5/11	Nada anormal.
7. Dimensões das peças de entrada	Medir dimensões das peças	Janet (CQ)	9/11	Dentro das especificações.
8. Material com dureza inadequada	Medir dureza	Janet (CQ)	9/11	Dentro das especificações.
9. Verificação de acabamento superficial anormal	Verificação de acabamento superficial	Janet (CQ)	9/11	Dentro das especificações.
10. Condições de retificação anormais	Verificação das condições de retificação	Mary (Eng)	13/11	Nada anormal.
11. Concentração do óleo de refrigeração	Medir concentração	John (Manutenção)	13/11	Tanques contaminados. Substituídos.
12. Verificação de disco de dressagem	Verificar condições	Mary (Eng)	13/11	Nada anormal.

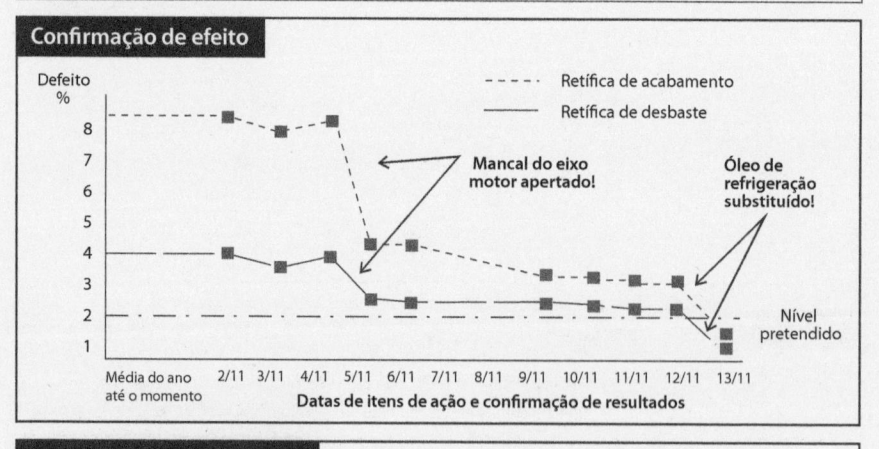

Confirmação de efeito

[Gráfico: Defeito % por data (Média do ano até o momento, 2/11 a 13/11). Linhas: Retífica de acabamento (tracejada) e Retífica de desbaste (sólida). Anotações: "Mancal do eixo motor apertado!" e "Óleo de refrigeração substituído!". "Nível pretendido" indicado no eixo. Eixo x: Datas de itens de ação e confirmação de resultados.]

Ações de acompanhamento

Item de investigação	Responsabilidade	Prazo	Status
1. Estabelecer MP de verificação do óleo de refrigeração	Operações e manutenção	15/11	Concluído
2. Estabelecer MP de verificação de mancal	Operações e manutenção	15/11	Concluído
3. Comunicar as descobertas a fábricas semelhantes	Tom – gerente engenharia	22/11	Em andamento
4. Discutir problema do mancal com fabricante	Tom – gerente engenharia	29/11	Pendente

Figura 3.9b Exemplo de relatório A3 de solução de problemas "Reduzindo Sucata".

(continuação)

Quadro 3.3 Questões de revisão para relatórios A3 de solução de problemas

Histórico
O relatório possui um tema claro que reflete seu conteúdo?
O tópico é relevante para os objetivos da organização?
Há algum outro motivo para estar trabalhando com esse tópico (ex.: propósitos de aprendizagem)?
Condição atual e descrição do problema

A condição atual e declaração do problema
A condição atual está clara e é mostrada de maneira lógica e visual?
Como a condição atual poderia ser esclarecida ainda mais para o público?
A representação da condição atual está enquadrando um problema ou situação a ser resolvido?
Qual o problema real na condição atual?
Os fatos da situação são claros ou há apenas observações e opiniões?
O problema está quantificado de algum modo ou é qualitativo demais?

Declaração do objetivo
Há uma meta ou objetivo claro?
O que, especificamente, deve ser realizado?
Como o objetivo será mensurado ou avaliado?
O que vai melhorar, até que nível e quando?

Análise da causa fundamental
A análise atinge um nível amplo?
A analise é detalhada o suficiente? Ela investigou os problemas certos em profundidade suficiente?
Há evidências de realização adequada do pensamento dos Cinco Porquês sobre a causa verdadeira?
Causa e efeito foram demonstrados ou relacionados de alguma maneira?
Todos os fatores relevantes foram considerados (humano, máquina, material, método, ambiente, mensuração, etc.)?

Contramedidas
Os passos da contramedida foram identificados com clareza?
As contramedidas ligam a causa fundamental ao problema?
As contramedidas se concentram nas áreas certas?
Quem é responsável pelo quê e quando (o 5W1H está claro)?
Esses itens de ação vão prevenir a recorrência do problema?
A ordem de implementação é clara e razoável?
Como os efeitos das contramedidas serão verificados?

Confirmação de efeito
Como a eficácia das contramedidas será medida?
O item de verificação está alinhado à declaração do objetivo anterior?
A mudança de desempenho real esteve alinhada à declaração do objetivo?
Se o desempenho não melhorou, qual foi o motivo? O que faltou?

Ações de acompanhamento
O que é necessário para prevenir a recorrência do problema?
O que ainda precisa ser feito?
Que outras partes da organização precisam ser informadas desse resultado?
Como isso será padronizado e comunicado?

acompanhamento são executadas e o próprio relatório A3 é arquivado para referência futura. Se o gerente não ficar satisfeito com algum aspecto do relatório ou do processo de solução de problemas, solicita-se que o autor revise-o e reapresente-o. Para que um gerente Toyota fique satisfeito com um relatório, é preciso que seja mais que tecnicamente correto: o autor também deve ser capaz de confirmar o alinhamento de todas as partes que podem ter preocupações (ou seja, você foi e falou com a pessoa cujas preocupações não foi capaz de resolver por completo?). Assim, a aprovação é um ato formal para indicar que o relatório está completo e pronto para ser arquivado e que a organização chegou a um acordo em relação a uma questão em particular. O trabalho duro foi realizado em discussões, análises, experimentos e outras atividades que são resumidas no relatório.

À primeira vista, esse pode parecer um procedimento excessivamente burocrático, mas os benefícios à Toyota são significativos. Primeiro, ele transforma o relatório A3 de uma folha de documentação em uma ferramenta de mentoramento, pois a elaboração do relatório dá visibilidade aos processos de raciocínio do autor do relatório. O supervisor pode, então, aproveitar a oportunidade para passar de "chefe" a "coach", encorajando o autor do relatório nas áreas em que é forte e fazendo recomendações concretas nas áreas que precisam de melhoria. Segundo, isso cria um mecanismo forte para garantir que métodos rigorosos de solução de problemas estão sendo usados e aplicados por toda a organização. Terceiro, o processo de revisão de relatórios garante que os esforços do membros estão se concentrando em áreas que são importantes para o sucesso da organização e que as ações tomadas realmente tenham impacto. Finalmente, o passo de revisão dá ao gerente a oportunidade de promover a aprendizagem profunda dentro de sua organização e criar responsabilidade pela conquista dos objetivos organizacionais.

Com base em nossas observações do sistema da Toyota, achamos que qualquer indivíduo pode se beneficiar muito desse exercício de pensamento A3 e elaboração de relatórios A3. No entanto, em uma aplicação em nível organizacional, os maiores benefícios virão com a implementação de uma rede de mentoramento e/ou convenção para a revisão de relatórios A3. Assim, todos deveriam aprender a criar e a revisar relatórios A3, permitindo que o sistema atinja seu grau máximo de eficácia.

Sua vez

Agora é a sua vez. Nas páginas seguintes, descrevemos uma situação de solução de problemas que envolve alguns procedimentos administrativos de um hospital. Vamos violar um de nossos princípios de "ver por si mesmo" em prol de sua aprendizagem. Em aplicações no mundo real, nunca deixe de observar em primeira mão para conseguir entender o problema em seu contexto. No entanto, em nossa opinião, "sujar" suas mãos com um pouco de prática, escrevendo um relatório A3, pode ajudar você a enfrentar um problema de verdade em sua organização mais tarde.

Parte 1: escreva um A3

O primeiro passo do exercício em duas partes é redigir um relatório A3 com base nas informações fornecidas. No Apêndice A, fornecemos uma "solução" possível para sua referência, junto com algumas explicações para os nossos motivos. Sugerimos que não olhe o A3 do apêndice até ter feito o seu próprio! É impossível aprender a criar relatórios A3 apenas reproduzindo os nossos. Depois de ter escrito o seu próprio relatório, é possível aprender bastante comparando o que você escreveu com a contramedida fornecida. Lembre-se, no entanto, que não existe um único relatório A3 correto. Nossa amostra é apenas um dentre diversos relatórios A3 que poderiam ter sido escritos para cumprir funções semelhantes.

Assim, na primeira parte de nosso exercício de aprendizagem prática, pegue uma folha de 42 x 29,7 cm e um lápis (e talvez uma borrachona também!) e elabore um A3 com base nas seguintes informações. Pode ser que você conclua que precisaria de mais informações do que fornecemos; nesse caso, faça algumas suposições e proceda de acordo. Lembre-se de que você está treinando a arte de confeccionar relatórios A3.

> *A gerência do hospital no qual este estudo ocorreu (vamos chamá-lo de "Hospital da Comunidade") quer reduzir uma de suas métricas principais: dias de contas a receber (C/R), que é o tempo entre a prestação de um serviço e o recebimento do pagamento pelo serviço. O Departamento de Emergência (DE) é uma área do hospital com dias de C/R acima da média. Descobriu-se que as fichas do DE frequentemente esperam transcrições, o que provoca atraso no envio da cobrança. O envio de cobrança é o tempo entre a prestação do serviço e o momento em que a conta do paciente está pronta para faturamento.*
>
> *Para gerar de fato uma conta, a ficha médica do paciente precisa ser codificada, ou seja, receber um código numérico para cada serviço prestado para cobrança da seguradora. Os codificadores precisam de uma transcrição das informações ditadas pelo médico da visita para garantir a precisão da codificação e para seguir as regulamentações de acreditação. Os ditados do Departamento de Emergência são transcritos por terceiros (Ultramed), e as transcrições são, então, baixadas pelo departamento de Gestão da Informação (GI), que realiza a codificação de todas as contas de pacientes do hospital.*

PARE: Antes de seguir em frente, elabore uma declaração de tema e seção de histórico, presumindo que o público seja o diretor de serviços financeiros (um nível abaixo do vice-presidente e um acima do gerente de GI)

Depois de seguir fisicamente a rota das fichas médicas pelo processo e entrevistar todas as pessoas que tocaram na ficha entre os departamentos DE e de cobrança, a equipe chegou à seguinte descrição de como o processo atual funciona.

1. Após a alta, o médico que viu o paciente dita informações para o Ultramed por telefone (um processo semelhante a criar uma mensagem de voz) e, então, anota o número de serviço do Ultramed na ficha do paciente.
2. A ficha do paciente é enviada à GI, onde é colocada em um porta-arquivos.
3. Enquanto isso, o Ultramed transcreve o ditado e o publica em um site de acesso limitado.
4. Um membro da equipe de GI, cuja tarefa é verificar o site periodicamente, imprime as transcrições e coloca-as no local designado, em ordem de data.
5. Outro membro da equipe de GI periodicamente combina a pilha de transcrições com as fichas do paciente. Se o membro descobre um gráfico sem um número de serviço (o que significa que um ditado não foi realizado), a ficha volta ao DE para o ditado. Fichas com números de serviço e sem transcrições exigem acompanhamento com a empresa de transcrição.
6. Um grupo de codificadores recupera as fichas completas para codificação. Eventualmente, um codificador da GI precisa gerenciar uma crise, pois a ficha está completa para codificação, mas, por algum motivo, é impossível encontrar a transcrição. Ao terminarem, os codificadores devolvem os arquivos ao local designado para fichas codificadas no porta-arquivos.
7. As fichas codificadas são levadas ao departamento de cobrança.

PARE: Agora desenhe um diagrama que retrate seu entendimento do processo de codificação descrito acima. Para testar seu diagrama, mostre-o para alguém a fim de ver se é compreensível.

Um dos problemas mais encontrados foi que as transcrições podiam ser disponibilizadas pelo Ultramed e até baixadas, mas não combinavam com os arquivos do paciente. Em um relatório de exceção de um dia sobre contas atrasadas, identificou-se dezessete fichas que esperavam transcrições na GI; dessas, sete já estavam presentes na GI! Em outras palavras, sete transcrições haviam sido realizadas, mas, de alguma maneira, tinham se perdido ou desencontrado no sistema, atrasando, assim, o processamento da cobrança dessas contas. Assim, os arquivos de pacientes esperavam na fila desnecessariamente, resultando em atrasos na autorização para enviar a cobrança e aumentando os dias de C/R.

Além disso, a equipe da GI passava bastante tempo controlando fichas de pacientes e transcrições, buscando ditados atrasados, etc.

O tempo de envio de cobrança para esse processo variava entre sete e mais de 50 dias, com uma média de dez dias. Com base em conversas com diversas partes, incluindo a equipe de gestão de serviços fiscais, decidiu-se que uma meta de tempo de envio de cobrança de sete dias ou menos seria razoável.

PARE: Qual seria uma boa declaração do objetivo para esse problema? Escreva-a, junto a representações gráficas dos dados de medição sobre fichas atrasadas ao diagrama de condição atual.

À medida que a equipe investigou por que a codificação das fichas estava se atrasando, ficou claro que a complexidade dos caminhos dificultava o trabalho da equipe de GI de administrar o fluxo de fichas pelo departamento. Era difícil ver para onde as fichas codificadas deveriam ir a seguir. A complexidade significava que o responsável por anexar transcrições às fichas de pacientes costumava deixar de realizar esse processo. O motivo mais comum para isso é que a pessoa não via ou não encontrava a transcrição. Transcrições sumiam ou não eram encontradas por diversos motivos: estavam fora de ordem; os médicos atrasavam a realização de ditados; a equipe não percebia que algumas transcrições ainda precisavam ser realizadas; transcrições recentes e pendentes se misturavam; entre outros. Após analisar os diversos casos, ficou claro que a causa principal dessa confusão era que o sistema não tinha sinais claros para indicar quando os médicos do DE haviam realizado seus ditados e quando as transcrições estavam prontas para serem baixadas do Ultramed.

PARE: Faça a primeira versão de uma seção de análise da causa fundamental para o A3.

Após considerar diversas opções, a equipe decidiu melhorar a sequência do fluxo de trabalho. A principal contramedida selecionada foi receber as transcrições do Departamento de Emergência e combiná-las com as fichas dos pacientes antes de enviá-las à GI. Isso eliminaria a necessidade de criar ciclos de retrabalho na GI e diminuiria a confusão, pois o Departamento de Emergência possui muito mais condições para administrar a relação com o Ultramed (eles sabem com mais facilidade se houve um ditado e quando). O processo geral se torna muito mais simples, apesar de parte do trabalho ser deslocado do departamento de GI para o DE. Transferir o recebimento de transcrições ao DE significou uma mudança nos processos de trabalho do DE, mas representou pouco trabalho extra.

PARE: Desenhe um diagrama retratando como esse novo processo funcionaria. Certifique-se de marcar cada contramedida claramente. Observe, também, que as contramedidas envolvem mudanças no DE, não apenas na GI, e nas rotinas dos médicos. Assim, um membro importante do público é o médico responsável pelos médicos do DE e pelas operações do DE. Assim, volte às seções anteriores para ver se é necessário realizar alguma revisão agora que o médico responsável faz parte de seu público-alvo.

A seguir, foi criado um plano de implementação que provocasse a mínima interferência e aumentasse a probabilidade de sucesso ao máximo. Um passo crítico foi trabalhar com o Departamento de Sistemas de Informação para montar o *hardware* necessário e montar a rede interna do DE. M. Ghosh foi encarregado desse passo, com o prazo de 07/08/2005. Os passos seguintes foram comunicar a mudança aos médicos do DE e treinar a equipe do DE e da GI nos novos procedimentos. S. Moore se responsabilizou pela interface com médicos do DE até 12/08 e por treinar a equipe do DE até 15/08. K. Wells concordou em treinar a equipe da GI até 26/08/2005.

A equipe de solução de problemas esperava que 100% das fichas chegariam à GI com transcrições e que o tempo entre ver o paciente e autorizar o envio da conta (tempo de envio de cobrança) se reduziria a sete dias ou menos. Seis semanas após a implementação, os dados foram coletados para os pacientes de duas semanas. Das 371 fichas do período, mais de 98% chegou com transcrições, e o tempo médio de envio de cobrança foi de 6,55 dias.

PARE: Redija uma seção relatando o plano de ação e os resultados. Qual seria o título mais adequado para essa seção?

A equipe também criou três ações de acompanhamento principais para trabalhar no futuro. Uma delas foi determinar a causa das poucas fichas que ainda estavam chegando à GI sem transcrição e buscar uma solução. A segunda foi buscar maneiras de reduzir ainda mais o índice de envio de cobrança e a quantidade de tempo necessário para codificar as fichas. Terceiro, a equipe concordou que era necessário continuar a verificar com o Departamento de Cobrança que a codificação permanecia precisa.

PARE: Quase no fim! Escreva a seção de ações de acompanhamento.

Agora, para completar o A3, compile todas as seções em uma folha de papel de 24 x 29,7 cm. Então, você pode compará-lo com o A3 de amostra no apêndice A e buscar ideias de melhoria.

Parte 2: critique seu A3

Agora que você já elaborou seu A3 (e talvez já tenho espiado o A3 que criamos para este estudo de caso), sugerimos que realize um pouco de autocrítica. Com base nas informações que demos sobre revisão de A3s, use as perguntas de revisão para criticar seu relatório. Se preferir, critique o nosso! Apresentamos nossas próprias críticas no Apêndice A. De novo, provavelmente é melhor para sua aprendizagem que realize sua própria crítica antes de olhar o "gabarito". Novamente, não há uma resposta certa ou errada. Assim, se chegar a uma conclusão diferente da nossa, não tem problema! O importante é começar a exercitar o pensamento A3.

Resumo

Neste capítulo, apresentamos com mais detalhes a elaboração de relatórios A3 e técnicas de resumo. Não há uma maneira única e superior de elaborar relatórios A3, e não há dois relatórios iguais. Nos próximos dois capítulos, explicamos ainda mais a variedade além do simples A3 de solução de problemas. Mantenha em mente, no entanto, que, apesar de haver variedade na criação dos A3s, todos aderem a alguns importantíssimos princípios comuns:

- O mais óbvio é que os autores de relatórios A3 se esforçam para mostrar os conteúdos em uma única folha A3, e não em dezenas de páginas ou *slides* de PowerPoint.
- Os autores de relatórios A3 tentam retratar a condição e a análise do problema de maneira visual, não apenas com texto.
- A estrutura de relatório sempre segue alguma derivação do estilo Planejar-Executar-Verificar-Agir de gestão, provavelmente o ponto mais crítico dentre todos que discutimos.

Finalmente, lembre-se de que o A3 é apenas uma ferramenta de comunicação e de orientação de melhorias, e não um fim em si mesmo ou meramente parte do processo de melhoria. Não caia na armadilha de presumir que todos os problemas ou projetos precisam ser resumidos dessa maneira: você vai perder todo seu tempo e nunca completará nada.

Notas

1. D. K. Sobek II, J. K. Liker, & A. C. Ward, "Another Look at Toyota's Integrated Product Development," *Harvard Business Review* (July—August 1998): 36—49.
2. Ver, por exemplo, J. K. Liker, *O Modelo Toyota* (Porto Alegre: Bookman, 2006); e J. Morgan e J. K. Liker, *Sistema Toyota de Desenvolvimento de Produto: Integrando pessoas, processos e tecnologia* (Porto Alegre: Bookman, 2008).
3. Ver D. Weber, C. Jimmerson, and D. K. Sobek, "Reducing Waste and Errors: Piloting Lean Principles at Intermountain Healthcare," *Joint Commission Journal on Quality and Patient Safety* (May 2005): 249—57.

4. Os princípios de projeto de processos enxutos podem ser encontrados em inúmeros livros e artigos sobre produção enxuta ou sobre o Sistema Toyota de Produção, como: Y. Monden (1998), *Toyota Production System, An Integrated Approach to Just-In-Time* (Norcross, GA: Engineering & Management Press, 1998). Um dos textos favoritos de um dos autores, como mencionado no Capítulo 1, é o texto Four Rules in Use, de Spear e Bowen.
5. Esta descrição da noção de "ideal" da Toyota foi articulada pela primeira vez em: Spear and Bowen, "Decoding the DNA of the Toyota Production System," *Harvard Business Review* (September-October 1999): 97 — 106.

O relatório A3 de proposta   4

No capítulo anterior, apresentamos a ferramenta A3 básica usada para solução de problemas. Ao ensinar a confecção de relatórios A3, a Toyota começa com essa versão e garante que o funcionário a use nas situações adequadas durante o desenvolvimento de seu começo de carreira. Um dos autores deste livro realizou diversos ciclos de aprendizagem desse processo durante vários anos enquanto trabalhava na Toyota no Japão. Obviamente, um A3 não pode ser elaborado para todos os problemas ou situações que encontramos, mas a Toyota usa a ferramenta com frequência para esclarecer problemas vivenciados durante o curso do trabalho, cuja solução leva a oportunidades de aprendizagem úteis e importantes. Sugerimos que organizações e indivíduos que adotarem esse método também pratiquem, antes de tudo, o A3 de solução de problemas, pois é a forma mais amplamente aplicável da ferramenta.

Tendo isso em mente, no entanto, não existe um único jeito certo de escrever ou mesmo de organizar um relatório A3. Cada um é único em conteúdo e mesmo o mecanismo de sua organização muda em muitos casos. Por quê? Na vida real, as organizações enfrentam diversas situações diferentes, além da solução de problemas padrão. Neste capítulo, apresentamos outro modo de organizar os relatórios A3: com o objetivo de apresentar uma proposta.

A boa elaboração de propostas exige excelente capacidade de solução de problemas; assim, à primeira vista, pode parecer que não precisamos de outro formato. Mas as propostas possuem diversas diferenças grandes o suficiente para exigir uma discussão separada. Os A3s de solução de problemas costumam ser escritos segundo os passos Planejar, Executar e Verificar do ciclo PDCA (apesar de os autores, em geral, começá-los em períodos anteriores do processo de solução de problemas). O relatório captura as causas fundamentais dos problemas observados, confirma que o problema foi resolvido e reflete sobre os esforços de solução de problemas. O autor de relatórios normalmente precisa de aprovação antes de passar para o passo Agir, que envolve o arquivamento do relatório, a disseminação das descobertas e recomendações e/ou a mudança de procedimentos.

Os A3s de propostas, por outro lado, são escritos durante o passo Planejar e antes do passo Executar. O motivo é que os relatórios A3 de proposta trabalham situações em que o investimento é significativo (em termos de capital financeiro ou humano), a implementação é razoavelmente complexa e/ou a recomendação envolve diversas partes da organização. Assim, os relatórios A3 de proposta normalmente trabalham questões como políticas, práticas de gestão, processos organizacionais ou quaisquer situações em que a organização prefere cuidadosamente considerar, planejar e (sempre que possível) construir consenso sobre a recomendação antes de tomar uma decisão ou autorizar uma ação. Tecnicamente, as propostas podem não trabalhar um problema exatamente, mas sim uma oportunidade ou necessidade de mudança ou melhoria. Uma decisão sobre a terceirização de certos componentes, uma política sobre treinamento de funcionários ou uma decisão sobre a mudança de benefícios de saúde poderiam ser consideradas políticas.

Sejam quais forem as diferenças, no entanto, todos os tipos de relatórios A3 ainda seguem o ciclo PDCA básico. O planejamento começa com a definição clara da situação atual e dos motivos da mudança. A proposta real inclui análise, frequentemente envolvendo comparações de diversas abordagens alternativas. O plano de implementação inclui os passos de confirmação do efeito (Verificar) e o acompanhamento (Agir). A expectativa é que, após implementação, a equipe coletará dados para avaliar sua eficácia e refletir e agir sobre quaisquer revisões necessárias antes de seguir em frente. Em geral, os passos Verificar e Agir são resumidos em um relatório A3 de *status*, que é o tema do Capítulo 5. O Quadro 4.1 resume as principais diferenças na elaboração de A3 de solução de problemas e de propostas para ajudar a esclarecê-las.

As diferenças podem ser sutis, mas são importantes. Os relatórios de solução de problemas tendem a se concentrar em temas que normalmente estão relacionados a métricas, como qualidade, custos, entrega, produtividade e tempo de atravessamento. Esses A3s são praticados no começo da carreira de jovens funcionários na Toyota, para o desenvolvimento de sua habilidades de pensamento crítico e solução de problemas. Mais tarde, à medida que os funcionários progridem dentro da gerência ou conquistam mais experiência, a natureza do trabalho muda. Os funcionários passam a reagir menos às atividades cotidianas e a se orientar mais para mudanças futuras e próximas; assim, o funcionário fica mais bem posicionado para fazer propostas robustas. Finalmente, as porções de análise dos relatórios de solução de problemas se concentram na identificação e resolução das causas fundamentais dos problemas observados no trabalho diário, o que em geral envolve o uso de modelos analíticos ou quantitativos. As propostas também envolvem análise, e os mentores da Toyota encorajam os fun-

Quadro 4.1 Comparação entre relatórios A3 de solução de problemas e de proposta

Foco	Solução de problemas	Elaboração de propostas
Foco ou conteúdo temático	Melhorias relativas a qualidade, custos, entrega, segurança, produtividade e assim por diante	Políticas, decisões ou projetos com implementação ou investimentos significativos
Experiência da pessoa conduzindo o trabalho	Novato, mas continuando por toda a carreira	Pessoal experiente e gerentes
Análise	Forte ênfase na causa fundamental; quantitativa/analítica	Melhoria baseada em consideração do estado atual; misto de quantitativo e qualitativo
Ciclo PDCA	Documenta todo o ciclo PDCA envolvido em realizar a melhoria e verificar o resultado	Forte foco no passo Plano, com os passos Verificação e Ação propostos embutidos no plano de implementação

cionários que estão elaborando propostas a quantificar suas análises ao máximo possível. Mas, como as propostas normalmente lidam com problemas de maior escopo, como mudanças organizacionais ou políticas, as análises quase sempre incluem também avaliações qualitativas.

O trabalho profissional e gerencial sempre envolve a alteração de políticas e o aproveitamento de oportunidades de melhoria, seja qual for o setor da economia. A próxima seção apresenta os relatórios A3 de proposta em linhas gerais. Apresentamos o relatório A3 de proposta em formato de modelo para ajudar os usuários de primeira viagem a começarem sua aprendizagem, mas também queremos enfatizar que os A3s são como flocos de neve: não existem dois iguais. Assim, seguiremos com dois exemplos que demonstram a flexibilidade da ferramenta e como o modelo básico pode ser adaptado para cada situação em particular. Encorajamos os autores de primeira viagem a usar um dos modelos a seguir como ponto de partida para seus relatórios e adaptá-los conforme for necessário para sua própria situação. Concluiremos este capítulo com um exercício prático, assim como fizemos no Capítulo 3.

Analisemos em mais detalhes o relatório A3 de proposta.

A narrativa do A3 de proposta

Os relatórios A3 de proposta têm o mesmo formato e tamanho que os A3s de solução de problemas. Ambos cabem em um lado de uma folha A3 (42 x 29,7 cm).

Entendendo o Pensamento A3

O fluxo ainda é de cima para baixo na esquerda e, então, de cima para baixo na direita, como mostrado na Figura 4.1. E, assim como seus colegas de solução de problemas, os A3s de propostas são divididos em seções, todas rotuladas claramente e ordenadas em um fluxo lógico.

Os A3s de proposta ainda seguem a mesma estrutura PDCA básica dos A3s de solução de problemas; no entanto, como é uma proposta, os últimos passos do ciclo ainda estão pendentes enquanto o relatório é elaborado. O objetivo do A3 de proposta é apresentar um plano lógico e estruturado para consideração dos leitores, permitindo a tomada de uma boa decisão sobre sua implementação. O plano a ser implementado, verificado e acompanhado é expresso por escrito para que não haja ambiguidade ou confusão em relação ao que é proposto e a quem executará cada parte do plano. Em alguns casos, as equipes propõem um estudo-piloto para experimentar as ideias ou mudanças propostas em pequena escala antes da implementação completa. Trabalharemos aqui com um exemplo simples para fins de treino e o usaremos para ajudar a explicar passo a passo o processo e o padrão intrínseco de raciocínio.

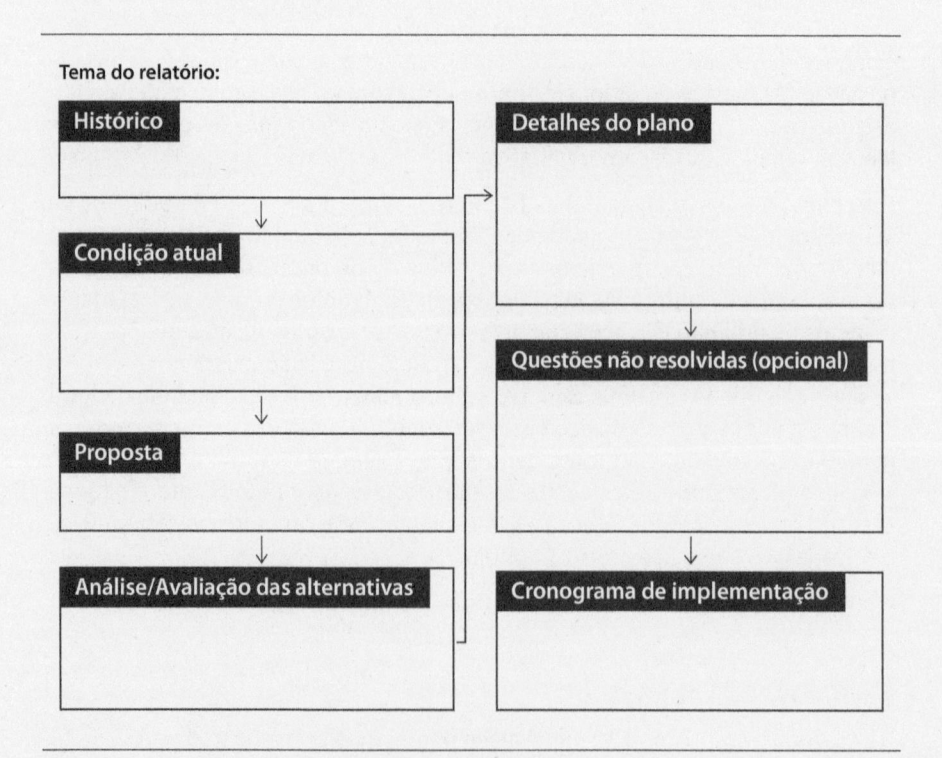

Tema do relatório:

- Histórico
- Condição atual
- Proposta
- Análise/Avaliação das alternativas
- Detalhes do plano
- Questões não resolvidas (opcional)
- Cronograma de implementação

Figura 4.1 Fluxo típico de um relatório A3 de proposta.

Tema

Assim como o A3 de solução de problemas, o relatório A3 de proposta começa com um título temático que apresenta o conteúdo ao público. O tema deve descrever objetivamente o conteúdo trabalhado no relatório e indicar claramente que é um relatório de proposta. Por exemplo: "Implementação de Terceirização de Serviço de Alimentação", "Proposta de Troca de Fornecedores de Ferramental" e "Recomendação de Plano de Benefícios e Saúde" seriam títulos característicos. Independentemente do ramo ou da situação, o tema deve apresentar rapidamente o conteúdo do relatório ao leitor.

Nosso exemplo de proposta vem de uma organização que emprega aproximadamente 200 profissionais. Os departamentos técnicos frequentemente precisam adquirir materiais e suprimentos usando o processo normal de pedidos de compras.[1] Os departamentos financeiros e de compras gostariam de recomendar o uso de cartões de crédito corporativos para adquirir itens de baixo valor a fim de simplificar o processo. Assim, o tema escolhido para este A3 é "Implementação de Cartão de Crédito Corporativo".

Histórico

Depois de decidir o título, o autor do relatório deve, então, apresentar toda as informações históricas que forem essenciais para entender a extensão e a importância do problema ou da oportunidade e qual a sua relação com os objetivos ou valores da empresa. Quanto mais variado for o público leitor do relatório, mais amplas precisarão ser as informações de histórico.

A Figura 4.2 mostra uma seção de histórico para nosso A3 "Implementação de Cartão de Crédito Corporativo". Nesse caso, as informações pertinentes são resumidas em uma pequena lista de itens para contextualizar a seção seguinte (condição atual). O autor destaca especialmente que o quadro de lotação administrativo provavelmente precisará crescer junto com a organização, a menos

---

Histórico

- A empresa prevê crescimento pelos próximos 5-10 anos; os gastos administrativos também vão aumentar, sem ganhos em eficiência.
- O atual sistema de processamento de pedidos de compra, com bastante uso de papel, não aproveita as vantagens das novas tecnologias financeiras.
- Transações de emergência e ocasionais hoje são incômodas e demoradas.
- Todas as compras são tratadas da mesma maneira, independentemente do valor.

Figura 4.2 Exemplo de seção de histórico de A3 de proposta.

que sistemas mais eficientes possam ser implementados; que o sistema atual depende principalmente de folhas de papel, o que o torna lento e pesado; e que os pedidos de compras de $100 exigem os mesmos gastos de processamento que pedidos de $100.000. Apesar de nenhum objetivo da empresa ser identificado explicitamente, os fatos apresentados possuem relações óbvias com os objetivos de reduzir custos e aumentar a produtividade das operações internas.

O propósito e o conteúdo da seção de histórico do A3 de proposta são semelhantes aos do A3 de solução de problemas. Reiteramos os pontos principais aqui para sua conveniência:

- Maximize a clareza do contexto geral da situação.
- Identifique o público-alvo e escreva de acordo.
- Forneça as informações que o público precisa conhecer antes de seguir em frente.
- Explique como o assunto se alinha com as metas da empresa.
- Inclua quaisquer outras informações, como dados históricos, datas ou nomes, que possam ajudar o público a compreender a importância do problema.

Condição atual

Assim como nos A3 de solução de problemas, esta seção é crítica. O objetivo é representar a condição atual de modo simples e preciso para o leitor (não apenas para o autor) entender o que está acontecendo e motivar a necessidade da proposta. O ideal é que o autor crie uma representação visual que mostre os elementos principais da condição atual. Essa mensagem deve envolver o uso de quadros, gráficos, tabelas ou outras técnicas que representem a condição atual.

Na proposta "Implementação de Cartão de Crédito Corporativo", os autores do relatório coletaram dados sobre quanto custa para processar pedidos de compras e faturas para os principais departamentos envolvidos com esse tipo de transação, além de coletar dados sobre quantos pedidos foram processados nos anos anteriores para diversas categorias. Como mostrado na Figura 4.3, algumas das informações são apresentadas em gráficos, para representar com mais clareza que uma grande porcentagem dos pedidos representa uma pequena porcentagem dos gastos com compras. Outras informações são apresentadas em tabelas, pois os dados são usados na seção de análise do relatório. Juntos, os dados apresentados comunicam o potencial de simplificar esses gastos de baixos valores e o risco relativamente pequeno para a empresa de mudar os procedimentos.[2] Assim como exemplos anteriores de A3, o material é organizado para que mesmo um leitor descompromissado possa entender rapidamente a situação básica.

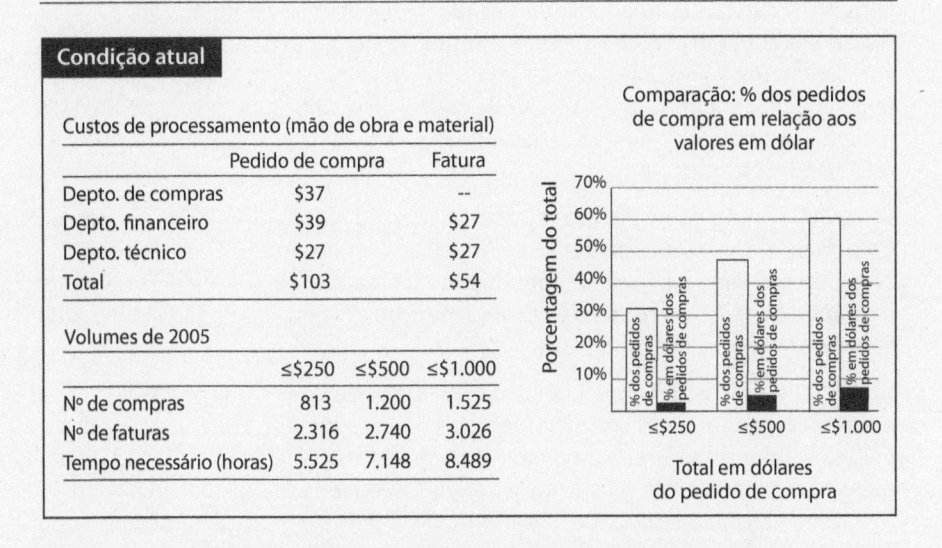

Condição atual			
Custos de processamento (mão de obra e material)			
	Pedido de compra	Fatura	
Depto. de compras	$37	--	
Depto. financeiro	$39	$27	
Depto. técnico	$27	$27	
Total	$103	$54	
Volumes de 2005			
	≤$250	≤$500	≤$1.000
N° de compras	813	1.200	1.525
N° de faturas	2.316	2.740	3.026
Tempo necessário (horas)	5.525	7.148	8.489

Comparação: % dos pedidos de compra em relação aos valores em dólar (gráfico de barras com categorias ≤$250, ≤$500, ≤$1.000 no eixo "Total em dólares do pedido de compra", e Porcentagem do total no eixo vertical de 10% a 70%, mostrando % dos pedidos de compras e % em dólares dos pedidos de compras).

Figura 4.3 Exemplo de seção de condição atual de A3 de proposta.

Assim como antes, os pontos importantes para considerar ao elaborar a seção de condição atual são semelhantes aos de um A3 de solução de problemas. Os itens são repetidos aqui para sua conveniência:

- Represente claramente, de modo visual, um panorama da condição atual.
- Destaque os fatores principais do estado atual.
- Identifique para o leitor as questões principais no estado atual.
- Use medidas quantitativas para representar o *status* do estado atual (não apenas opiniões qualitativas).
- Resuma as informações relevantes para a condição atual.

Análise e proposta

Após a representação da situação atual, o fluxo da proposta pode ir em diversas direções, dependendo de sua natureza. Um padrão comum é realizar uma análise da situação atual, semelhante ao que acontece com os relatórios A3 de solução de problemas descritos no Capítulo 3. Os conceitos de coleta de dados, observação direta do processo e reflexão sobre a causa fundamental ainda se aplicam bastante. No entanto, como algumas propostas lidam com condições ou estados futuros que muitas vezes não estão claros, nem sempre é possível conduzir ou realizar a seção de análise da mesma maneira. Assim, a análise nos A3s de proposta tende a ser menos quantitativa. Mas a análise ainda deve ser o mais sistemática, completa e quantificada possível. A seção de análise a seguir leva a um conjunto de abordagens alternativas que costuma ser apresentado em uma matriz, comparando as alternativas em diversas dimensões mais importantes. (Apresentamos um exemplo de matriz de avaliação no exemplo de caso que aparece posteriormente neste capítulo.) A seção de proposta conclui com as recomendações do autor.

Em outro padrão comum, a condição atual leva diretamente a uma declaração de proposta, e o autor apresenta uma análise da proposta em vez da condição atual. Esse padrão costuma ocorrer quando o estado atual não está exatamente passando por problemas, mas o autor identificou uma oportunidade que poderia beneficiar a empresa significativamente.

Nosso A3 de exemplo "Implementação de Cartão de Crédito Corporativo" segue o segundo padrão (ver Figura 4.4), pois os autores identificaram uma oportunidade de melhoria ao tirar vantagem de um produto oferecido por um fornecedor (nesse caso, cartões de crédito corporativos oferecidos por um banco nacional). Ninguém realizou uma análise das alternativas, pois a decisão é sobre adotar ou

Proposta

Implementar o uso de cartões de crédito para compras ≤$500 a fim de permitir economias de custo e aumentos de eficiência por meio de:
- Menos horas de trabalho nos Grupos de Tecnologia, compras e finança
- Menos pedidos de compras, licitações, relatórios de gastos e burocracia de faturas

Análise de tempo e custos

	Pedido de compra	Fatura
Economia de custo de trabalho e de mão-de-obra		
Custo atual por transação	$103	$54
Custos estimados para os cartões de compra	$20	$20
Economia por transação	$83	$34
Economia de custo anual potencial	$99.600	$93.160
Economia de tempo (horas)		
Atual sistema de pedidos de compras	3.300	3.900
Estimativa para cartão de compra	650	1.500
Economia de tempo anual potencial*	2.650	2.350

* Aproximadamente 1/3 da economia de tempo é para os Grupos de Tecnologia

Figura 4.4 Exemplo de seções de análise e proposta de A3 de proposta.

não esse produto em toda a empresa. Também é possível que o vice-presidente de administração tenha pedido para analisar a ideia dos cartões de crédito para o departamento de compras e apresentar uma proposta. Após a condição atual, é apresentada uma declaração concisa da proposta, seguida por uma análise instigante das economias de tempo e custos da proposta.[3]

Aqui estão alguns itens a considerar ao elaborar a seção de análise das propostas:

- Certifique-se de mostrar a causa principal do(s) problema(s) no estado atual.
- Separe sintomas e opiniões da determinação de causa e efeito.
- Destaque o que está errado ou o que precisa ser mudado.
- Mostre como o processo ou situação atual pode ser melhorado.
- Defenda logicamente a mudança para poder avançar a proposta.

A seguir, alguns pontos importantes a considerar ao elaborar a seção de proposta:

- Declare a proposta com clareza para o público.
- Liste todas as alternativas principais que estão sendo consideradas.
- Avalie as alternativas de algum modo, de preferência quantitativamente.
- Identifique o caminho mais adequado para seguir em frente.
- Dê um motivo claro de por que essa é a melhor opção.

Detalhes do plano

Nenhum A3 de proposta está completo sem um plano cuidadoso sobre os detalhes de destaque da proposta. Aqui, o autor articula mais especificamente como a mudança proposta funcionaria depois da implementação. Em geral, essa seção incorpora o *feedback* de diversas fontes diferentes, e o ideal é que agregue a opinião de todos os grupos e indivíduos afetados pela mudança proposta.

No exemplo do cartão de crédito corporativo, a seção de detalhes do plano do relatório (Figura 4.5) é bastante extensa e lida com políticas relativas à emissão e ao uso dos cartões de compra, um procedimento de compras preliminar com uso dos cartões e diversos controles a serem estabelecidos para limitar os riscos para a empresa. Ao que parece, na estimativa dos autores do A3, os detalhes sobre como o sistema de cartões funcionaria eram os aspectos da proposta mais importantes para o público; portanto, escolheram alocar mais espaço a esse ponto.

Questões não resolvidas (opcional)

É comum que diversas questões relacionadas a uma proposta continuem sem solução durante a redação do relatório, pois o conteúdo está relacionado ao futuro. Por exemplo, às vezes o pessoal é afetado por mudanças de políticas, problemas orçamentários ou outros fatores que devem ser considerados. Se possível, esses fatores devem ser trabalhados como parte da proposta apresentada no corpo do A3, mas isso nem sempre é possível. Em vez de ignorá-

Detalhes da implementação

- O gerente do departamento determina quais colaboradores receberão cartões para compras específicas do departamento.
- Compras recebe cartões.
- Compras de negócios aceitáveis com os cartões:

Pequenas ferramentas	Seminários	Processamentos de filmes e fotos
Suprimentos automotivos	Material de escritório	Correio
Pequenos consertos de equipamento	Serviços de impressão	Serviços de cópias
Suprimentos eletrônicos	Suprimentos de segurança	Suprimentos de manutenção do prédio
Comida para eventos	Floristas	Serviços de café
Ferramentas	Sinalização	

- Usos inaceitáveis dos cartões (bloqueados):

Uso pessoal	Adiantamentos em dinheiro	Viagens & entretenimento
Hardware de informática	Compras de ativos	Serviços terceirizados independentes
Jóias, peles		

- Todos os usuários de cartões deverão assinar um contrato declarando que todos os usos do cartão serão para fins de negócios e dentro dos procedimentos inclusos.

Novo procedimento de compra:
1. O usuário do cartão obtém aprovação do gerente do departamento para cada compra.
2. O usuário do cartão contata o fornecedor, faz o pedido e fornece as informações apropriadas.
3. Os bens são expedidos como especificados e marcados com "Cartão de Compra" - titular do cartão.
4. Os bens são recebidos segundo o procedimento de recebimento padrão, com a seguinte exceção: o romaneio e o recibo são repassados ao usuário do cartão.
5. Todos os romaneios e recibos são retidos pelos solicitantes e comparados com a declaração mensal.
6. O usuário do cartão revisa a declaração, anexa os romaneios e recibos apropriados, registra os números de JRM, assina e envia o documento ao gerente do departamento.
7. O gerente do departamento revisa a declaração, confirmando sua precisão, as iniciais e as datas.
8. O gerente do departamento encaminha o documento ao departamento financeiro, que realiza auditoria da declaração e dos documentos de apoio, confirmando o seguimento das regras, imposto de vendas e formulário 1099 do imposto de renda.
9. O departamento financeiro paga a fatura recebida diretamente do banco que emitiu o cartão.

Controles:
- Limite monetário mensal por cartão
- Limite de $500 por transação
- Número limitado de transações por cartão por dia
- Bloqueio de categorias mercantis (como adiantamentos, joalherias, eletrodomésticos, etc.)

Figura 4.5 Exemplo de seção de detalhes do plano de A3 de proposta.

los ou desprezá-los, cria-se um estacionamento para armazenar problemas, questões ou preocupações potenciais. Se for apropriado, a atenuação desses fatores pode ser incluída no cronograma de implementação. Nenhum problema sem solução foi identificado em nosso exemplo de caso, em parte porque a seção de detalhes da proposta é bastante longa.

A seguir, alguns pontos importantes a considerar ao elaborar a seção de questões não resolvidas:

- Procure obstáculos potenciais ou áreas preocupantes.
- Considere se algum *stakeholder* afetado de algum modo tem preocupações que precisarão ser trabalhadas.
- Considere questões não resolvidas relativas a orçamentos, treinamento e mudanças de responsabilidade.

Cronograma de implementação

A última seção principal do relatório é um plano de alto nível sobre como seguir em frente. Normalmente, um A3 de proposta não contém um plano de implementação detalhado, e sim uma linha do tempo (ou cronograma de prazos) dos principais passos de implementação planejados caso a proposta seja aprovada. Na maioria dos casos, uma descrição dos passos principais é suficiente para que o público possa avaliar a dificuldade ou viabilidade da proposta.

O cronograma de implementação deve responder, em termos gerais, às seguintes perguntas:

- O que precisa ser feito, exatamente?
- Quem precisa estar envolvido?
- Como isso será tentado a princípio?
- Onde será tentado?
- Quando será tentado?
- Que preparações precisam ser realizadas?
- Como o progresso será avaliado?
- Quando ocorrerão revisões e acompanhamento?

Um cronograma de implementação para o exemplo "Implementação de Cartão de Crédito Corporativo" se encontra na Figura 4.6.

O objetivo dessa importante seção é descrever um cronograma básico para que a implementação ocorra de modo estruturado e organizado, consistente com o pensamento no estilo A3. Como essa é uma proposta para implementar mudanças, e não um relatório completo sobre como as mudanças foram implementadas, toda a proposta é, na verdade, um subconjunto da parte Planejar do ciclo PDCA, com os passos Executar, Verificar e Agir incorporados ao cronograma de

Linha do tempo									
3/9/2006	4/9-20/9	16/9-15/11	18/11-31/3	18/11-31/3	1/4-15/4	16/4-18/4	21/4-30/5	2/6/2007	
Apresentar na reunião de cb	Diretrizes políticas, seleção do emissor, cadastramento de fornecedores	Treinamento para o Piloto: instalações, compras/ financeiro, gerência	Programa piloto	Revisar políticas e procedimentos simultaneamente	Auditoria e análise do piloto de três meses	Informar resultados da auditoria	Treinamento: em toda a empresa	Implementação em toda a empresa	

Figura 4.6 Exemplo de seção de cronograma de implementação de relatório A3 de proposta.

implementação. Em geral, como nesse A3, os autores do relatório sugerem um piloto como modo mais lógico de testar a proposta.

No exemplo de caso, as fases Verificar e Agir do ciclo PDCA aparecem dentro do plano de implementação. Após a aprovação da gerência em 03/09, um piloto será conduzido e avaliado (o passo Verificar). Os resultados da avaliação vão informar as mudanças no programa antes da implementação completa (o passo Agir). O cronograma de implementação inclui apenas os pontos principais do plano, mas fica claro que o plano incorpora muita reflexão: a linha do tempo leva inclusive fins de semana e feriados em consideração. No Capítulo 5, revisaremos relatórios A3 sobre revisão de projetos que capturam os passos Executar, Verificar e Agir durante ou após a implementação.

A seguir, alguns pontos importantes a considerar ao elaborar a seção de implementação:

- Identifique os principais itens de ação para que a proposta possa avançar.
- Identifique quem se envolverá e onde a implementação ocorrerá.
- Estabeleça o cronograma básico para os itens programados.
- Inclua o modo como o progresso será verificado.
- Programe uma ou mais reuniões de reflexão para avaliar o progresso.
- Determine qual padrão ou base de comparação faz sentido.
- Planeje de antemão que dados precisarão ser coletados.

Efeito total

Em geral, o fluxo do relatório A3 de proposta segue a abordagem de solução prática de problemas descrita no Capítulo 3. A começar pelo tema do relatório, o autor fornece informações históricas pertinentes para a plateia e depois retrata a situação atual da maneira mais visual e factual possível. A seção de proposta apresenta uma recomendação ou proposta clara e concisa e inclui análises quantitativas ou qualitativas do estado atual (que leva às alternativas propostas) ou da mudança proposta (o que justifica o conteúdo do relatório). O autor do relatório, a seguir, em geral descreve os detalhes principais que serão essenciais para que os outros concordem com a ideia, além de um cronograma de implementação que inclui os passos Executar, Verificar e Agir do ciclo PDCA.

A Figura 4.7 representa o relatório A3 completo para o exemplo "Implementação de Cartão de Crédito Corporativo". Existem, é claro, outras maneiras de escrever o mesmo relatório, pois o formato de elaboração de propostas é inerentemente mais flexível que o de solução de problemas; na verdade, muitos A3s de proposta não seguem exatamente esse formato ou estrutura. O importante é que o autor tenha se envolvido com o pensamento A3 e escrito sua proposta de maneira coerente e organizada, que flua bem do começo ao fim e seja consistente com o pensamento A3 e o ciclo PDCA. Para mostrar a capacidade de adaptação da ferramenta A3, apresentaremos mais dois relatórios A3 de proposta, com organizações e apresentações variadas.

Exemplo de A3 de proposta 1

A Figura 4.8 (p. 99) mostra outro exemplo de A3 de proposta para estudo. Esse exemplo lida com uma empresa que interrompeu seus serviços de alimentação algum tempo atrás. Para atender às crescentes necessidades de negócios, um novo prédio de engenharia foi orçado e aprovado para ser adicionado a uma instalação conhecida como "1555", que é simplesmente o número de seu endereço. O A3 de proposta mostrado foi elaborado para considerar as opções e fazer uma recomendação sobre o restabelecimento das operações de serviço de alimentação proporcionais à expansão das operações. Esse exemplo desvia um pouco do padrão básico para os A3s de proposta resumidos na seção anterior, mostrando que o modelo da Figura 4.1 (p. 86) deve servir apenas como orientação, não como obrigação. Analisemos agora o exemplo, passo a passo e em alto nível, enquanto discutimos as diferenças.

Para começar, as seções de histórico e condição atual do A3 foram transformadas em uma só. Em geral, a seção de histórico apresenta ao público os motivos pelos quais o tópico é relevante, enquanto a seção de condição atual está mais preocupada com o que o processo ou a situação realmente é. Nesse caso, o público é claramente um grupo interno que conhece o histórico e a situação atual. A questão principal não é detalhar o estado atual, e sim apresentar e

Implementação do cartão de compras

Histórico
- A empresa prevê crescimento pelos próximos 5-10 anos; os gastos administrativos também aumentarão, sem ganhos em eficiência.
- O atual sistema de processamento de pedidos de compra, com bastante uso de papel, não aproveita as vantagens das novas tecnologias financeiras.
- Transações de emergência e ocasionais hoje são incômodas e demoradas.
- Todas as compras são tratadas da mesma maneira, independentemente do valor.

Condição atual

Custos de processamento (mão de obra e material)

	Pedido de compra	Fatura
Depto. de compras	$37	--
Depto. financeiro	$39	$27
Depto. técnico	$27	$27
Total	$103	$54

Volumes de 2005

	≤$250	≤$500	≤$1.000
Nº de compras	813	1200	1525
Nº de faturas	2316	2740	3026
Tempo necessário (horas)	5525	7148	8489

Comparação: % dos pedidos de compra em relação aos valores em dólar (gráfico de barras mostrando % dos pedidos de compras e % em dólares dos pedidos de compras para ≤$250, ≤$500, ≤$1.000)

Proposta
Implementar o uso de cartões de crédito para compras ≤$500 a fim de permitir economias de custo e aumentos de eficiência por meio de:
- Menos horas de trabalho nos Grupos de Tecnologia, compras e finança
- Menos pedidos de compras, licitações, relatórios de gastos e burocracia de faturas

Análise de tempo e custos

	Pedido de compra	Fatura
Economia de custo de trabalho e de mão-de-obra		
Custo atual por transação	$103	$54
Custos estimados para os cartões de compra	$20	$20
Economia por transação	$83	$34
Economia de custo anual potencial	$99.600	$93.160
Economia de tempo (horas)		
Atual sistema de pedidos de compras	3.300	3.900
Estimativa para cartão de compra	650	1.500
Economia de tempo anual potencial*	2.650	2.350

* Aproximadamente 1/3 da economia de tempo é para os Grupos de Tecnologia

Figura 4.7a Relatório A3 de proposta do exemplo "Implementação de Cartão de Crédito Corporativo". *(continua...)*

O Relatório A3 de Proposta

De: J. Griffin, VP Admin.
Para: Finanças e Compras
Data: 20/8/2006

Detalhes da implementação

- O gerente do departamento determina quais colaboradores receberão cartões para compras específicas do departamento.
- Compras recebe cartões.
- Compras de negócios aceitáveis com os cartões:

Pequenas ferramentas	Seminários	Processamentos de filmes e fotos
Suprimentos automotivos	Material de escritório	Correio
Pequenos consertos de equipamento	Serviços de impressão	Serviços de cópias
Suprimentos eletrônicos	Suprimentos de segurança	Suprimentos de manutenção do prédio
Comida para eventos	Floristas	Serviços de café
Ferramentas	Sinalização	

- Usos inaceitáveis dos cartões (bloqueados):

Uso pessoal	Adiantamentos em dinheiro	Viagens e entretenimento
Hardware de informática	Compras de ativos	Serviços terceirizados independentes
Joias, peles		

- Todos os usuários de cartões deverão assinar um contrato declarando que todos os usos do cartão serão para fins de negócios e dentro dos procedimentos inclusos.

Novo procedimento de compra:
1. O usuário do cartão obtém aprovação do gerente do departamento para cada compra.
2. O usuário do cartão contata o fornecedor, faz o pedido e fornece as informações apropriadas.
3. Os bens são expedidos como especificados e marcados com "Cartão de Compra" - titular do cartão.
4. Os bens são recebidos segundo o procedimento de recebimento padrão, com a seguinte exceção: o romaneio e o recibo são repassados ao usuário do cartão.
5. Todos os romaneios e recibos são retidos pelos solicitantes e comparados com a declaração mensal.
6. O usuário do cartão revisa a declaração, anexa os romaneios e recibos apropriados, registra os números de JRM, assina e envia o documento ao gerente do departamento.
7. O gerente do departamento revisa a declaração, confirmando sua precisão, as iniciais e as datas.
8. O gerente do departamento encaminha o documento ao departamento financeiro, que realiza auditoria da declaração e dos documentos de apoio, confirmando o seguimento das regras, imposto de vendas e formulário 1099 do imposto de renda.
9. O departamento financeiro paga a fatura recebida diretamente do banco que emitiu o cartão.

Controles:
- Limite monetário mensal por cartão
- Limite de $500 por transação
- Número limitado de transações por cartão por dia
- Bloqueio de categorias mercantis (como adiantamentos, joalherias, eletrodomésticos, etc.)

Linha do tempo

3/9/2006	4/9-20/9	16/9-15/11	18/11-31/3	18/11-31/3	1/4-15/4	16/4-18/4	21/4-30/5	2/6/2007
Apresentar na reunião de cb	Diretrizes políticas, seleção do emissor, cadastramento de fornecedores	Treinamento para o Piloto: instalações, compras/ financeiro, gerência	Programa piloto	Revisar políticas e procedimentos simultaneamente	Auditoria e análise do piloto de três meses	Informar resultados da auditoria	Treinamento: em toda a empresa	Implementação em toda a empresa

Figura 4.7b Relatório A3 de proposta do exemplo "Implementação de Cartão de Crédito Corporativo". *(continuação)*

avaliar as opções disponíveis; assim, uma pequena lista de itens para resumir os fatos principais sobre o histórico e a situação atual basta para esse público. Em geral, no entanto, recomendamos pecar pelo excesso de informação nessa seção, e não pela falta, pois a maioria das pessoas possui uma forte tendência a saltar sobre soluções antes de realmente entender as questões enfrentadas.

A próxima seção do A3 descreve três opções possíveis para o restabelecimento dos serviços de alimentação. O autor usa uma matriz de avaliação para apresentar resumidamente os principais pontos de consideração e para representar uma análise comparativa. Na Toyota, a consideração de múltiplas alternativas para quase qualquer decisão está tão enraizada que é quase obrigatória.[4] As matrizes de avaliação explicitam as opções e os critérios de seleção, bem como ajudam a garantir a consideração cuidadosa e objetiva das alternativas em relação aos critérios mais importantes. E, como representam bastante informação em pouco espaço, recomendamos fortemente seu uso. Nesse exemplo, a matriz compara três opções de acordo com nove critérios de avaliação e duas categorias de custo. A seção conclui com um rascunho de linha do tempo do processo de decisão e do cronograma geral do projeto. A linha do tempo é mais apropriada aqui do que no fim do relatório, pois é genérica para todas as três alternativas.

No lugar da seção de análise mais comum, essa proposta depende do *benchmarking* de seis instalações razoavelmente semelhantes. Esse tipo de análise comparativa é típico de casos em que o tópico é comum e os dados externos estão disponíveis. Neste caso, a comparação envolve empresas locais semelhantes e suas subsidiarias. Essa comparação dá uma boa ideia do que é comum para o tipo de serviço prestado em outras instalações, além de passar a impressão de que o autor pesquisou as opções com cuidado.

Esse exemplo depois passa para a seção de questões não resolvidas. O autor da proposta identifica três categorias de questões relacionadas a crescimento, flexibilidade e instalações, que não foram resolvidas pelo conteúdo da proposta. As questões não resolvidas são, em geral, comuns aos três pontos e refletem questões que o autor quer que o público considere ao tomar a decisão.

O exemplo conclui com uma seção de recomendação, e não com um cronograma de implementação. O motivo é que o propósito principal desse A3 foi apresentar as opções e fazer uma recomendação de consideração (opção II e motivos principais e secundários pelos quais a opção II foi recomendada). É muito provável que, depois que a decisão foi tomada, boa parte do corpo do A3 seja reutilizado para construir um plano de implementação mais completo para a proposta selecionada, talvez na forma de um A3 de proposta mais focado, no qual a opção

O Relatório A3 de Proposta

Recomendações de serviço de alimentação em refeitório

Histórico/Situação atual

- Serviço de alimentação em refeitório foi interrompido na TTC-AA desde janeiro de 1977.
- Novo prédio de engenharia está sob construção no 1555. Capacidade planejada para 500.
- A instalação 1410 possui uma cozinha com capacidade de servir 800-1.000 almoços por dia.
- Atual minirrestaurante do 1555 pode ser reformado para receber serviço de alimentação (serviço entre básico e completo).
- Reforma atual do prédio é momento ideal para mudar configuração do refeitório.
- Aprovação orçamentária atual para reforma do 1555 = $2,2 milhões. $1,5 milhão para renovação do refeitório.

Opções

A TTC-AA poderia oferecer uma das seguintes opções de serviço a seus funcionários:

Opção I - Via Expressa (feita fora das instalações, servida no 1555)
Opção II - Serviço Satélite (feita no 1410, servida no 1555)
Opção III - Serviço Completo (feita no 1555, servida no 1555)

Legenda
● Bom
▲ Razoável
× Ruim

Critérios de avaliação	Opção I	Opção II	Opção III
Entradas quentes	●	●	●
Café da manhã simples	×	●	●
Seleção de comida grelhada (hambúrgueres, frango)	×	▲	●
Seleção de comida frita (batata frita, peixe frito)	×	▲	●
Sopa	●	●	●
Saladas e sanduíches sob encomenda	×	●	●
Saladas e sanduíches pré-embalados	●	×	×
Percepção de frescor	×	▲	▲
Refeições preparadas no local	×	●	●
Custo anual aproximado do serviço de alimentação (varia com participação)	$85 mil-$101 mil	$90 mil-$195 mil	$97 mil-$150 mil
Custos aproximados de equipamentos e construção	$650 mil-$750 mil	$700 mil-$800 mil	$1,25-$1,5 milhão

- Decisão baseada no tipo de serviço e custo-benefício que a TTC-AA gostaria de oferecer aos seus funcionários.
- Seja qual for a escolha de longo prazo, os serviços da Opção I começariam imediatamente após a seleção do fornecedor enquanto serviço de curto prazo.
- Cadeiras para acomodar 250 funcionários no total. A área incluiria duas seções de paredes desmontáveis, que permitem que as áreas de alimentação sejam reduzidas para a capacidade de 150 pessoas, criando duas salas de conferência para 50 pessoas cada.

Linha do tempo

28/5/97	6/97	15/7/97	1/8/97	15/8/97	1/10/97	//	4/98	7/98
Apresentar na reunião com vice-presidentes	Decisão executiva	Criar especificações para licitação	Abrir licitação	Selecionar fornecedor	Começar serviços internos		Começar reforma	Meta de finalização

Figura 4.8a A3 de exemplo "Recomendações de Serviço de Alimentação em Refeitório".

(continua...)

Para: Grupo Executivo TTC
De: K. Marvin
Data: 28/5/97

Comparação/Visitas a locais e subsidiárias

	BASF	Eaton	GM Tech Ctr.	Denso	TMS	TMM-K
Número de funcionários	500	680	200	350	2500	7200
Tipo de serviço	Serviço completo pequeno	Serviço completo grande	Expresso/satélite	Serviço completo pequeno	Serviço completo grande	Serviço completo grande
% de uso	48%	95%	95%	65%	72%	88%
Amplitude do horário de almoço	11:00-13:00	Todo o dia	Todo o dia	11:45-13:00	11:00-13:30	11:00-13:30
Horário de almoço flexível	Sim/30 min	Sim/30 min	Sim/30 min	Não	Sim/30 min	Sim/30 min
$ Anual (aproximado)	$75 mil	$200 mil	$200 mil	$204 mil	$200 mil	$0 mil
Custo por refeição	$3,00-$5,00	$2,00-$3,00	$2,00-$3,00	$2,60-$5,10	$3,75-$4,95	$3,00-$4,00
Distância	Na cidade- muitas opções	Muito distante- sem opções	Na cidade- muitas opções	Na cidade- muitas opções	Na cidade- muitas opções	Parcialmente distante- poucas opções

Problemas

Crescimento
- O crescimento previsto para cerca de 500 funcionários até o ano 2000. Com participação de 50%, 250 funcionários precisariam ser servidos em uma hora dentro das condições atuais.

Flexibilidade
- Quanto mais curto o período de almoço, maior a participação nos refeitórios locais.
- **Criar uma amplitude de horário para o almoço cria um fluxo mais equilibrado de funcionários pelo refeitório, o que leva a menos tempo de espera nas filas e exige menos** espaço.

Instalações
- Criar uma cozinha completa no 1555 com a reforma total dos minirrestaurantes existentes e salas adjacentes para acomodar a Opção III:
  - Problemas: remoção de lixo, entregas, perda da sala de conferência
- Utilizar cozinha existente no 1410 e reforma parcial do 1555 para acomodar as Opções I e II:
  - Problemas: movimento de comida saindo do 1410, entrega de comida ao 1555. Utensílios e pratos de papel/descartáveis *versus* utensílios e pratos reutilizáveis

Recomendação

1) Criar horário de almoço flexível (ex.: 11:30-13:30), incluindo escolha de usar apenas 30 minutos para o almoço.
2) Recomendar Opção II para serviços de almoço na TTC-AA.

Principal
- Utilizar atual cozinha do 1410 em vez de cozinha completa no 1555 economiza custos em equipamentos e em reforma.
- Elimina a necessidade de reformar minirrestaurante do 1555 (uma área imprópria para receber uma cozinha completa). Esperar para projetar cozinha completa na próxima geração de construção nas instalações.
- Uma refeição quente está disponível com várias outras opções para funcionários obterem almoço dentro de período razoável, incluindo horário de almoço de 30 minutos.

Secundária
- Criar ambiente e atmosfera agradáveis para funcionários.
- **Criar área administrada profissionalmente que possa funcionar para almoços de negócios com fornecedores.**
- Criar área com acesso fácil para evitar congestionamento.
- Criar serviço de alimentação local para acomodar almoços de departamento, reuniões de negócios, etc.
- Criar serviço de alimentação fora do local para acomodar funções especiais.

Figura 4.8b A3 de exemplo "Recomendações de Serviço de Alimentação em Refeitório".
(continuação)

escolhida é usada como ponto de partida para um plano de implementação proposto pelo autor.

Na superfície, o exemplo pode parecer substancialmente diferente do modelo apresentado anteriormente, mas um exame mais próximo da estrutura subjacente sugere que não é tão diferente do que descrevemos no começo deste capítulo. As informações de histórico e condição atual são fornecidas, ainda que de forma abreviada. A seguir, as opções são apresentadas e avaliadas sistematicamente, tanto em relação umas às outras (na seção opções) quanto em relação ao que outras empresas já fizeram (na seção comparação). Questões não resolvidas são descritas, e uma recomendação clara é realizada. Por fim, uma linha do tempo de alto nível é apresentada (mas no meio, não no fim). O autor parece ter escolhido desviar do formato sugerido porque a ênfase principal do relatório está na análise das alternativas e na recomendação, então algumas adaptações ao fluxo (apresentar a linha do tempo antes e a recomendação no final) e ao conteúdo (fornecer dados de *benchmark* em vez de detalhes do plano) das seções foram realizadas. Essas adaptações são boas; na verdade, são esperadas. Após elaborar diversos relatórios usando o modelo como guia, esperamos que você comece a sentir quando e como os formatos podem e devem ser modificados para cumprir melhor os objetivos desejados.

Exemplo de A3 de proposta 2

Agora, vamos analisar outro exemplo para ilustrar melhor como o modelo básico pode ser adaptado sem problemas para atender aos seus objetivos (ver Figura 4.9). Alguns leitores reconhecerão esse exemplo de A3 rapidamente. Seu conteúdo vem do nosso bom amigo John Shook e se baseia no caso da Estampagem Acme, apresentado no livro Aprendendo a Enxergar (*Learning to See*)[5], de Rother e Shook. Para quem não conhece esse manual, a obra apresenta os principais conceitos do mapeamento do fluxo de valor, ou o que a Toyota chama internamente de "análise do fluxo de materiais e informações". Mesmo quem não conhece as técnicas de mapeamento do livro deve ser capaz de acompanhar a história desse A3 de proposta. Quem conhece o livro logo reconhecerá como todo o exemplo da Estamparia Acme, que envolve mudanças significativas do local de trabalho, pode ser condensado em uma única folha de papel. Analisemos brevemente cada uma das principais seções do relatório.

O documento começa com as características seções de histórico e condição atual, assim como praticamente todos os tipos de A3. O A3, então, mostra detalhes adicionais sobre a condição atual na forma de uma análise de mapeamento do estado atual. Por quê? Nesse caso, transformações físicas de uma área de

Estampagem de direções acme: proposta de redução de estoques e *lead time*

Histórico

- Produto: cavaletes de direção de aço estampado (direção na esquerda e na direita).
- 18.400 cavaletes/mês; lotes diários em pallets de 10 bandejas de 20 cavaletes.
- Os objetivos da divisão de estampagem incluem reduções no *lead time* e de estoque em 25% neste ano fiscal.

Condições atuais

- *Lead time* de Produção: 23,6 dias.
- Tempo de processamento: apenas 188 segundos.
- Grandes estoques de material entre cada processo.
- Tempos de troca de ferramenta grandes; tempo morto na soldagem.

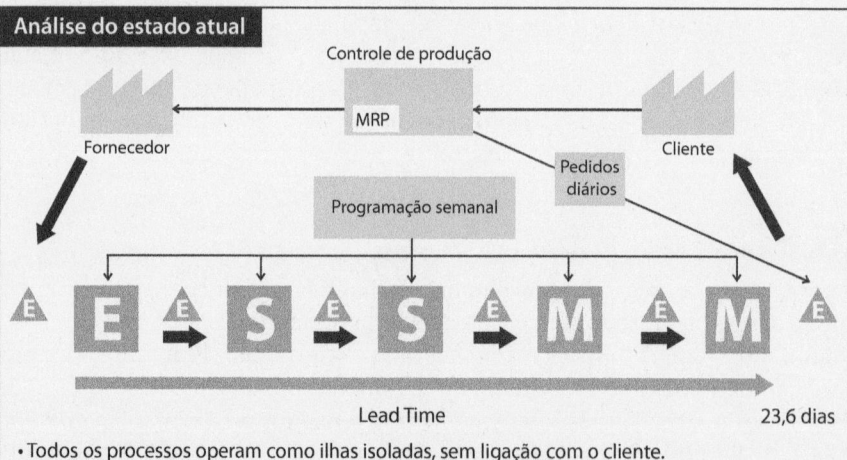

Análise do estado atual

[Diagrama: Fornecedor → E → S → S → M → M → Cliente; Controle de produção (MRP); Pedidos diários; Programação semanal. Lead Time: 23,6 dias]

- Todos os processos operam como ilhas isoladas, sem ligação com o cliente.
- Sistema empurrado; o material se acumula entre cada processo.
- Cada processo produz de acordo com suas próprias restrições operacionais (troca de ferramenta, tempo morto, etc.).
- Planos baseados em previsões de 90 e 30 dias dos clientes. Programação semanal para cada departamento. Sistema frequentemente precisa ser substituído para cumprir entrega.

Objetivos

Reduzir o *lead time*: 23,6 dias para ≤ 5 dias
Reduzir estoques: Estampagem -≤ 2 dias
Soldagem - Eliminar
Expedição -≤ 2 dias

Figura 4.9a A3 de exemplo da "Estampagem Acme". *(continua...)*

O Relatório A3 de Proposta   103

Para: W. Coyote
De: J. Shook
Data: 01/12/06

Respostas

- Criar um fluxo contínuo por toda a soldagem e montagem
- Estabelecer um *takt time*: basear o ritmo do trabalho na demanda dos clientes
- Estabelecer nova célula de soldagem-montagem como marca-passo para todo o fluxo de valor
- Estabelecer programa de produção EPEX para estampagem baseado no uso real da célula marca-passo e puxar bobinas de aço do fornecedor com base no uso real
- Reduzir tempo de troca de ferramenta na estampagem e na soldagem
- Melhorar tempo ativo na soldagem
- Estabelecer rotas de movimentação de materiais para entregas e remoções frequentes
- Estabelecer novo sistema de instrução de produção com caixa de nivelamento

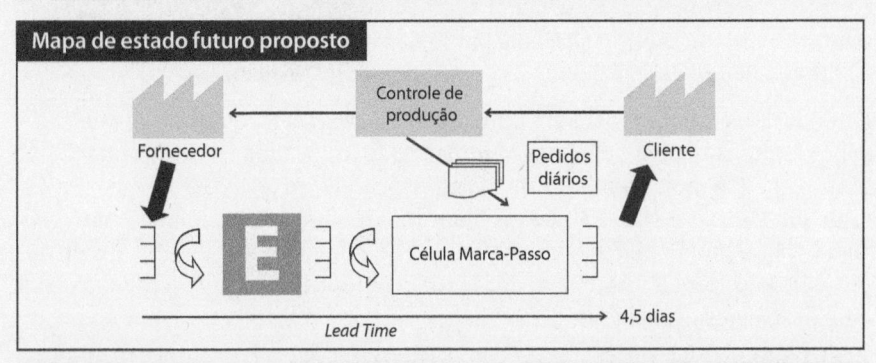

Mapa de estado futuro proposto

Fornecedor → Controle de produção ← Cliente
Pedidos diários
Célula Marca-Passo
Lead Time → 4,5 dias

Detalhes do plano	1	2	3	4	5	6	7	8	9	10	11	12	Resp.	Revisão
CCF na célula marca-passo	●	▲											Smith (EI)	Gerente de fábrica
Kaizen cada c/t < *takt time*														Gerente de fluxo
Tempo ativo na soldagem de 100%	●		▲											Gerente de fábrica
redução de tempo de troca de ferramenta a < *takt time*	●	●	▲	▲									Jones (CP)	Gerente de movimentação de materiais
Puxada na célula marca-passo		●	▲		▲									
FG = 2 dias														Gerente de fluxo
KB		●												
Movimentação de materiais				●	▲	▲							Jones (CP)	Gerente de fábrica
Quadro de nivelamento														Gerente de movimentação de materiais
Puxada da estampagem					●	▲	▲							
WIP = 1 dia														
troca de ferramenta < 10 min					●		▲							
Puxada no Fornecedor						●	▲	▲					Durham (Materiais)	Gerente de controle de produção
Fluxo de informações							●	▲	▲					Gerente de fábrica
Entrega diária														Gerente de fluxo
RM = 1,5 dias							●	▲	▲					

Acompanhamento

Confirmar revisões e envolvimento dos departamentos relacionados:
Confirmar melhoria de redução de estoque e *lead time*
Implementar piloto em áreas maiores depois de completo

Figura 4.9b A3 de exemplo da "Estampagem Acme".   *(continuação)*

produção e mudanças significativas para os processos de trabalho estão sendo propostas para consideração. Mesmo que o público conheça os processos de trabalho, ainda é uma boa ideia apresentar uma visão adequadamente detalhada dos processos em questão para esclarecer o que é e o que não é o escopo da mudança proposta. Nesse caso, o processo de produção e diversos dos problemas mais urgentes do processo são comunicados de maneira bastante visual e fácil de entender.

A seguir, o A3 da Estamparia Acme descreve os objetivos específicos. Essa seção quase sempre é esperada em A3s de solução de problemas, mas também pode ser encontrada em muitos A3s de proposta para esclarecer melhor os objetivos da proposta ao público. Além disso, o estabelecimento de objetivos claros fornece critérios concretos para avaliar o sucesso do projeto. Nesse caso, a seção de objetivos esclarece que essa é uma proposta para melhorar o *lead time*[6] e reduzir o estoque de cavaletes de direção produzidos na instalação.

Então, esse A3 de proposta em particular lista respostas específicas que estão sendo propostas para solucionar problemas identificados na representação do estado atual. Agora, o leitor provavelmente reconhecerá esse exemplo como misto de um padrão de solução de problemas para A3s, explicado no Capítulo A3, com o A3 de proposta. Em geral, um bom A3 de proposta contém seções de A3s de solução de problemas. Afinal de contas, as propostas costumam ser soluções para problemas específicos.

A proposta real, então, é mostrada como um diagrama de estado futuro dos novos processos depois da implementação das contramedidas. Em vez de usar parágrafos de texto para explicar as melhorias, um simples quadro ilustra como as melhorias funcionariam em conjunto. Como na maioria dos casos, uma imagem simples é o meio mais eficaz de comunicação para explicar a natureza das mudanças propostas.

O A3 continua com uma seção que esclarece os detalhes do plano para todas as partes afetadas. O plano inclui uma linha do tempo básica, responsáveis e prazos. Depois que a implementação da proposta é implementada, provavelmente todas as partes começarão a criar A3s mais detalhados sobre suas respectivas partes do projeto, quando necessário. A última seção do A3 é uma simples área de acompanhamento que descreve a necessidade de ocorrência de eventos de comunicação e verificações básicas. Não há necessidade de detalhar esse caso, pois a decisão sobre a implementação ainda não foi tomada.

Este A3 é um bom exemplo de como o trabalho em projetos e a solução de problemas não são mutuamente excludentes. Em ambos os casos, o ciclo PDCA básico e a análise de causa fundamental se aplicam. Esse tipo de A3, que usa o padrão estado atual/estado futuro, é bastante usado dentro da Toyota quando qualquer transformação física, mudança organizacional ou melhoria de processo de trabalho é executada, pois representar os estados atuais e futuros ajuda a esclarecer o projeto. Assim, para mudanças organizacionais ou no local de trabalho, recomendamos fortemente esse padrão como bom modelo a ser seguido.

Esses dois exemplos mostram como alterações ao formato básico de elaboração de propostas são possíveis e até desejáveis. Seria maravilhoso e muito simples se apenas um tipo de A3 fosse necessário, mas isso é muito pouco prático. Imagine que você esperasse que um mecânico consertasse seu carro com só uma ferramenta. Ele não seria muito produtivo. O mundo real é complexo, e cada situação é especial. Assim, não existe um único modelo de A3 que possa enquadrar todas as situações de solução de problemas ou de elaboração de propostas. Esperamos, no entanto, que com a revisão desses exemplos e suas diferenças você comece a entender melhor o padrão geral e quais elementos devem ser considerados em cada caso.

Revisando A3s de proposta

Em partes anteriores deste livro, enfatizamos que as revisões dos relatórios são importantes para os A3s de solução de problemas, mas talvez sejam ainda mais importantes para A3s de propostas, pois normalmente envolvem decisões que afetam um número significativo de pessoas dentro da organização ou quantidades significativas de dinheiro. Os A3s de proposta normalmente são revisados em três níveis. Primeiro, há uma autorrevisão ou revisão de colegas, que deve ser realizada para obter *feedback* neutro antes de seguir em frente. Esse tipo de revisão ajuda a evitar erros ou destacar áreas ou pontos de vista alternativos que poderiam não ser considerados por completo. Em segundo lugar, vemos as discussões de alinhamento com as partes que podem ser afetadas pela proposta. Elas tendem a ser mais difíceis e situacionais, dependendo da empresa e da natureza dos conteúdos. Em terceiro, está a apresentação do relatório à gerência, que decide se a proposta deve ser aprovada e autoriza sua implementação. Comentaremos brevemente sobre cada uma dessas áreas alguns pontos principais a serem considerados.

Discutir com grupo de colegas ou orientador

Depois que o A3 foi redigido (ou, melhor ainda, enquanto é redigido), é uma boa ideia buscar *feedback* de fontes confiáveis. Assim como para os A3 de solução de problemas, apresentamos aqui uma pequena lista de perguntas a serem usadas para fins de autorrevisão ou como guia para obter *feedback* (ver Quadro 4.2), contendo os tipos de perguntas mais comuns durante a revisão de A3 de proposta. O objetivo dessa revisão inicial é obter *feedback* de modo cuidadoso, para discussões futuras. Pode não ser necessário em todos os casos, mas em geral é aconselhável, especialmente para autores menos experientes, antes de revisar o conteúdo com outros departamentos.

Discutir com as partes afetadas

A segunda fase da revisão é discutir com as diversas partes que serão afetadas pela proposta. Não importa o brilhantismo e a beleza dos conteúdos da proposta, é da natureza humana que as pessoas apoiem aquilo com o que se envolveram. Um A3 que é 100% da autoria de um só indivíduo enfrentará uma resistência enorme porque pessoas-chave não terão confiança em que suas preocupações tenham sido trabalhadas adequadamente pela proposta.

Os A3s de proposta têm mais sucesso quando o autor se comunica com as partes afetadas ou as envolve durante a formação do A3. A discussão das ideias e a aprendizagem de um indivíduo com aqueles afetados pela mudança os ajuda a entender os motivos por trás das mudanças propostas e lhes oferece a possibilidade de refletir e reagir. Na Toyota, espera-se que o autor do relatório seja diligente em incorporar à proposta todo o *feedback* possível. Mesmo com essas discussões contínuas, vale a pena abordar aqueles indivíduos novamente com o contexto geral, do diagrama da situação atual ao diagnóstico da causa fundamental, por meio de planos de implementação e acompanhamento, para garantir o maior alinhamento possível. Por exemplo, é possível que uma pessoa que havia concordado com uma ideia em princípio e agora esteja sendo desagradada, por exemplo, pelo cronograma de certos passos da implementação. Assim, apesar do esforço de solução de problemas poder ser liderado por um indivíduo, o processo deve ser realizado em colaboração, com um público tão amplo quanto for cabível para a questão.

Os japoneses usam diversas palavras para descrever esse processo, a mais famosa das quais é *nemawashi*. O termo consiste de duas palavras em japonês: *ne*, ou "raiz", e *mawashi*, que significa "girar" ou "rodar". A expressão é derivada da prática e da importância de preparar adequadamente as raízes de uma árvore antes de transplantá-la para o solo. O equivalente dessa prática no mundo dos negócios é o diálogo com as partes relacionadas na empresa e a preparação dos alicerces para algum acordo ou entendimento inicial sobre o conteúdo de uma proposta. Não existe motivo para a reunião final ser a primeira vez que as partes afetadas ouvem falar sobre as mudanças propostas, o que costuma levar apenas a surpresas, discussões acaloradas e tensões ou

Quadro 4.2 Questões de revisão para relatórios A3 de proposta

Histórico
O relatório possui um tema claro que reflete seu conteúdo?
O tópico é relevante para os objetivos da organização?
Há algum outro motivo para estar trabalhando com esse tópico (propósitos de aprendizagem)?

Condição atual
Que informações o público precisa ter para ser convencido por minha proposta?
A condição atual está clara e é mostrada de maneira lógica e visual?
Como a condição atual poderia ser esclarecida ainda mais para o público?
A condição atual representa o problema ou situação com clareza, precisão e objetividade?
O problema está quantificado de algum modo ou é qualitativo demais?

Análise e proposta
Há uma meta ou objetivo claro?
O que, especificamente, deve ser realizado?
Como o objetivo será mensurado ou avaliado?
O que melhorará, até que nível e quando?
A analise é detalhada o suficiente? Ela investigou os problemas certos em profundidade suficiente?
Causa e efeito foram demonstrados ou relacionados de alguma maneira?

Questões não resolvidas (opcional)
Que problemas ou limitações podem existir?
O que precisa ser considerado, mas não pode ser resolvido no momento?
O que ainda precisa ser discutido sobre este assunto?

Cronograma de implementação
Há algum passo ou atividade importante faltando?
O cronograma de implementação é claro e razoável?
Como os efeitos da implementação serão verificados?
Como e quando ocorrerá a reunião de reflexão?
Quais são as limitações orçamentárias ou de tempo?

Geral
Quem é o público? O relatório fornece as informações necessárias para tomar uma boa decisão?
Que pessoal será afetado por essa proposta? Eles foram consultados?
O relatório é limpo, claro e organizado com bom fluxo?
O relatório é legível e esteticamente agradável?
Eu aprovaria esta proposta com base apenas nas informações contidas nela?

obstáculos. Na nossa experiência, pular esse passo informal, mas altamente importante, da discussão com as partes relacionadas leva apenas a atrasos e frustrações em partes posteriores do projeto.

Algo de poderoso acontece, no entanto, ao usar um A3 completo ou parcialmente completo como base para discussões. O documento serve de limite entre as partes e ajudando a comunicar a proposta com sucesso e rapidez, assim como os motivos por trás dela, os detalhes do plano e assim por diante. Isso é incrivelmente útil em situações interdepartamentais em que as pessoas podem usar jargão diferente e ter perspectivas diferentes. Como já vimos diversas vezes, problemas que frustraram as organizações por muitos anos, apesar de muitas tentativas de resolvê-los, foram solucionados rapidamente com o uso de um relatório A3 para comunicar os entendimentos do estado atual e sintetizar os diversos pontos de vista. Ao colocar tudo no papel, as pessoas têm algo definitivo para apontar e dizer com o que concordam ou discordam.

Obter aprovação

Na Toyota, todas as mudanças devem receber aprovação antes de poderem seguir em frente. Como mencionado no capítulo anterior, os gerentes da Toyota veem o passo de aprovação como uma oportunidade explícita de mentoramento. Em geral, a aprovação inicial deve ser obtida do gerente dos autores (ou do gerente do gerente), o que dá ao gerente a oportunidade de orientar os autores do relatório, melhorar suas habilidades investigativas e de dedução, ajudar a construir suas habilidades de comunicação e de formação de redes sociais, bem como desafiar o rigor de sua abordagem. Na Toyota, um relatório A3 é considerado "aprovado" apenas depois que o gerente o aprova, colocando seu selo pessoal em tinta vermelha (ou *hanko*) na caixa de assinatura. Até que esse selo de aprovação seja colocado no documento, quaisquer terceiros podem inferir que seu conteúdo ainda não foi examinado ou aprovado pela gerência e que o relatório está, assim, ainda sendo formulado.

Como parte do processo de mentoramento, o gerente também garante que o processo adequado foi seguido durante a criação do A3. O investigador visitou o *genba* e coletou os dados em qualidade e quantidade apropriadas para justificar a mudança proposta? A causa fundamental faz sentido? As contramedidas atuam nas causas fundamentais? O plano de implementação é realista e segue a lógica PDCA? As pessoas certas foram consultadas e apoiam a proposta da forma como está elaborada? Com base nas respostas às perguntas realizadas durante a revisão, o gerente tem três opções: aprovar a proposta; rejeitá-la; ou pedir ao autor que realize trabalhos adicionais para revisá-la e reapresentá-la. A resposta mais comum é pedir que o autor realize revisões e represente a proposta.

Em empresas como a Toyota, a aprovação final não ocorre até que haja uma reunião com a presença de representantes das diversas funções com influência sobre o tema do relatório. Se for uma questão estritamente interna, representação interfuncional é desnecessária. O propósito da reunião de aprovação é decidir oficialmente se a proposta deve avançar ou permitir que as partes afetadas discutam seus diferentes pontos de vista. Na maior parte do tempo, com boa parte do trabalho sendo adiantado em termos de investigação e alinhamento, é preciso apenas uma reunião rápida que produz uma decisão imediata. Em casos mais polêmicos, pode ser preciso mais análise ou investigação conjunta. Como em todas as empresas, no entanto, a liderança organizacional pode precisar tomar uma decisão quando for impossível chegar a um meio-termo.

Sua vez

Agora é a sua vez novamente. As oportunidades de treinar a elaboração de relatórios A3 de proposta são infinitas. Talvez você já tenha alguma em mente para sua situação específica. Nesse caso, sugerimos que pare, pegue uma folha de papel em branco e comece a formular seus pensamentos usando um dos padrões apresentados anteriormente. Os A3s são como andar de bicicleta, jogar golfe ou aprender a tocar um instrumento. Você não aprenderá como escrever e usar os A3s até começar a experimentá-los pessoalmente. Quanto mais cedo começar, mais cedo começa a melhorar.

Parte 1: escreva um A3 de proposta

Se nenhuma ideia específica de proposta lhe ocorrer, sugerimos algo mais ou menos assim: com as informações fornecidas e um pouco de criatividade, com base em sua própria situação pessoal e seus conhecimentos, você deve possuir informações suficientes para fazer seu próprio A3 de proposta básico. O importante é pegar uma folha de papel e um lápis e experimentar!

Imagine que você é o chefe de operações de uma pequena área de serviços ou de produção dentro de uma instalação. O histórico da situação é que os defeitos, na forma de sucata e retrabalho ou reclamações de clientes, estão aumentando. Além disso, a mão de obra passou por um processo significativo de rotatividade: 50% dos líderes e supervisores nos últimos seis meses. Uma simples análise da situação mostrou dois fatos. Primeiro, uma análise de Pareto dos defeitos mostrou que a maioria deles é causada pela operação, e não por fornecedores, desenvolvimento do produto ou capacidade do processo. Invente seus próprios dados, se quiser. Em segundo lugar, a amostragem dos problemas realizada por sua equipe mostrou que a maioria dos problemas (70-80%) são de conserto relativamente simples e deveriam ser trabalhados pela primeira linha de supervisão da instalação, e não por engenheiros ou pelo departamento de qualidade. Os 20-30% restantes são de dificuldade média ou alta e devem ser trabalhados por partes externas às equipes de trabalho de produção e seus supervisores. Terceiro, um rápido estudo dos supervisores indica que 50% deles jamais receberam qualquer treinamento em solução de problemas e não conhecem os passos estruturados da solução básica de problemas; 40% dos supervisores possui nível intermediário de solução de problemas; e menos de 10% possui habilidade avançada em solução de problemas. Os supervisores com mais habilidades também possuem os menores índices de problemas dentro do processo de produção.

Seu A3 se concentrará em propor a implementação de uma aula de treinamento em solução prática de problemas. As opções a considerar podem ser as seguintes: 1) é possível contratar um consultor que tem material pronto e realizará uma série de cursos por $20.000; 2) a faculdade local possui um curso de extensão que pode ser lecionado à noite, no local, por $5.000 por dez semanas; e 3) você pode desenvolver seu próprio material internamente, usando os talentos da própria organização como instrutores. O ideal seria criar algum tipo de matriz de comparação para os três exemplos (ou outros, se imaginá-los) e avaliá-los de acordo com critérios que precisará deixar bem estabelecidos.

O exemplo deve incluir os detalhes do plano para a sua opção preferida e estabelecer um conjunto claro de metas a serem realizadas, assim como uma linha do tempo para implementação da proposta. Se houver alguma questão não resolvida, inclua-a para discussão no A3. Lembre-se de incluir o modo como você verificará a eficácia do treinamento proposto e como medirá seu impacto.

Parte 2: revise seu A3

No Apêndice B, apresentamos um A3 de proposta possível com base nas informações dadas. Por enquanto, a proposta deve ser vista como preliminar. Agora, tente pensar como revisor, possivelmente como um chefe de departamento ou um supervisor que precisaria prestar suporte ao treinamento em solução de problemas, ou como um gestor sênior que deveria aprovar (ou não!) o programa proposto. Usando as informações e perguntas fornecidas neste capítulo, avalie criticamente nosso relatório A3 ou o seu próprio. Apresentamos nossa própria crítica no Apêndice B. Assim como o exercício no Capítulo 2, provavelmente seria bastante positivo realizar sua própria crítica antes de olhar as "respostas". Novamente, não existe resposta certa ou errada, desde que você seja consistente com o pensamento A3.

Resumo

Neste capítulo, apresentamos uma variação do relatório A3 criada especificamente para a elaboração de propostas. Ilustramos a flexibilidade do modelo de relatório com exemplos que mostram como ele pode ser adaptado para circunstâncias, propósitos e autores específicos. Não há uma única melhor maneira de escrever um A3, e não existem dois relatórios iguais. À medida que você treina e entende os métodos por trás dos A3s, começa a compreender um pouco melhor o que funciona e por que funciona. No Capítulo 5, mostraremos mais uma variação do relatório A3, agora enfocando a revisão de *status*.

O importante não é que o relatório A3 siga exatamente esse ou aquele formato, e sim que aquilo que chamamos de pensamento A3 seja refletido no relatório e no processo usado para criá-lo. Assim, vemos no A3 de proposta uma lógica consistente com o PDCA e uma ferramenta que serve de mecanismo para praticar o PDCA enquanto filosofia de gestão. Além disso, espera-se que o autor do relatório sintetize as informações coletadas por meio de investigações profundas e as apresente de modo convincente e sucinto. O autor usa o A3 (completo ou parcial) a fim de ajudar a gerar alinhamento organizacional para o melhor curso de ação em relação às ideias apresentadas. Finalmente, a gerência pode usar o relatório A3 de proposta a fim de conquistar visibilidade para os processos usados com o objetivo de desenvolver a proposta e garantir que uma perspectiva sistêmica seja usada em todas as decisões significativas. Nossa intenção ao fornecer modelos, explicações e exemplos é oferecer um ponto de partida concreto para a prática do pensamento A3.

Notas

1. Um processo de pedido de compra normal para aquisição de suprimentos ou serviços de outra empresa seria mais ou menos assim: 1) a empresa emite uma ordem de compra para um fornecedor; 2) o fornecedor envia o material ou presta o serviço; 3) o fornecedor envia a fatura para a empresa; 4) a empresa compara a fatura com o pedido de compra registrado e paga o vendedor.
2. O autor também poderia ter escolhido criar um diagrama que representasse o processo existente e mostrasse como o novo processo será muito mais simplificado depois da aquisição dos cartões de compra. O autor, no entanto, considerou que o custo e o tempo reais eram

mais importantes que os detalhes do procedimento para o esse público (vice-presidente da empresa).

3. A proposta poderia melhorar com a inclusão de uma comparação entre produtos concorrentes (apesar de que isso seria inútil se todos os produtos concorrentes fossem mais ou menos iguais), ou com a inclusão dos dados de *benchmark* sobre uso de cartões por outras empresas. Nesse caso, no entanto, a "autoridade de aprovação" não considerou que essas informações adicionais eram necessárias para decidir sobre a proposta.

4. Ver Liker, *O Modelo Toyota* (Porto Alegre: Bookman, 2005).

5. Mike Rother and John Shook, *Learning to See* (Brookline, MA: Lean Enterprise Institute, 1998).

6. *Lead time*, aqui, se refere à quantidade de tempo entre o momento em que o material de estoque principal chega na fábrica e o momento em que é enviado ao cliente. Alguns autores definem o *lead time* como o espaço de tempo entre o recebimento do pedido do cliente e a sua entrega.

O relatório A3 de *status* 5

Nos dois capítulos anteriores, apresentamos o relatório A3 como uma ferramenta resumida para a solução de problemas e a elaboração de propostas. No entanto, como logo se descobre ao usar a ferramenta em seu contexto, entre ambos os tipos há muitos "tons de cinza". Por exemplo, problemas resolvidos podem levar a propostas para fazer algo diferente. E propostas costumam resolver problemas como meio para se chegar a um novo estado. Assim, a solução de problemas e a elaboração de propostas não são mutuamente exclusivas. Esperamos, no entanto, que apresentá-las como assuntos separados ajude o leitor a sentir as diferenças e possibilidades do relatório A3 de resumo, especialmente em seu uso nos diferentes pontos do ciclo PDCA.

Também observamos uma terceira grande categoria de A3s em uso na Toyota, com uma função diferente[1] mas igualmente útil: o A3 de resumo de projeto ou de revisão de *status*. Como seu nome implica, esse tipo de A3 enquadra o trabalho que foi completado recentemente e resume-o sucintamente para o leitor. A revisão pode ser um relatório provisório (ao fim de um projeto piloto ou da primeira fase de uma implementação), ou pode ocorrer ao final de um projeto. Em ambos os casos, o A3 de *status* pode ser usado para representar a condição atual, destacar o que melhorou e, igualmente importante, o que não melhorou, além de começar a discussão mais importante, sobre os porquês. Como veremos neste capítulo, o A3 de *status* também é uma finalização eficaz ao término de projetos para discutir os pontos de aprendizagem gerais e para se concentrar em áreas que precisam de mais trabalho ou melhorias.

Antes de mais nada, vamos resumir o que há de diferente no relatório A3 de *status* ou resumo de projeto (ou apenas "A3 de *status*") em contraste com os dois tipos apresentados anteriormente. Após apresentarmos as diferenças principais, mostraremos dois exemplos para dar uma ideia melhor do estilo e do conteúdo. As diferenças podem ser sutis, mas são importantes, pois usar o tipo errado de A3 para o propósito errado é como usar a ferramenta errada em um trabalho. Assim como o martelo não substitui bem o cinzel, o A3 de *status* simplesmente não é adequado até que pelo menos parte de um trabalho de solução de problemas ou de implementação de uma proposta aprovada tenha sido completada.

Como observado no Quadro 5.1, o conteúdo de um A3 de *status* pretende resumir com sucesso as mudanças e os resultados obtidos na implementação. Assim, esse tipo de relatório normalmente é usado depois que algum trabalho de melhoria foi realizado em algum tipo de atividade de solução de problema ou trabalho relacionado a uma proposta. O ideal seria que essa verificação aparecesse dentro de um A3 de solução de problemas ou de propostas, mas em geral é preciso outro documento para resumir os resultados com mais clareza e enquadrar os próximos passos da discussão. Os A3s de revisão de *status* são uma excelente opção para atender essa necessidade.

A3s de *status* podem ser usados por indivíduos com diversos níveis de experiência e em diversos cargos dentro da organização. Em geral, quanto menos tempo

Quadro 5.1 Comparação de diferentes A3

Foco	Solução de problemas	Elaboração de propostas	Revisão de *status* do projeto
Foco ou conteúdo temático	Melhorias relativas a qualidade, custos, entrega, segurança, produtividade e assim por diante	Políticas, decisões ou projetos com implementação ou investimentos significativos	Resumo das mudanças e resultados como consequência de solução de problemas ou implementação de proposta
Experiência da pessoa conduzindo o trabalho	Novato, mas continuando por toda a carreira	Pessoal experiente; gerentes	Novatos e gerentes mais experientes.
Análise	Forte ênfase na causa fundamental; quantitativa/analítica	Melhoria baseada em consideração do estado atual; misto de quantitativo e qualitativo	Menos análise e mais foco sobre a verificação da hipótese e do plano de ação
Ciclo PDCA	Documenta todo o ciclo PDCA envolvido em realizar a melhoria e verificar o resultado	Forte foco no passo Planejar, com os passos Verificar e Agir embutidos no plano de implementação	Forte foco nos passos Verificar e Agir, incluindo confirmação de resultados e acompanhamento para completar o ciclo de aprendizagem

a pessoa está na organização, maior a probabilidade de que o A3 de revisão de *status* seja usado para enquadrar problemas mais básicos e locais. Com pessoas mais experientes, a revisão de *status* provavelmente se torna mais interfuncional e complexa. A análise tende a se concentrar mais na verificação do plano de ação e das hipóteses anteriores do que na identificação de causas fundamentais e méritos da proposta.

Talvez a diferença mais importante entre o A3 de *status* e os outros dois tipos, no entanto, seja a relação entre o A3 de *status* e o ciclo PDCA. Especificamente, o A3 de *status* de projeto se concentra nas últimas duas partes do ciclo PDCA (ou seja, nas fases Verificar e Agir) para descobrir exatamente quais melhorias foram realizadas. Para problemas de escopo menor, essas ações podem se encaixar naturalmente dentro de um A3 de solução de problemas com os detalhes necessários. No entanto, para problemas maiores e mais complexos, que são trabalhados durante um período de tempo maior, um A3 de revisão de *status* mais detalhado costuma ser útil, especialmente quando a gerência quer se manter atualizada sobre o progresso do projeto e/ou quer um relatório final quando o projeto terminar.

Analisemos agora o relatório A3 de *status* de forma detalhada para entender melhor as principais diferenças.

A narrativa do A3 de *status*

Os A3s de *status* têm o mesmo tamanho e a mesma estrutura dos dois tipos discutidos anteriormente. O principal objetivo do A3 de *status* é representar lógica e instantaneamente como o projeto ou esforço de solução de problemas está avançando, quais resultados foram atingidos e qual trabalho ainda precisa ser realizado. Em geral, uma revisão de *status* ou de projeto é uma simples declaração temática, seguida por histórico, condição atual, resultados até o momento e questões e ações de acompanhamento restantes, como mostrado na Figura 5.1. Existem, é claro, variações desse modelo, e comentaremos sobre essas diferenças quando for apropriado. Para começar, no entanto, nossa explicação se aterá à fórmula mais básica.

Tema

Assim como os outros tipos de A3, o relatório A3 de *status* também começa com um título temático que apresenta o conteúdo ao público. O tema deve descrever objetivamente o conteúdo trabalhado no relatório e indicar claramente se é um relatório de *status* ou de resumo. Como exemplo inicial, descreveremos um A3 chamado "*Status* de Implementação de Cartão de Crédito Corporativo", que está relacionado ao relatório A3 de proposta com um título parecido e que vimos no capítulo anterior.

Tema   Data

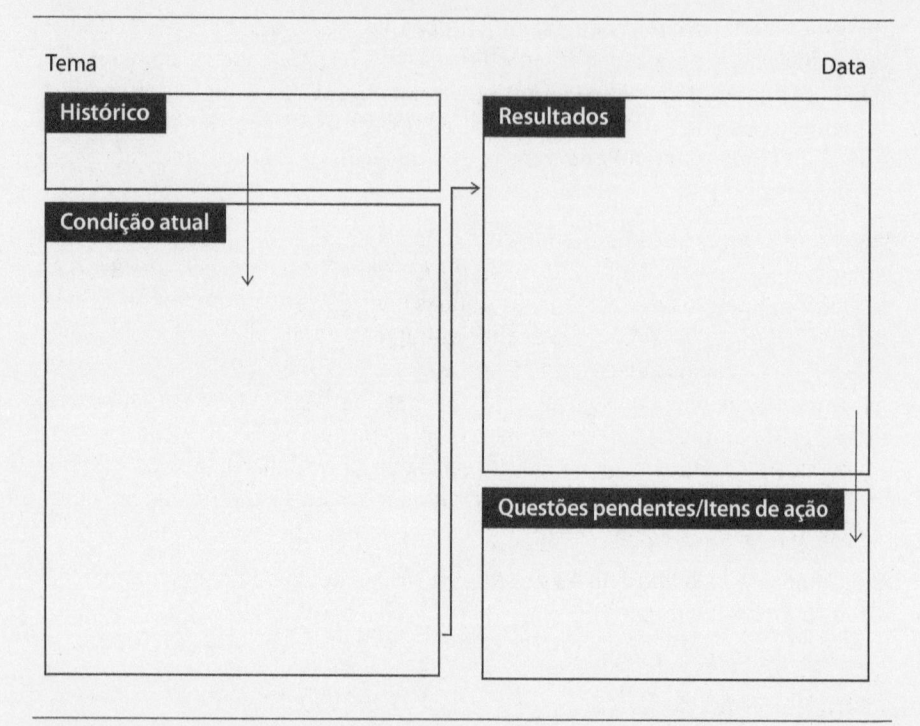

[Diagrama com caixas: Histórico, Condição atual (coluna esquerda); Resultados, Questões pendentes/Itens de ação (coluna direita), conectadas por setas formando um fluxo em Z.]

Figura 5.1 Fluxo típico de um relatório A3 de revisão de *status* de projeto.

Histórico

O relatório A3 de *status* começa resumindo as informações históricas pertinentes para que o leitor possa absorvê-las. Como sempre, o conteúdo da seção de histórico depende bastante do público. Um grupo interno que conhece bem o projeto pode não precisar de muitos detalhes sobre a situação, enquanto um público que pouco conhece o projeto pode precisar do resumo dos pontos principais de um A3 de proposta anterior para ter informações contextuais suficientes a fim de compreender o conteúdo.

No exemplo apresentado na Figura 5.2, a seção de histórico presume boa familiaridade com o projeto, pois este também foi coberto no capítulo anterior. A seção serve principalmente como lembrete, indicando que o projeto pretende implementar um sistema de cartões de crédito corporativos a ser usado em todas as compras iguais ou menores a $500 e o resultado esperado é uma economia de custos e tempo. O autor também incluiu um panorama da estratégia de implementação.

> **Histórico**
>
> - Espera-se que a implementação de cartões de crédito para compras < $500 gere economias de tempo e custos significativas.
> - Compras < $500 são responsáveis por 47% de todas as compras, mas apenas 5% do valor total desembolsado em dólares.
> - Um novo procedimento e novos controles eram necessários.
>
> Estratégia de implementação:
> - Selecionar empresa de cartão de crédito.
> - Estabelecer políticas e controles.
> - Conduzir treinamento para usuários de cartões nos departamentos de finanças, compras e instalações.
> - Conduzir programa piloto nos mesmos departamentos.

Figura 5.2 Exemplo de seção de histórico de A3 de revisão de *status* de projeto.

Aqui estão alguns pontos importantes a manter em mente sobre a seção de histórico de um A3:

- Maximize a clareza do contexto geral da situação.
- Identifique o público-alvo e escreva de acordo.
- Forneça as informações que o público precisa conhecer antes de seguir em frente.
- Explique como o assunto se alinha com as metas da empresa.
- Inclua quaisquer outras informações, como dados históricos, datas ou nomes, que possam ajudar o público a compreender a importância do problema.

Condição atual

Assim como os A3s de solução de problemas e de proposta, a seção de histórico de um A3 de *status* é seguida por uma seção de condição atual. A condição atual é um pouco diferente nesse A3, no entanto, em relação àqueles discutidos anteriormente. Nos A3s anteriores, as seções de condição atual descreviam o estado original do processo ou da situação. No A3 de *status*, no entanto, a mudança ou transformação já deve ter ocorrido. Assim, a condição atual descrita no A3 de *status* é o novo estado ou resumo das mudanças realizadas. O ideal é que a antiga condição ou estado futuro tenha se tornado o novo estado atual.

Como mostrado na Figura 5.3, é possível usar algum tipo de gráfico de Gantt para representar o conjunto de atividades implementado durante certo período de tempo. No exemplo "*Status* de Implementação de Cartão de Crédito Corporativo", essa é uma decisão adequada, pois as mudanças são relativamente invisíveis

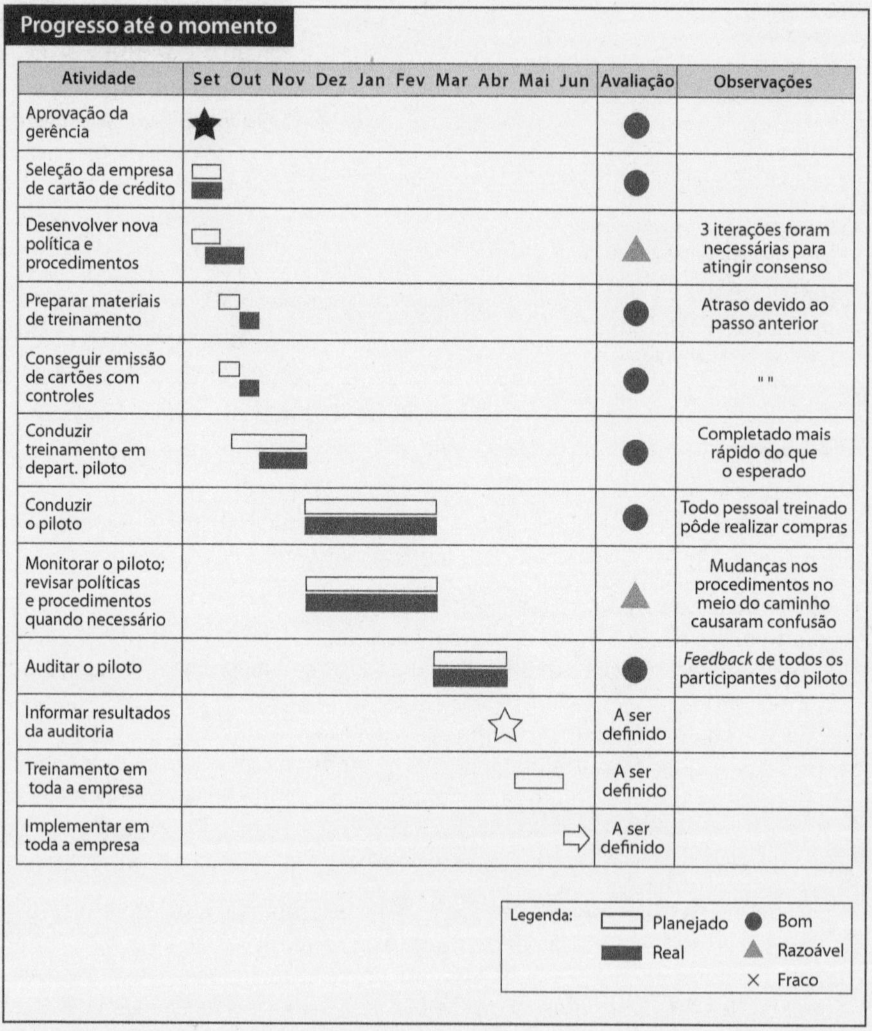

Progresso até o momento

Atividade	Set	Out	Nov	Dez	Jan	Fev	Mar	Abr	Mai	Jun	Avaliação	Observações
Aprovação da gerência	★										●	
Seleção da empresa de cartão de crédito	▭▬										●	
Desenvolver nova política e procedimentos	▭	▬									▲	3 iterações foram necessárias para atingir consenso
Preparar materiais de treinamento		▭▬									●	Atraso devido ao passo anterior
Conseguir emissão de cartões com controles		▭▬									●	" "
Conduzir treinamento em depart. piloto			▭▬								●	Completado mais rápido do que o esperado
Conduzir o piloto				▭▬▬							●	Todo pessoal treinado pôde realizar compras
Monitorar o piloto; revisar políticas e procedimentos quando necessário				▭▬▬▬							▲	Mudanças nos procedimentos no meio do caminho causaram confusão
Auditar o piloto							▭▬				●	*Feedback* de todos os participantes do piloto
Informar resultados da auditoria							☆				A ser definido	
Treinamento em toda a empresa								▭			A ser definido	
Implementar em toda a empresa									⇨		A ser definido	

Legenda: ▭ Planejado ● Bom
▬ Real ▲ Razoável
  ✕ Fraco

Figura 5.3 Exemplo de seção de condição atual de A3 de revisão de *status* de projeto.

a olho nu para os observadores. As diferenças em processamento de trabalho são de natureza principalmente administrativa, difíceis de representar com fluxogramas ou gráficos de processo. Quando possível, no entanto, recomendamos apresentar uma imagem visual da transformação que ocorreu no processo. Essa abordagem é ilustrada com um segundo exemplo, apresentado em uma parte posterior deste capítulo.

No relatório "*Status* de Implementação de Cartão de Crédito Corporativo", o autor do relatório explicitou para o público todos os passos principais da fase de implementação. Além das linhas de tempo do progresso do projeto, uma coluna de avaliação resume como a implementação se saiu em relação a alguns simples critérios. Basta passar os olhos por essa coluna para descobrir que a implementação ocorreu quase sem problemas e dentro do prazo e que apenas algumas tarefas maiores ainda precisam ser realizadas. Uma das tarefas é o relatório dos resultados, descrito por esse mesmo A3.

Aqui estão alguns pontos importantes a manter em mente ao escrever a seção de condição atual de um A3 de *status*:

- Represente claramente um panorama da condição atual de modo visual. Se possível, mostre os estados "antes" e "depois" para ser mais claro.
- Quando a situação atual não mudou significativamente, descreva o trabalho que foi realizado em relação a linhas de tempo e objetivos.
- Sempre que possível, use medidas quantitativas para representar o estado do estado atual, e não apenas opiniões qualitativas ou listas de itens.
- Se materiais de apoio adicionais forem necessários, use folhetos explicativos adicionais para complementar o material do A3.

Resultados

A seção mais importante do A3 de revisão de *status* é a seção de resultados. O propósito do documento, afinal, é apresentar ao leitor um resumo do impacto que as iniciativas ou o plano de ação tiveram. É a verdadeira fase de Verificar do PDCA. O objetivo dessa seção é representar quantitativamente o impacto do que foi realizado até o momento atual do projeto. A métrica usada deve refletir os indicadores mais importantes para avaliar o sucesso do projeto.

A frase mais usada em ciência e em solução de problemas, "padrões são uma base de comparação", ainda se aplica absolutamente às mudanças e melhorias dentro das organizações. Na verdade, dentro dos círculos da Toyota, é comum ouvir comentários sobre como não há *kaizen* (ou melhoria) sem um padrão e base de comparação. Em outras palavras, como sabemos se um processo ou sistema melhorou a menos que possamos medir e comparar o antes e o depois objetivamente? Assim, a seção de resultados de um A3 de *status* deve ser uma apresentação neutra e objetiva dos resultados das ações de melhoria. O objetivo não é mostrar o que é melhor, e sim, de modo equilibrado, se a situação geral apresenta resultados positivos, o que muitas vezes significa mostrar mais de uma métrica, como qualidade, custo e rapidez.

Na Figura 5.4, o A3 "*Status* de Implementação de Cartão de Crédito Corporativo" mostra três métricas e uma pesquisa de usuários. A seção de resultados demonstra que, como previsto, as dimensões de custo e tempo melhoraram consideravelmente com o uso do novo sistema de cartões de crédito, apesar do tempo não ter melhorado tanto quanto era esperado. Surpreendentemente, as discrepâncias aumentaram em relação à reconciliação de demonstrativos, o que em parte explica por que o tempo não melhorou tanto quanto era esperado. A próxima missão envolve a necessidade de trabalhar mais essa área para resolver o novo problema. Observe que, mesmo nessa mudança potencialmente obscura de política, o autor do relatório usa métricas quantitativas para demonstrar e verificar as melhorias reais.

Para apresentar outro item de resultados, também foi conduzida uma simples pesquisa com usuários. Algumas coisas, como "preferência" ou "facilidade de uso", não são sempre fáceis de capturar com sistemas de medição. Nesses casos, o melhor é incluir uma simples pesquisa de opinião, que pode ser apenas perguntar aos usuários se preferem o sistema novo ou o velho e tabular as respostas. Uma avaliação mais sofisticada poderia fazer diversas perguntas, que

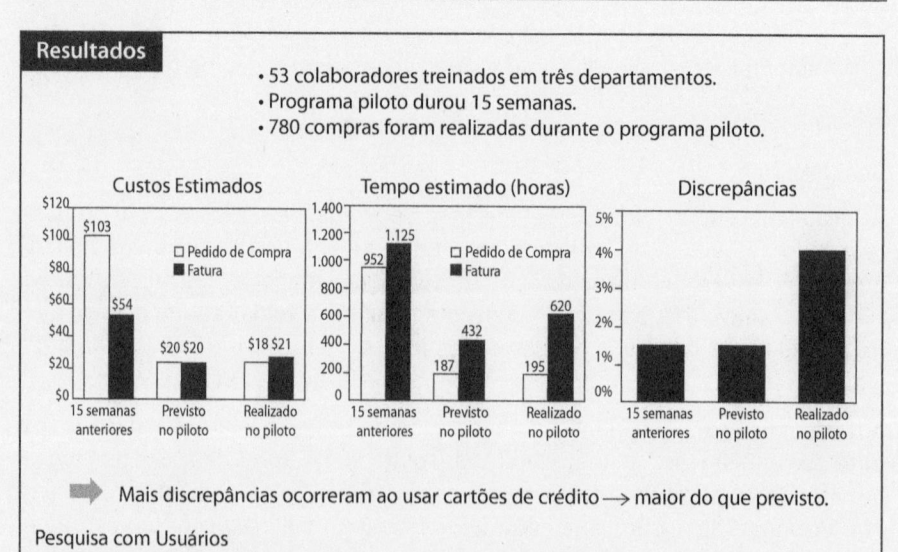

Resultados
- 53 colaboradores treinados em três departamentos.
- Programa piloto durou 15 semanas.
- 780 compras foram realizadas durante o programa piloto.

[Gráficos: Custos Estimados — 15 semanas anteriores $103 / $54; Previsto no piloto $20 / $20; Realizado no piloto $18 / $21. Tempo estimado (horas) — 15 semanas anteriores 1.125 / 952; Previsto no piloto 187 / 432; Realizado no piloto 195 / 620. Discrepâncias — 15 semanas anteriores ~1,5%; Previsto no piloto ~1,5%; Realizado no piloto ~4%.]

➡ Mais discrepâncias ocorreram ao usar cartões de crédito → maior do que previsto.

Pesquisa com Usuários
- 100% dos usuários preferem o sistema com cartão de crédito do que o antigo sistema com papel.
- 30% dos usuários informaram confusão sobre os procedimentos. Acompanhar recibos de compras telefônicas foi problemático.
- Diversas sugestões de melhoria foram dadas.
- Nenhuma dificuldade em relação aos controles foi informada.

Figura 5.4 Exemplo de resultados de A3 de revisão de *status* de projeto.

seriam marcadas em uma escala de 1 (baixo) a 5 (alto), por exemplo. O principal, no entanto, continua a ser a verificação dos fatos pelo uso de um padrão objetivo para determinar se a condição melhorou.

Aqui estão alguns pontos a manter em mente ao criar a seção de resultados de um A3 de *status*:

- Use as métricas mais importantes para avaliar o progresso.
- Certifique-se que as métricas são objetivas e quantificadas, e não apenas opiniões subjetivas.
- Apresente um conjunto equilibrado de métricas para mostrar que uma melhoria em uma área não piorou o desempenho em outra.
- Certifique-se que as métricas são uma base correta de comparação, e não apenas dados convenientes.
- Tente mostrar o que melhorou e, igualmente importante, o que não melhorou.

Questões não resolvidas/Ações de acompanhamento

A última seção de um típico relatório A3 de *status* é um conjunto de questões não resolvidas e ações de acompanhamento. Essa seção pode conter diversas informações diferentes, dependendo dos resultados do projeto. Descreveremos aqui alguns dos itens mais comuns, além de mencionar alguns outros padrões.

No Quadro 5.2, para o exemplo "*Status* de Implementação de Cartão de Crédito Corporativo", a seção de ações de acompanhamento é organizada ao redor das cinco tarefas remanescentes que precisam ser realizadas para completar o

Quadro 5.2 Exemplo de seção de questões pendentes/ações futuras de A3 de revisão de *status* de projeto

Questões pendentes/Ações futuras		
Atividade	Status	Responsabilidade
Revisar procedimentos	Completo	Compras
Revisão gerencial e do usuário dos procedimentos revisados	Em curso (completo até 21/4)	Compras
Revisar e corrigir treinamento	Em curso (completo até 30/4)	Compras
Treinamento em toda a empresa	Começará 01/05	Depto. de Treinamento
Implementação em toda a empresa	Começará 02/06	Compras

estudo piloto e sua revisão. A organização das tarefas em forma de tabela é um modo absolutamente adequado de organizar e resumir o trabalho restante nesse exemplo. Imagine, no entanto, que os resultados de implementação não tivessem ido tão bem. E se a economia de tempo e custo fosse bem menor que o previsto? Nesses casos (que, infelizmente, realmente ocorrem), a resposta é voltar ao modo de solução de problemas e considerar por que os resultados não foram atingidos. Até que a causa fundamental da falha tenha sido identificada, não faz sentido tentar seguir em frente. A seção de acompanhamento, então, poderia listar mais testes ou pilotos, ou poderia identificar contramedidas específicas para discussão com o público. Assim, os conteúdos da seção de conclusão do relatório dependem dos resultados do projeto de implementação na fase Verificar. Pense nessa seção como a parte Agir do ciclo PDCA, descrevendo o que precisa ser feito para completar o ciclo de melhoria.

Aqui estão alguns pontos importantes a manter em mente ao elaborar a seção final de um A3 de *status*:

- Destaque quais ações ainda precisam ser completadas para finalizar o projeto.
- Se alguns resultados não estiverem alinhados com as expectativas, pergunte por que e detalhe os passos seguintes para chegar à causa fundamental ou às possíveis contramedidas para a discussão.
- Considere que obstáculos ou problemas não resolvidos ainda podem existir e qual tipo de trabalho precisa ser feito com respeito a esses itens.
- Considere se algum *stakeholder* pode ser afetado de algum modo que precise ser trabalhado.
- Considere questões não resolvidas relativas a orçamentos, treinamento e mudanças de responsabilidade.

Efeito total

Em geral, o objetivo principal desse tipo de A3 é apresentar o *status* do trabalho em curso. A começar pelo tema do relatório, o autor deve tentar apresentar as informações históricas pertinentes para o público e representar a nova situação atual (seja do processo/sistema sendo estudado, seja do próprio projeto) do modo mais factual e visual possível. O aspecto mais crítico do A3 de revisão de *status*, no entanto, é apresentar se as melhorias previstas foram observadas ou não. O uso cuidadoso de gráficos, métricas, pesquisas e assim por diante cria a base para a avaliação rigorosa dos resultados do projeto. O relatório conclui com uma lista de ações de acompanhamento adequadas, algumas das quais já podem estar sendo realizadas.

A Figura 5.5 representa o relatório A3 completo para o exemplo "*Status* de Implementação de Cartão de Crédito Corporativo". Existem, é claro, outras ma-

O Relatório A3 de *Status*

Status da implementação do cartão de crédito corporativo

Histórico

- Espera-se que a implementação de cartões de crédito para compras < $500 gere economias de tempo e custos significativas.
- Compras < $500 são responsáveis por 47% de todas as compras, mas apenas 5% do valor total desembolsado em dólares.
- Um novo procedimento e novos controles eram necessários.

Estratégia de implementação:
- Selecionar empresa de cartão de crédito.
- Estabelecer políticas e controles.
- Conduzir treinamento para usuários de cartões nos departamentos de finanças, compras e instalações.
- Conduzir programa piloto nos mesmos departamentos.

Progresso até o momento

Atividade	Set Out Nov Dez Jan Fev Mar Abr Mai Jun	Avaliação	Observações
Aprovação da gerência	★	●	
Seleção da empresa de cartão de crédito	□ ▬	●	
Desenvolver nova política e procedimentos	□ ▬	▲	3 iterações foram necessárias para atingir consenso
Preparar materiais de treinamento	□ ▬	●	Atraso devido ao passo anterior
Conseguir emissão de cartões com controles	□ ▬	●	''''
Conduzir treinamento em depart. piloto	□ ▬	●	Completado mais rápido do que o esperado
Conduzir o piloto	□ ▬	●	Todo pessoal treinado pode realizar compras
Monitorar o piloto; revisar políticas e procedimentos quando necessário	□ ▬	▲	Mudanças nos procedimentos no meio do caminho causaram confusão
Auditar o piloto	□ ▬	●	*Feedback* de todos os participantes do piloto
Informar resultados da auditoria	☆	A ser definido	
Treinamento em toda a empresa	□	A ser definido	
Implementar em toda a empresa	⇨	A ser definido	

Legenda: □ Planejado ● Bom ▬ Real ▲ Razoável × Fraco

Figura 5.5a Exemplo de relatório A3 de *status* "*Status* de Implementação de Cartão de Crédito Corporativo". *(continua...)*

Resultados

- 53 colaboradores treinados em três departamentos.
- Programa piloto durou 15 semanas.
- 780 compras foram realizadas durante o programa piloto.

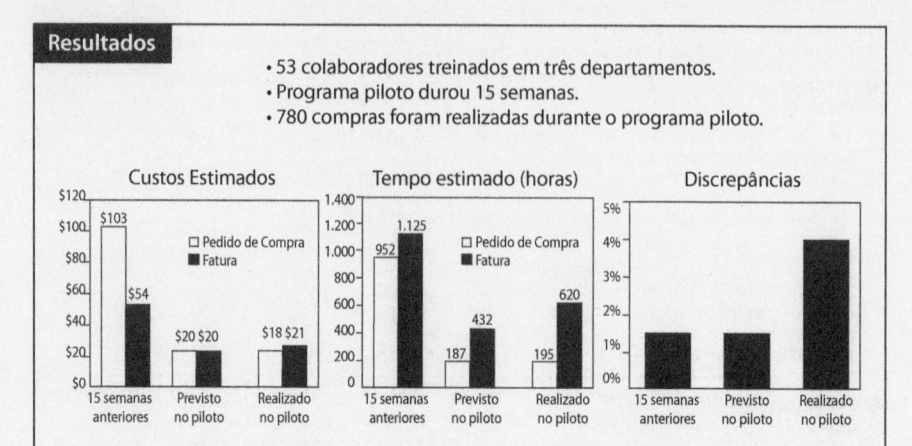

Custos Estimados
- 15 semanas anteriores: $103 (Pedido de Compra), $54 (Fatura)
- Previsto no piloto: $20 / $20
- Realizado no piloto: $18 / $21

Tempo estimado (horas)
- 15 semanas anteriores: 1.125 (Pedido de Compra), 952 (Fatura)
- Previsto no piloto: 187 / 432
- Realizado no piloto: 195 / 620

Discrepâncias
- 15 semanas anteriores: ~2%
- Previsto no piloto: ~2%
- Realizado no piloto: ~4%

➡ Mais discrepâncias ocorreram ao usar cartões de crédito → maior do que previsto.

Pesquisa com Usuários
- 100% dos usuários preferem o sistema com cartão de crédito do que o antigo sistema com papel.
- 30% dos usuários informaram confusão sobre os procedimentos. Acompanhar recibos de compras telefônicas foi problemático.
- Diversas sugestões de melhoria foram dadas.
- Nenhuma dificuldade em relação aos controles foi informada.

Questões pendentes/Ações futuras

Atividade	*Status*	Responsabilidade
Revisar procedimentos	Completo	Compras
Revisão gerencial e do usuário dos procedimentos revisados	Em curso (completo até 21/4)	Compras
Revisar e corrigir treinamento	Em curso (completo até 30/4)	Compras
Treinamento em toda a empresa	Começará 01/05	Depto. de Treinamento
Implementação em toda a empresa	Começará 02/06	Compras

Figura 5.5b Exemplo de relatório A3 de *status* "Status de Implementação de Cartão de Crédito Corporativo". *(continuação)*

neiras de escrever o mesmo relatório. O importante é que o autor tenha se envolvido com o pensamento A3 e tenha elaborado uma revisão de *status* coerente e organizada, que flui bem do começo ao fim, de modo consistente com a gestão PDCA. O trabalho ainda não terminou, mas os itens restantes podem ser conduzidos eficientemente após uma discussão com as partes envolvidas.

Para mostrar a capacidade de adaptação da ferramenta A3, apresentaremos para comparação mais um relatório A3 de revisão de *status*.

Exemplo de A3 de *status*

A Figura 5.6 representa um A3 de *status* baseado no exemplo da Estamparia Acme, do Capítulo 4. A proposta original usava o estilo "estado atual/estado futuro" para propor mudanças com transformação física do chão de fábrica (ver Figura 4.9, p. 102). Depois que a proposta foi aprovada e o plano de implementação foi executado, é lógico parar um pouco e tentar descobrir se a situação melhorou de verdade. Nesses casos, um A3 de *status* é uma ótima maneira de apresentar a resposta para essa pergunta.

O A3 de *status* de acompanhamento (Figura 5.6) começa com uma seção de histórico padrão e com a descrição das informações relevantes. Assim como o exemplo anterior, essa seção é uma simples lista que resume os fatos e lembra o público sobre o contexto da situação.

A seção de condição atual, no entanto, é muito diferente do exemplo anterior. Esse caso envolve uma transformação física do processo de produção. No A3 de proposta, o autor apresentou uma análise do estado atual, seguida por uma proposta de estado futuro a ser considerada para aprovação. Agora, no entanto, as condições "atuais" se parecem com as condições de "estado futuro" do A3 de proposta, com todas as mudanças que ocorreram na implementação (sejam elas quais forem). Assim, o autor do relatório representa as mudanças de processo inserindo um gráfico que representa como o processo melhorado funciona atualmente. Os principais itens implementados também estão listados, para a conveniência do leitor.[2]

A seção de resultados é a parte crítica do A3 de *status*, pois é aqui que finalmente vemos quantitativamente se a melhoria ocorreu. Nesse caso, o projeto foi avaliado com base em seis métricas operacionais: *lead time*, estoque, entrega no prazo, produtividade, horas extras e tempo de troca de ferramenta na prensa de estampagem. Outros casos podem envolver menos métricas ou incluir métricas financeiras, além das operacionais. Nesse exemplo, apenas um dos objetivos estabelecidos já foi atingido, apesar de os outros estarem próximos disso.

Em casos como esse, em que é necessário realizar mais trabalho para conseguir atingir os objetivos desejados, o próximo passo lógico é voltar ao modo de solução de problemas, fazer a pergunta fundamental "por que" e começar a buscar as causas fundamentais. A análise dos cinco porquês, no entanto, não costuma ser mostrada nessa seção, pois esse é um A3 de revisão de *status*. Se os problemas e discrepâncias forem suficientemente grandes, a área que não está

Histórico

- Os objetivos da divisão de estamparia incluem reduções no *lead time* e estoque da ordem de 25% neste ano fiscal.
- O fluxo de valor de cavaletes era uma operação empurrada com *lead time* longo, estoque em excesso, superprodução e baixo desempenho nas entregas no prazo.
- Um projeto foi iniciado para melhorar nessas dimensões, com o prazo final de junho de 2002.

Condição atual - Março de 2002

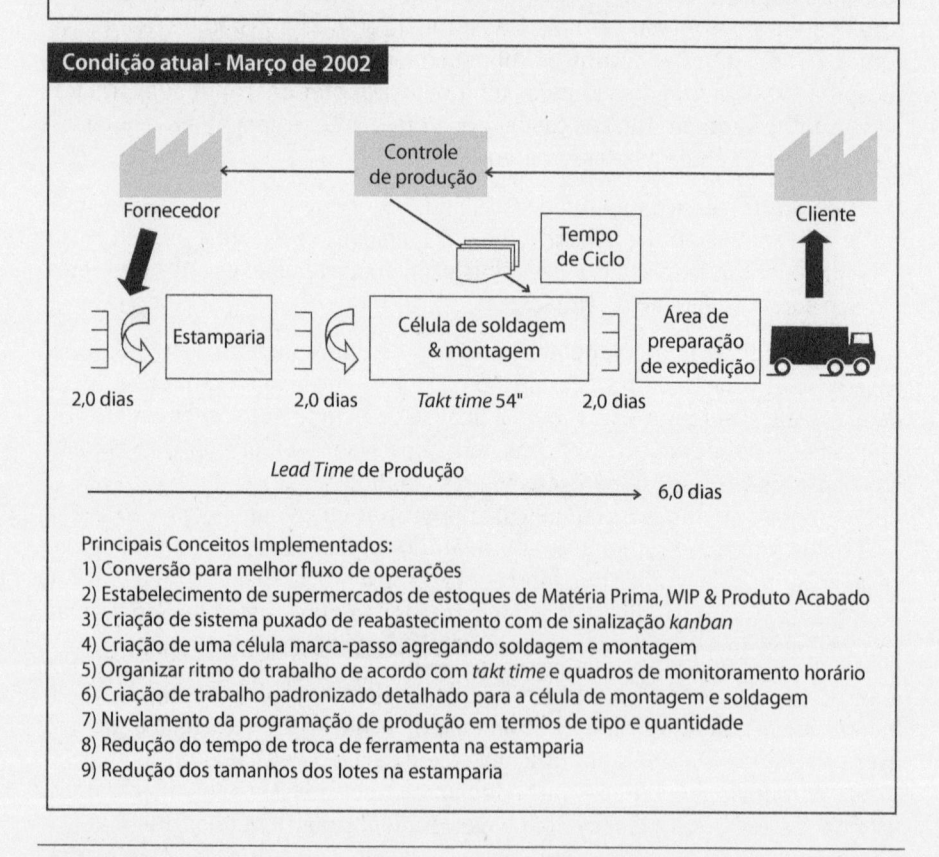

```
        Fornecedor ← Controle de produção → Cliente
                           ↓
                    Tempo de Ciclo

  Estamparia    Célula de soldagem    Área de
                   & montagem         preparação
                                      de expedição
  2,0 dias       2,0 dias            2,0 dias
                 Takt time 54"

         Lead Time de Produção           6,0 dias
```

Principais Conceitos Implementados:
1) Conversão para melhor fluxo de operações
2) Estabelecimento de supermercados de estoques de Matéria Prima, WIP & Produto Acabado
3) Criação de sistema puxado de reabastecimento com de sinalização *kanban*
4) Criação de uma célula marca-passo agregando soldagem e montagem
5) Organizar ritmo do trabalho de acordo com *takt time* e quadros de monitoramento horário
6) Criação de trabalho padronizado detalhado para a célula de montagem e soldagem
7) Nivelamento da programação de produção em termos de tipo e quantidade
8) Redução do tempo de troca de ferramenta na estamparia
9) Redução dos tamanhos dos lotes na estamparia

Figura 5.6a Exemplo de relatório A3 de *status* "Revisão de *Status* de Projeto de Redução de Estoque e *Lead Time*". *(continua...)*

cumprindo seu objetivo pode ser uma boa candidata para um exercício de A3 de solução de problemas mais detalhado. Nesse A3 de *status*, o autor decidiu resumir as áreas de trabalho restantes e identificá-las como problemas que ainda

O Relatório A3 de Status

De: J. Shook
Para: W. Coyote
Data: 6/3/2002

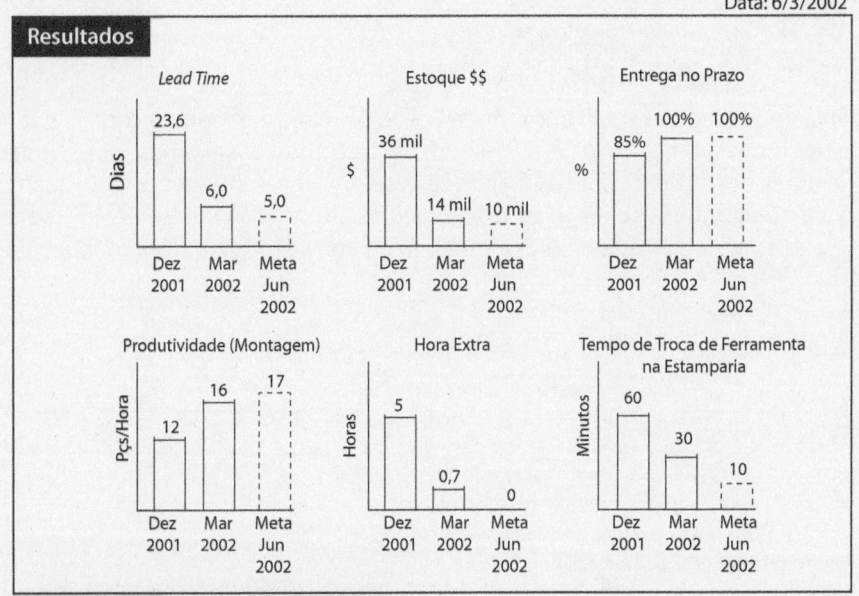

Resultados

Lead Time (Dias): Dez 2001: 23,6 | Mar 2002: 6,0 | Meta Jun 2002: 5,0

**Estoque $$** ($): Dez 2001: 36 mil | Mar 2002: 14 mil | Meta Jun 2002: 10 mil

Entrega no Prazo (%): Dez 2001: 85% | Mar 2002: 100% | Meta Jun 2002: 100%

Produtividade (Montagem) (Pçs/Hora): Dez 2001: 12 | Mar 2002: 16 | Meta Jun 2002: 17

Hora Extra (Horas): Dez 2001: 5 | Mar 2002: 0,7 | Meta Jun 2002: 0

Tempo de Troca de Ferramenta na Estamparia (Minutos): Dez 2001: 60 | Mar 2002: 30 | Meta Jun 2002: 10

Questões pendentes/Planos de ação

Categoria	Problema pendente	Contramedida	Responsabilidade e prazo
Lead Time	0,5 dias acima do objetivo	Reduzir WIP da estamparia	Controle de Produção até 30/5
Estoque	$4 mil acima do objetivo	Mercado de compra de peças	Controle de Produção até 30/5
Entrega	N/D	Manter desempenho	Operações
Produtividade	1 peça por hora abaixo do objetivo	Eliminar horas extras	Operações até 30/5
Hora Extra	0,7 horas acima do objetivo	Eliminar paradas menores	Manutenção até 30/5
Tempo de *Setup*	20 min. acima do objetivo	Reduzir trabalho interno	Engenharia até 30/05

Figura 5.6b Exemplo de relatório A3 de *status* "Revisão de *Status* de Projeto de Redução de Estoque e *Lead Time*". *(continuação)*

precisam ser resolvidos, com hipóteses iniciais sobre contramedidas, prazos e responsabilidades para posterior discussão no momento da apresentação.

Discutir com grupo de colegas ou orientador

Como com qualquer A3, o autor do relatório deve discutir seu A3 com colegas ou mentores à medida que é elaborado. Sempre é útil ensaiar uma apresentação antes de realizá-la pela primeira vez. A seguir, apresentamos uma pequena lista de perguntas a serem usadas para fins de autorrevisão ou como guia para obter *feedback* (ver Quadro 5.3), contendo os tipos de perguntas mais comuns

Quadro 5.3 Questões de revisão para relatórios A3 de revisão de *status* de projeto

Histórico
O tema do projeto foi declarado com clareza?
O projeto possui relação com os objetivos da empresa?
O motivo pelo qual o projeto foi realizado está claro?
Que outras informações poderiam ser úteis ao público?
Condição atual
A condição atual está clara e é mostrada de maneira lógica e visual??
A seção mostra com clareza que progresso ocorreu ou que ação específica foi realizada?
A condição atual representa o problema ou situação com clareza, precisão e objetividade?
A condição atual está quantificada de algum modo ou é qualitativa demais?
Resultados
Quais foram os resultados do projeto até o momento?
Os resultados são indicados e quantificados claramente?
A melhoria aconteceu de verdade?
Essas são as métricas certas para mostrar que a melhoria ocorreu?
O que mais poderia explicar a mudança nas métricas?
Alguma outra área foi afetada negativamente pelas mudanças?
Nas áreas em que as melhorias não foram o esperado, o motivo para isso está claro?
Questões não resolvidas/Ações de acompanhamento
Que problemas ainda existem no projeto?
O que precisa ser feito para atingir o progresso planejado?
Que outros itens precisam ser conduzidos para sustentar os ganhos e garantir o sucesso?
Quem mais precisa saber sobre esse resultado?

durante a revisão de A3 de *status*. Sugerimos que você reflita sobre as perguntas e prepare-se para responder sobre assuntos relacionados conforme for necessário.

Sua vez

Agora é a sua vez. As oportunidades de treinar a elaboração de relatórios A3 de *status* são infinitas. Talvez você já tenha alguns em mente para sua situação específica, com base no trabalho que está realizando atualmente. Nesse caso, sugerimos que pare, pegue uma folha de papel em branco e comece a formular seus pensamentos usando um dos padrões apresentados anteriormente. Ou você pode usar o exercício de solução de problemas que completou antes para descrever um hipotético A3 de revisão de *status*. Antecipe como o projeto se desenvolveria e quais seriam os resultados e, então, experimente maneiras de comunicá-los em um relatório A3 de *status*.

Resumo

Neste capítulo, apresentamos uma variação do relatório A3 criada especificamente para a condução de revisões de *status*. Ilustramos a flexibilidade do modelo de relatório com exemplos que mostram como ele pode ser adaptado para circunstâncias, propósitos e autores específicos. Não há uma única melhor maneira de escrever um A3, e não existem dois relatórios iguais. À medida que você treina e entende os métodos por trás dos A3s, começa a compreender um pouco melhor o que funciona e por que funciona, com base em sua experiência. Outras variações de formato e estilo são possíveis, e encorajamos você a experimentá-las. No entanto, na maior parte do tempo, consideramos uma boa ideia começar com o modelo usado nos exemplos apresentados.

Em todos os casos, é importante refletir sobre os pontos principais que mencionamos em cada capítulo e manter em mente os elementos fundamentais da boa gestão PDCA, junto à boa comunicação.

Notas

1. Internamente na Toyota, os relatórios chamados de "revisões de projeto", "revisões de progresso", "revisões de implementação", "revisões de resultados", "revisões de *status*" sem projetos ou até "revisões de *status* de projeto" caberiam todos dentro dessa mesma categoria. A categorização para relatórios A3 que aplicamos neste livro é derivada dos materiais

de treinamento do grupo de engenharia da Toyota baseado nos EUA, mas não é necessariamente aceito em todas as partes da organização.

2. É comum que, para certos assuntos, a comunicação use certa quantidade inevitável de jargão, como os termos "*kanban*", "sistema puxado" e "*takt time*" no A3 de exemplo. Para os leitores que não conhecem os termos, algumas explicações: *kanban* é uma palavra japonesa usada para indicar um método de inicialização de produção baseado em sinais; *sistemas puxados* são um tipo de controle de produção baseado na reposição do estoque em vez da produção segundo previsões; e *takt time* se refere ao estabelecimento de um ritmo de trabalho de produção com base na demanda média, conforme definida pelo cliente. Em geral, sugerimos tentar manter o mínimo uso de jargão, a menos que esteja apresentando o relatório a um público que conhece o linguajar tão bem quanto você.

Notas sobre forma e estilo   6

Nos três capítulos anteriores, apresentamos exemplos de estilos diferentes de relatórios A3 para solução de problemas, elaboração de proposta e *status* de projeto. Os estilos representam variações sobre o mesmo tema do que chamamos de pensamento A3, derivado de padrões comuns de uso que observamos na prática na Toyota. Os relatórios de exemplo podem servir como pontos de partida genéricos para a elaboração de seus próprios A3s. A discussão até agora se concentrou no conteúdo, mas neste capítulo queremos passar o foco para a forma e o estilo dos relatórios A3.

Independentemente do tipo de relatório escrito, a mecânica da forma, o estilo e o uso de gráficos permanecem basicamente os mesmos. Consideramos a perspectiva tradicional de relatórios A3 feitos com papel e lápis, que ainda é o método preferido para aprender a elaborar A3 dentro da Toyota, pois o processo de pensamento e o desenvolvimento de habilidades são mais importantes do que a rapidez. Os limites de espaço e tamanho impostos pela abordagem de papel e lápis tendem a forçar um pensamento A3 mais rigoroso e, ao mesmo tempo, com mais flexibilidade do que o uso do computador, pois o autor pode se concentrar no que comunicar em vez de em como fazer a máquina realizar o que o autor quer. Discutiremos a informatização no Capítulo 7.

Na Toyota, forma e estilo são tão importantes quanto o conteúdo de um relatório A3. O motivo é simples: forma e estilo podem afetar significativamente a eficácia comunicacional do relatório. Com anos de uso e evolução na Toyota, os relatórios A3 desenvolveram suas próprias convenções de forma e estilo, para maximizar a densidade de informação e a eficácia comunicacional dos relatórios escritos. Revisaremos aqui os principais pontos relativos à forma e ao estilo na elaboração de relatórios A3.

Forma

Os relatórios A3 têm esse nome porque cabem em um lado de uma folha de papel A3, equivalente a 42 x 29,7 cm. O fluxo do relatório é de cima para baixo na esquerda e, depois, de cima para baixo na direita (consulte as Figuras 3.1 [p. 54], 4.1 [p. 86] e 5.1 [p. 116]). Os relatórios são divididos em seções, geralmente começando com a declaração do tema ou problema. As seções são rotuladas claramente, ordenadas em um fluxo lógico e separadas umas das outras por caixas fechadas e com margens amplas entre si.

O título do relatório deve ser colocado no canto superior esquerdo, para que quando o relatório for dobrado em três (como na Figura 6.1), para armazenamento em uma pasta, o título fique visível. O título deve indicar sem ambiguidade o assunto e o propósito do relatório. O autor deve colocar o nome do destinatário ("Para:"), seu nome ("De:") e a data na canto superior (ou inferior) direito. Assim, o autor, a data e o destinatário também ficam visíveis quando a folha é dobrada em três. O destinatário, em geral, é a autoridade de aprovação mencionada no Capítulo 2.

Os relatórios devem ser caprichados, organizados e esteticamente agradáveis para que sua forma ajude, e não atrapalhe, a comunicação do conteúdo. Em geral, isso significa usar bastante espaço branco, aproveitar bem a simetria e alinhar os cantos das caixas e as bordas de cabeçalhos, parágrafos e listas. Os relatórios devem deixar espaço suficiente na lateral esquerda para o uso de um furador.

A legibilidade é o princípio superior. Usar os mesmos estilos e tamanhos de texto por todo o relatório (por exemplo, um para títulos e outro para o corpo do

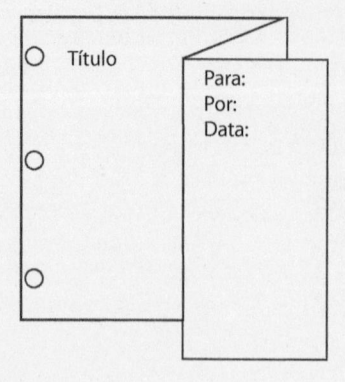

Figura 6.1 A3 dobrado em três.

texto) ajuda bastante a legibilidade. O tamanho do texto não pode ser pequeno demais, o que em geral significa uma fonte tamanho 10 ou maior, e nem muito rebuscado. Os cabeçalhos devem ser facilmente distinguíveis do corpo do texto.

Estilo

Talvez a característica mais marcante dos relatórios A3 seja sua brevidade. Um texto de tamanho legível, junto com a limitação de espaço de encaixar toda as informações importantes em uma folha de papel, cria a necessidade de um relatório extremamente breve. Assim, não há espaço para repetições, informações supérfluas ou palavras desnecessárias. O texto deve ser direto e breve.

A criação de relatórios A3 desenvolveu seu próprio estilo, que usa muito listas numeradas e por tópicos (*bullets*), com pouquíssimo uso de parágrafos tradicionais. A razão por trás desse fato é simples: apesar de não conquistar nenhum prêmio literário, dividir os pontos principais em uma lista sucinta encoraja o autor a identificar os pontos principais que quer discutir e apresentá-los de maneira clara e concisa. Considere o seguinte exemplo:

> No estado atual de nosso programa de 5S, creio que não temos um sentido de propriedade e responsabilidade claro da área, pois cada área pode ser limpa por qualquer um de diversos colaboradores, e os deveres não estão claros. Na verdade, nada específico é delegado a ninguém. O resultado é que a área de trabalho está bagunçada, cheia de poeira, com divisores de prateleiras e tampas faltando, suprimentos faltando e desorganização geral.

O leitor entende o que o autor está tentando dizer em linhas gerais, mas os pontos particulares estão confusos. O leitor precisa se esforçar para localizá-los. As mesmas informações poderiam ser mais bem comunicadas da seguinte forma:

Condição atual:

1. Tarefas de 5S não estão claras.
2. Sentido de propriedade para área não foi estabelecido.
3. Área de trabalho bagunçada:
    a. Acúmulo de poeira nas prateleiras.
    b. Divisores de prateleiras e tampas faltando/quebrados.
    c. Suprimentos faltando e desorganizados.

No segundo exemplo, os pontos principais são inconfundíveis, e os dados que descrevem os detalhes específicos da área de trabalho bagunçada também estão claramente ligados a esse ponto. Observe, também, o uso de espaço em branco entre cada item numerado no exemplo, para melhorar a legibilidade.

As listas devem manter uma estrutura gramatical uniforme. Assim, se o primeiro item começa com um verbo, o restante dos itens na lista deve começar com um verbo na mesma conjugação. Numerar os itens facilita sua referência em discussões (por exemplo, "em relação ao segundo item sob o número três em Condição Atual").

Autores com experiência em relatórios A3 tendem a ter uma forte preferência pela voz ativa em vez da voz passiva. Considere as duas frases abaixo:

- Os objetivos são estabelecidos pelo gerente.
- O gerente estabelece os objetivos.

Ambas as frases apresentam as mesmas informações, mas a segunda é muito mais concisa. A primeira está na voz passiva, enquanto a segunda está na voz ativa, o que significa que o sujeito realiza a ação. É interessante que tendemos a usar a voz ativa em nossas conversas diárias, então seu fluxo é mais natural. Além disso, a dependência excessiva da voz passiva pode logo descambar para frases longas, palavrosas e complexas. O melhor estilo para os relatórios A3 envolve ser breve, conciso e direto.

Além de serem claros e breves, os autores devem ser o mais específicos que puderem. Por exemplo: em vez de escrever que o número de erros deve diminuir para alcançar a meta, é mais específico dizer que o número de erros deve diminuir da atual média de oito por mês para no máximo dois por mês.

Os autores de relatórios A3 dentro da Toyota costumam destacar os pontos principais dentro do texto com o uso de negrito e sublinhado. Assim, o leitor inteligente pode entender a essência do relatório apenas passando os olhos por cima das informações destacadas. Os autores devem ser consistentes em seu uso de negrito e sublinhado, tomando cuidado para não exagerar.

Assim como todas as formas de texto técnico, o uso de gramática e ortografia correta sempre deve ser prioridade, pois esses elementos podem afetar significativamente a legibilidade, e até o próprio sentido, do que está escrito. Considere o seguinte exemplo:

Os objetivos do projeto são melhorar custos de qualidade de serviço e entrega.

Os objetivos do projeto são melhorar custos, qualidade de serviço e entrega.

Os objetivos do projeto são melhorar custos, qualidade, serviço e entrega.

A colocação de vírgulas e a supressão de preposições nos locais apropriados mudam o sentido da frase, de duas métricas para três e, depois, para quatro. Como essas métricas teriam consequências significativas para as seções desse relatório, a pontuação correta para apresentar o sentido mais preciso se torna essencial.

Finalmente, os autores de relatórios A3 sempre devem pensar em um público específico, o que significa que devem entender bem o que o público já sabe e quer ou precisa saber, para depois criar um relatório que transmita a mensagem de modo rápido e eficaz. Também significa que o autor deve evitar usar jargão e termos que o público pode não conhecer; se esses termos forem inevitáveis, o autor deve defini-los.

Gráficos

Gráficos bem feitos podem comunicar ideias complexas com clareza, precisão e eficiência, especialmente quando se trata de dados quantitativos. O advento da tecnologia de imagens digitais possibilitou a incorporação de imagens dos locais de trabalho ou das ferramentas reais. Quando bem usados e desenhados, os gráficos podem comunicar uma mensagem com força. No entanto, quando usados incorretamente, os gráficos podem se tornar confusos ou não agregar valor. Assim, nesta seção pretendemos oferecer algumas dicas sobre como desenhar e utilizar gráficos em relatórios A3.[1]

Entenda seus dados

A primeira regra do uso de gráficos é ter uma ideia clara da mensagem. Com o objetivo em mente, o autor do relatório escolhe os dados e o tipo de gráfico mais adequado ao seu objetivo. Para escolher os dados certos a apresentar, é preciso considerar se são mais importantes os valores absolutos ou os relativos; por exemplo, o número de chamadas de vendas ou o número de chamadas de vendas por vendedor.

A quantidade de dados a ser apresentada pode ser uma consideração importante, especialmente ao analisar dados de tendências. A tendência nos últimos meses apresenta uma imagem precisa ou seria melhor incluir a tendência do último ano ou dos dois últimos anos? A seguir, é melhor mostrar os dados individuais ou resumos, como médias, desvios padrão, proporções ou médias móveis? O autor do relatório A3 precisa ter discernimento ao selecionar os dados a serem apresentados.

Use o melhor gráfico para os dados

Ao apresentar os dados, o autor tem muitas opções ao seu dispor. A Figura 6.2 lista os tipos de gráficos mais comuns e que tipos de informações eles melhor representam. Novamente, o autor deve escolher o tipo de gráfico mais apropriado à situação, levando em consideração o objetivo (ou mensagem) que o gráfico está comunicando e a natureza dos dados envolvidos.

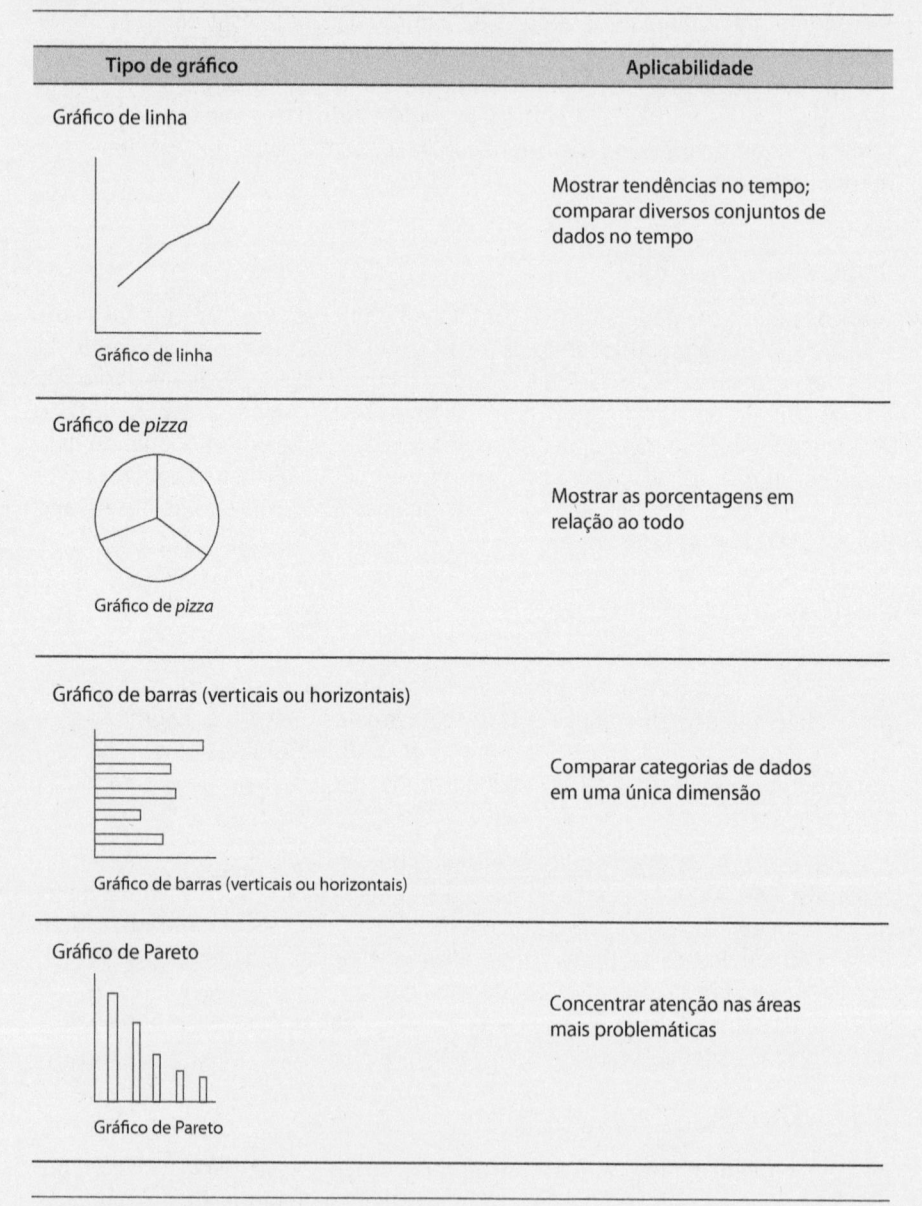

Tipo de gráfico	Aplicabilidade
Gráfico de linha	Mostrar tendências no tempo; comparar diversos conjuntos de dados no tempo
Gráfico de *pizza*	Mostrar as porcentagens em relação ao todo
Gráfico de barras (verticais ou horizontais)	Comparar categorias de dados em uma única dimensão
Gráfico de Pareto	Concentrar atenção nas áreas mais problemáticas

Figura 6.2 Tipos de gráficos mais comuns. *(continua...)*

Gráfico de colunas empilhadas
(absoluto ou porcentagem)

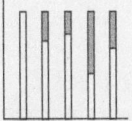

Mostrar porcentagens relativas em diversas categorias

Gráfico de colunas empilhadas
(absoluto ou porcentagem)

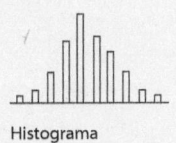

Histograma

Representar a distribuição, variação ou dispersão dos dados; mostrar o desvio do padrão

Histograma

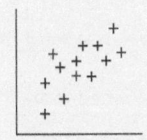

Gráfico de dispersão

Ilustrar o relacionamento entre duas variáveis (como causa e efeito)

Gráfico de dispersão

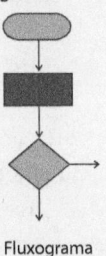

Fluxograma

Resumir os passos envolvidos em um processo e suas relações

Fluxograma

Figura 6.2 Tipos de gráficos mais comuns. *(continuação)*

Use os rótulos certos

Para criar gráficos claros, úteis e visualmente atraentes, sugerimos que os autores sigam algumas diretrizes básicas. Primeiro, todos os gráficos devem ter um título ou uma legenda que indique claramente sua razão de ser. Segundo, os rótulos são críticos para os eixos vertical e horizontal, e para quaisquer categorias de dados. Gráficos sem rótulos acabam por ser inutilizados. Terceiro, escolha uma escala adequada para os dados. A escolha de escala pode afetar dramaticamente a percepção do significado de uma característica ou tendência dos dados.

Use o mínimo de tinta possível

Edward Tufte[2] recomenda, ainda, que os gráficos e quadros usem a menor quantidade possível de tinta, o que deixa o visual mais limpo, enfocando os dados, e não o *design* do gráfico, e permitindo que o conteúdo principal se destaque. A propósito, as configurações padrões da maioria dos programas de gráficos (como o Microsoft Excel) produzem um visual bastante carregado. As consequências de remover a tinta incluem:

- Minimize a redundância (por exemplo, não use duas linhas quando uma basta)
- Elimine as hachuras
- Substitua legendas por rótulos diretamente sobre os dados apresentados
- Evite usar barras tridimensionais
- Remova as linhas de grade; se forem necessárias, substitua-as por uma grade branca

A Figura 6.3 mostra a diferença entre os gráficos que seguem e os que não seguem as regras de Tufte. No gráfico de cima, vemos a redundância do título do gráfico com o rótulo do eixo vertical, dos muitos zeros usados na numeração da escala do eixo vertical e da legenda. Todos esses elementos desaparecem no gráfico inferior. Além disso, já que a tendência é de maior interesse que os pontos individuais, os pontos podem ser eliminados. Observe, também, que o padrão do Excel de girar os rótulos no eixo horizontal leva a problemas de legibilidade, corrigidos no gráfico inferior. Finalmente, marcas, bordas e linhas de grade horizontais são substituídas por uma grade branca, mais limpa. O efeito é um gráfico mais limpo e compacto, que transmite mais imediatamente as tendências de volume de produção em 2006.

Deixe os gráficos falarem

Em relatórios A3, se algo pode ser comunicado graficamente, então deve sê-lo. Mas, dada a escassez de espaço em um A3, a redundância com o texto deve ser evitada; simplesmente, deixe o gráfico contar a história por si só. Uma última observação: em geral, é uma boa ideia explicitar a fonte dos dados.

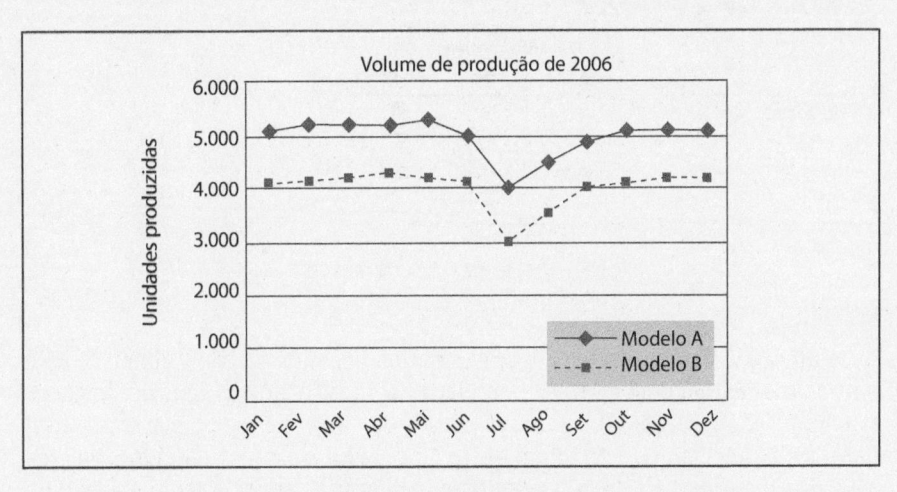

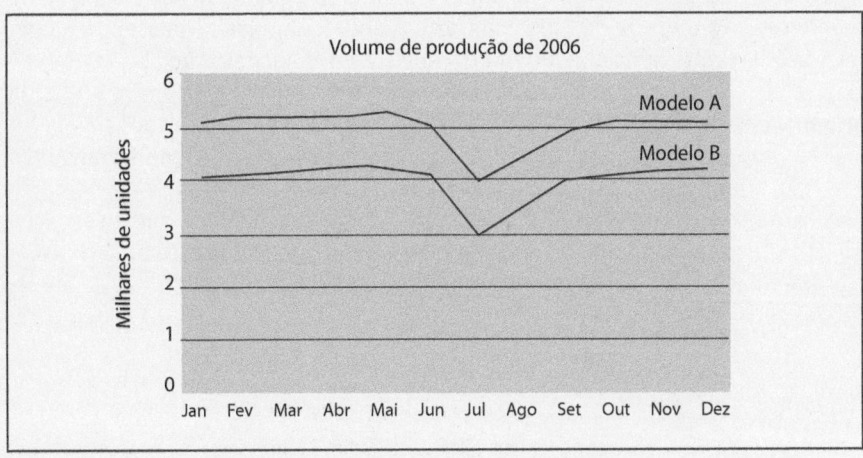

Figura 6.3 Comparação de gráficos.

Tabelas

As tabelas também são um modo útil de organizar e comunicar um conjunto de dados ou ideias complexas eficientemente. As regras gerais para tabelas são semelhante àquelas dos gráficos: seja simples, use um visual limpo, faça com que os dados (e, portanto, a mensagem) se destaquem. Em nossa experiência, a eliminação das linhas verticais e o uso mínimo de linhas horizontais cria uma tabela limpa, esteticamente agradável e de fácil leitura. Um exemplo se encontra na Tabela 6.1.

Tabela 6.1 Tabela de exemplo

	Alternativas		
	A	B	C
Velocidade	▲	×	●
Precisão	●	▲	●
Custos	●	×	●
Peso	×	●	▲

Resumo

Os relatórios A3 são concisos e claros. Um dos desafios ao criar relatórios A3 é sintetizar e destilar uma grande quantidade de informação aos seus pontos mais marcantes e, então, comunicar esses pontos de modo claro e persuasivo. Mas a clareza e a precisão que resultam desse tipo de pensamento é um dos valores reais dos relatórios A3 e é o que ajuda a melhorar a capacidade de solução de problemas e tomada de decisões nas organizações. Em geral, é fácil escrever um relatório bastante conciso e que deixa de fora informações cruciais. Também é fácil (mas talvez não tanto) escrever um relatório longo e que contém todas as informações potencialmente relevantes, sem ser claro. Destilar todas as informações sobre um assunto complexo até chegar a seus pontos mais marcantes e, então, criar um modo de comunicá-los com concisão e eficácia é um trabalho duro! É preciso que o autor reflita sobre qual é a mensagem e o que é essencial que o público saiba para agir com base nas informações. Também é preciso saber o inverso, o que não é crítico e pode ser deixado para a documentação de apoio. Mas as recompensas valem o esforço.

Notas

1. Para um tratamento mais completo de gráficos de dados e tópicos relacionados, ver: R. Harris, Information Graphics—A Comprehensive Illustrated Reference (New York: Oxford University Press, 1999); E. Tufte, Envisioning Information (Cheshire, CT: Graphics Press, 1990); G. Zelansky, Say It with Charts (New York: McGrawHill, 2005); G. Zelansky, Say It with Presentations (New York: McGraw-Hill, 2000).
2. E. R. Tufte, The Visual Display of Quantitative Information (Cheshire, CT: Graphics Press, 1983).

Estruturas de apoio 7

Até o momento, discutimos bastante as rigorosas abordagens de solução de problemas e a comunicação eficiente promovida pela disseminação dos relatórios A3, o que chamamos de pensamento A3. A seguir, apresentamos o conteúdo básico e a mecânica da confecção de relatórios A3, junto com exemplos e orientações sobre como escrever os três tipos básicos de relatório A3, com variações. Agora, voltamos nossa atenção a diversas questões maiores que, com base em nosso estudo e experiência pessoal trabalhando com documentos A3 no Japão e nos Estados Unidos, são importantes para a criação de um sistema de relatórios A3.

Para um indivíduo, escrever um relatório A3 é relativamente simples. E qualquer indivíduo pode melhorar sua eficácia pessoal com a elaboração e a comunicação regulares de relatórios A3. Mas, para aproveitar todo o potencial da ferramenta, o relatório A3 deve ser implementado em nível organizacional, ou seja, como parte de um sistema de relatórios A3. Isso porque o crescimento nos conhecimentos, habilidades e redes laterais organizacionais (não apenas individuais) gera tempos de resposta mais rápidos, menos erros, maior qualidade e maior capacidade geral de solução de problemas, com poucos custos adicionais. A meta não é simplesmente implementar uma nova ferramenta de gestão ou um programa que ajudará a organização a realizar melhorias incrementais; o objetivo é, na verdade, desenvolver um sistema flexível que desenvolva as habilidades e o *know-how* dos indivíduos, ao mesmo tempo em que trabalha problemas que de algum modo impedem a organização de superar suas metas e captura e dissemina a aprendizagem conquistada com a atividade de solução de problemas. A beleza do relatório A3 é que essa é uma ferramenta que pode ser usada para atingir todos esses objetivos com efeitos dramáticos, desde que seja implementada corretamente.

Quando trabalhamos com os primeiros usuários dos relatórios A3 em uma organização, as mesmas questões sobre estruturas de apoio aparecem repetidamente: o desenvolvimento de modelos padronizados; o controle do escopo; relatórios escritos ou computadorizados; armazenamento de documentos completos; e sistemas de aprovação e *coaching*. Esperamos que muitos leitores venham a ter as mesmas perguntas à medida que pensam sobre como criar um sistema de melhorias organizacionais baseado no relatório A3. Assim, neste capítulo, discutimos cada uma dessas questões em detalhe e contamos o que aprendemos e observamos que afeta o sucesso geral da utilização de relatórios A3. Pensar sobre esses pontos e resolvê-los no contexto de sua própria situação pode ajudar sua jornada de melhoria com uso de relatórios A3 a fluir melhor.

Modelos padrão

Inevitavelmente, um dos primeiros problemas que as organizações acham que devem enfrentar ao criar um sistema de relatórios A3 é o desenvolvimento de modelos padrão. Sempre nos perguntam: "Existe uma única melhor maneira de escrever relatórios A3?". Nossos achados e nossa experiência dão uma resposta curta: "Não". Não tente forçar a barra. Para facilitar sua aprendizagem e suas consultas futuras, esboçamos três tipos básicos de relatórios A3 nos capítulos anteriores. Eles podem ser vistos como modelos, mas a verdade é que, se você visitar a Toyota e pedir para ver cem A3s, ficará surpreso com a diversidade dos formatos. Cada relatório é desenhado especialmente para cada problema, questão e propósito específico de seu autor. Na verdade, na Toyota o único consenso é que existem três tipos básicos de A3!

Isso significa que não há padrões ou pelo menos um conjunto de crenças básicas que governem o uso dos A3s na Toyota? Novamente, a resposta é "não". Várias crenças e padrões básicos governam o uso de relatórios A3, e eles foram destacados nos capítulos anteriores. A confusão pode surgir em parte do significado cotidiano da palavra "padrão", em oposição ao seu uso na Toyota. Na maioria dos dicionários, a palavra "padrão" implica "uma regra", "um modo prescrito de agir". Em muitas operações, padrões seguem uma definição ainda mais estreita e costumam implicar uma sequência fixa de passos que devem ser completados dentro de dado período de tempo. A frase "temos um padrão de ação" implica que todos devem sempre seguir o método prescrito e nunca desviar dele.

Na Toyota, no entanto, o significado e a intenção da palavra "padrão" está mais próxima de outra definição: "base de comparação". Em outras palavras, é uma definição mais científica, semelhante àquela usada em pesquisas experimentais. Um padrão é necessário para podermos determinar se houve melhorias. Se o padrão mostra que o rendimento mudou (digamos, de 85 para 95%), então é possível afirmar com alguma confiança que houve uma melhoria. Se o padrão não mostrar nenhuma mudança, então a melhoria não ocorreu de verdade.

Na prática, os relatórios A3 são semelhantes a essa última noção do que é um padrão. O ponto principal é usar os A3s para resumir, apresentar, propor ou analisar processos e rotinas de trabalho diário, seguindo o ciclo PDCA. O objetivo não é escrever relatórios com linhas e caixas perfeitas ou aderir a uma maneira de escrever relatórios (um modo padrão de agir). O objetivo é, na verdade, melhorar usando uma abordagem estruturada, documentar a abordagem básica e os resultados de um modo consistente com os valores e práticas da empresa e comunicar a abordagem ao público adequado com sucesso. Assim, os modelos de A3 servem mais como base de avaliação (perguntar se a narrativa básica está clara e se possui todas as partes essenciais) do que como descrição estrita de como um relatório deve ser criado. No sentido mais amplo, as únicas coisas padronizadas em relatórios A3 são que todos se encaixam no padrão estruturado PDCA e começam com uma folha de papel A3 em branco.

Isso significa que qualquer relatório é aceitável e pode ser chamado de documento estilo A3? Claro que não. Como tentamos mostrar com o uso de exemplos e explicações, existem modos padronizados de criar relatórios A3 para diversas situações, mas sem perder a flexibilidade. Os Capítulos 3, 4 e 5 oferecem alguns modelos iniciais para começar sua reflexão e experimentação pessoal, e sua intenção é minimizar a frustração de correr sem sair do lugar. Sugerimos que as empresas usem essas formas básicas como "padrões", ou pontos de partida iniciais, com propósitos de aprendizado, mas que os usuários os considerem apenas orientações iniciais que devem ser adaptadas às circunstâncias específicas pelos autores do relatório, seguindo os princípios básicos do pensamento A3.

Um último aviso: quando a adesão a um modelo corporativo se torna essencial no uso de relatórios A3, o resultado final é sempre frustração, e o processo e a ferramenta se tornam ineficazes. Os esforços para padronizar e manter o controle quase sempre têm boas intenções. No entanto, quando a preocupação maior se torna o controle sobre a adesão ao método em vez das melhorias, o espírito criativo do *kaizen* costuma se perder. A forma derrota a substância. Um velho provérbio japonês diz, mais ou menos: "o tolo conhece apenas uma maneira de fazer as coisas". O significado implícito é que o especialista conhece diversas maneiras diferentes de realizar as tarefas, junto com os prós e os contras de cada uma. Considere a elaboração de relatórios A3 no mesmo espírito, usando a ferramenta e os modelos que oferecemos como pontos de partida para a organização de narrativas. O ponto principal, afinal, é a melhoria e a aprendizagem. A adesão ao ciclo PDCA e aos elementos básicos que descrevemos nos capítulos anteriores se mostrou uma abordagem eficaz e de longo prazo para melhorar o desempenho organizacional.

Onde começar

Ao observar participantes ansiosos por aprender a usar os relatórios A3, com frequência o escopo inicial do processo ou esforço de melhoria analisado é grande demais, o que provavelmente reflete a tendência humana de subestimar dificuldades ou a incapacidade de enxergar os detalhes de uma operação. Essa costuma ser uma lição dolorosa nos primeiros estágios do uso de relatórios A3.

A Toyota teve diversas décadas de experimentos e prática com A3s. Um padrão de aprendizagem de A3 surgiu, ao qual a maioria dos membros de equipe dentro da empresa adere ao ensinar a elaboração de relatórios A3 a alguém pela primeira vez. O ideal seria que os aprendizes praticassem a elaboração de relatórios A3 durante uma atividade de solução de problemas, e o escopo deve ser limitado a uma área controlada pelo autor do relatório. Em outras palavras, os iniciantes devem aprender a elaboração de relatórios A3 trabalhando em problemas pequenos, ainda que significativos, que estejam completamente sob sua área de responsabilidade.

Por que isso é importante? Quando o escopo é grande demais, o aprendiz em geral enfrenta diversos problemas fora de seu controle. Problemas com negociação, persuasão, controle, recursos e outros pontos semelhantes atrapalham a discussão. O foco em aprender os passos da produção de relatórios A3 é reduzido. Em alguns casos, os resultados não aparecem e a ferramenta não é valorizada como adequada a tais situações.

Na verdade, os relatórios A3 podem ser excelentes ferramentas para persuadir pessoas de maneira factual e racional. A ferramenta, quando usada corretamente, enfoca a descrição detalhada do processo e a discussão fria do que está errado ou do que pode ser melhorado e como pode ser melhorado. A discussão passa dos cinco "quens" para os cinco "porquês", mais benéficos. Mas é preciso tempo e treino para se tornar um bom praticante dessas técnicas. Assim, para aprender o pensamento A3 de modo mais incremental, sugerimos que sua primeira aventura na elaboração de um A3 seja simples e concentrada em um problema básico dentro do seu domínio, relativamente livre de interferências, o que permitirá que o aprendiz se concentre no processo A3 sem a complexidade da política interna da empresa e outras questões. À medida que a confiança e a habilidade no processo A3 aumentam, problemas mais amplos e complexos podem ser trabalhados com a ferramenta, com maior chance de sucesso.

O segundo problema com controle de escopo é que quanto maior o tópico, mais tempo é preciso para resolver o problema. Coleta de dados, entrevistas e análise de inúmeras operações podem ser necessárias. Assim, é claro, é o mundo real em que vivemos e trabalhamos. E os relatórios A3 também funcionam de verdade nesse mundo, pois podem ser usados para enquadrar problemas amplos, assim como questões técnicas mais profundas. A realidade é que problemas interfuncionais costumam exigir mais tempo e persuasão para convencer pessoas e conseguir dar partida no processo. Esse período de tempo pode ser uma barreira significativa para a aprendizagem.

Para o propósito da aprendizagem inicial, nossa experiência sugere que um tópico que pode ser completado em 2-4 semanas é ideal para um primeiro projeto. O problema não precisa ser grande ou muito complexo. O importante é completar o ciclo PDCA e demonstrar os passos de elaboração de relatórios A3. Assim, a aprendizagem e o *feedback* podem acontecer rapidamente, enquanto ainda estão relevantes e frescos na mente do aprendiz. Se o escopo do A3 for grande demais, o aprendizado inicial e o ciclo de *feedback* ocorrem muito vagarosamente e pontos-chave perdem-se. Assim como golfe ou qualquer projeto relacionado a suas habilidades, sugerimos tentar sessões de treino curtas e mais frequentes no começo e, mais tarde, começar a tentar acertar alvos mais difíceis para testar sua capacidade.

Relatórios A3 escritos a mão ou feitos no computador

Outra pergunta comum que sempre ouvimos é se é melhor escrever os A3s a mão ou no computador. Tendo aprendido a fazer a mão, somos muito favoráveis a começar com essa opção, por diversos motivos. Nesta seção, descrevemos os prós e contras de cada método e explicamos nossa posição geral.

Quando a Toyota e outras empresas começaram a criar relatórios A3 na década de 1960, a dúvida entre relatórios escritos a mão ou no PC não era problema. Havia *mainframes* na época, mas nem os PCs nem os *laptops* haviam aparecido no mercado. Os computadores pessoais começaram a ser usados na Toyota na segunda metade da década de 1980, e os *laptops* se tornaram a regra entre os funcionários em meados dos anos de 1990. Assim, historicamente, a regra no começo do relatório A3 era criar os relatórios a mão. Em retrospecto, esse evento pode ter sido uma vantagem em diversos aspectos.

Uma seção crucial do A3 é a representação da situação atual, o segundo ou terceiro passo principal na elaboração da maioria dos relatórios A3. Usando um computador para confeccionar um relatório, a tendência imediata é fazer uma lista com diversos itens. Por exemplo:

- *Lead time* longo
- Acúmulo de muito estoque entre processos
- Fluxo de informações empurrado
- Múltiplos pontos de programação no processo

Apesar dessa descrição do estado atual de produção nesse exemplo não estar enganada, as palavras são de nível relativamente alto e generalizantes. As palavras não criam muito bem uma imagem, e pessoas diferentes na mesma plateia costumam pensar em imagens diferentes do que está sendo descrito. Além disso, as melhores contramedidas costumam ser motivadas pelos detalhes de cada situação, então descrições de alto nível não são muito úteis para a realidade da solução de problemas.

Um modo de combater essa tendência é insistir em algum tipo de figura ou imagem visual. Criar uma imagem do processo possui diversos benefícios. Em geral, ela força o autor do relatório a colocar mais detalhes sobre o processo do que simples palavras. Normalmente, exige a realização de diversos exames em primeira mão, em vez de depender da memória. E envolve partes diferentes do cérebro no raciocínio sobre o processo. Ao desenhar a condição atual em cores vivas, subitamente mais questões e sugestões surgem e o autor também tem outras ideias. É uma boa técnica para estimular o raciocínio, assim como para compartilhar informações com velocidade e eficácia.

Como exemplo, considere a imagem de estado atual apresentada na Figura 7.1 para o mesmo problema. A imagem transmite muito mais riqueza de informação, incluindo as diferentes entidades envolvidas, como se relacionam entre si e quais são os parâmetros importantes para o problema. Além disso, é mais fácil ver que o *lead time* de produção é de 23 dias, e a pergunta crítica "por que" começa a aparecer. A resposta não está na figura, é claro; os fatos estão no local de produção e exigirão diversas idas ao chão de fábrica para contar estoques, verificar tempos de *setup* e analisar métodos de programação, para determinar em detalhes mais quantitativos por que o *lead time* é de 23 dias. Por exemplo, um próximo passo poderia ser separar os 23 dias em algum tipo de gráfico de Pa-

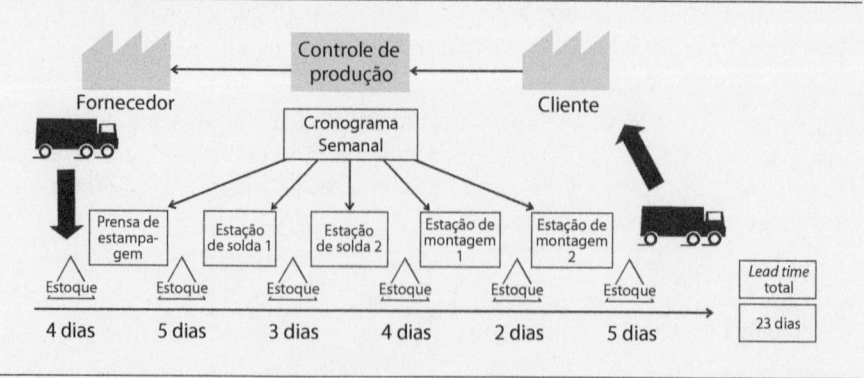

Figura 7.1 Estado atual das Indústrias Acme.

reto para determinar que parte de cada estação ocupa a maior parte do tempo e, então, realizar análises ainda mais detalhadas para as estações com os maiores atrasos. O ponto principal é que toda essa investigação é provocada pela imagem e a curiosidade de descobrir o porquê em mais detalhes. Palavras isoladas (como "o *lead time* é muito longo") em geral não têm o mesmo efeito.

Mas, então, o que há de errado em criar a imagem usando um aplicativo? O uso de computadores para gerar relatórios A3 apresenta muitos benefícios; na verdade, os computadores são cada vez mais usados dentro da Toyota para gerar A3s (ou relatórios A4, cada vez mais comuns, que possuem a metade do tamanho dos A3s). As vantagens são óbvias: facilidade de edição, impressão clara, armazenamento e recuperação fácil, disseminação facilitada (especialmente para equipes geograficamente dispersas), capacidade de incorporar imagens digitais, e assim por diante. O problema que descobrimos é que quando os novatos aprendem a criar A3s no computador, sua escolha natural de aplicativo é um processador de texto. A capacidade de desenhar imagens nesse tipo de programa está melhorando, mas ainda é bastante limitada e tosca, especialmente quando se trata de curvas e formas complexas. O solucionador de problemas, então, se esforça mais mentalmente tentando fazer com que o programa desenhe a imagem que ele quer do que entendendo os elementos importantes sobre o problema. Para resolver esse problema, é possível usar programas desenvolvidos especificamente para criação de imagens, mas então enfrentamos a questão de realmente criar um relatório ao redor da imagem. Assim, o mesmo problema básico continua: concentrar-se em como fazer com que a máquina faça o que você quer em vez de concentrar-se no problema do local de trabalho. Os mesmos problemas são transferidos a outras seções do relatório.

A outra vantagem dos relatórios A3 escritos a mão é que eles podem ser gerados rapidamente no local, o que permite a rápida captura dos dados de observações, informações de entrevistas, e assim por diante. Também permite *feedback* rápido: "Olha, acabo de desenhar uma imagem de como entendo que o processo funciona. Está consistente com o seu entendimento?". Em contextos como fábricas e hospitais, em que o acesso a computadores pode ser limitado ou em que os participantes nunca ficam parados, uma simples ferramenta que pode ser desenhada a mão pode ter até mesmo maior receptividade. Na verdade, pesquisas sobre objetos limítrofes indicam que comunicação escrita a mão tende a gerar discussões maiores e mais ricas do que objetos computadorizados, simplesmente porque a primeira é considerada menos permanente.[1]

Por esses motivos, recomendamos que você comece criando os A3s a mão, especialmente quando se trata de retratar a situação atual. Em nossa experiência, não fazer isso sempre leva ao mesmo padrão geral: o autor escolhe o caminho mais fácil e digita uma lista de itens altamente subjetivos e qualitativos, o que reduz o valor da seção de condição atual do relatório e em, geral, inibe a capacidade do aprendiz de ver o problema real no processo e inferir qualquer causa fundamental. Além disso, também inibe a capacidade do autor do relatório A3 de comunicar a condição atual a qualquer público que não conheça bem o processo. O mesmo motivo se estende ao resto do relatório. Assim, acreditamos que se dar ao trabalho de fazer seus primeiros A3s a mão é um investimento que produzirá muitos dividendos. Mais tarde, os relatórios podem ser colocados em formato eletrônico, se necessário.

Mesmo que as versões eletrônicas dos A3s sejam necessárias em sua organização, ainda recomendamos que comece a criar os relatórios a mão antes de passar para o computador. Os exemplos de A3 neste livro foram todos formatados eletronicamente, mas todos foram criados a mão antes de serem formalizados em formato eletrônico. De certo modo, essa abordagem reúne o melhor de dois mundos. O pensamento mais crítico em termos de compreensão do problema, necessidades do público, estrutura do relatório e mensagem geral e, até mesmo, a obtenção de *feedback* rápido podem ser pensados sem os obstáculos da tecnologia. Ainda assim, a versão eletrônica da versão próxima da final tira vantagem dos seus benefícios.

Coaching

Parte da força da ferramenta A3 é que ela aumenta a visibilidade do raciocínio do solucionador de problemas, o que permite melhor *coaching* e mentoramento. Assim como na maioria dos esportes, um pouco de *coaching* e orientação sobre a elaboração de um A3 eficaz pode fazer toda a diferença. Quase todo o treinamento real na Toyota acontece na prática, e não em ambientes de sala de aula. Isso funciona bem quando há bastante talento experiente para ser compartilhado, como no caso da Toyota. Mas o que empresas ou indivíduos que estão recém começando podem fazer? Temos três sugestões sobre como seguir em frente.

A primeira sugestão é usar este livro como guia. Este livro contém mais detalhes sobre como escrever relatórios A3 do que os próprios documentos de treinamento da Toyota Motor Corporation (em parte porque a Toyota não precisa de mais detalhes, já que tanta aprendizagem ocorre no próprio trabalho). Este livro é nossa tentativa de codificar alguns padrões de pensamento, práticas melhores e lições aprendidas, para que partes interessadas fora da Toyota possam aprender sobre a ferramenta e o processo. Não seria possível antecipar todas as perguntas ou necessidades, mas esta é nossa melhor tentativa de oferecer um ponto de partida. Na verdade, seria possível escrever um livro sobre solução de problemas A3 em contextos específicos, como engenharia, desenvolvimento de produtos ou hospitais, respondendo a muitas perguntas detalhadas. No entanto, este livro pretende destacar os pontos principais sobre a confecção de relatórios A3 em um nível maior, ao mesmo tempo que tenta manter profundidade suficiente para que qualquer leitor possa começar a experimentar com a ferramenta por conta própria, independentemente de seu ambiente de trabalho.

Uma segunda sugestão é buscar *feedback* sobre seu A3 de pessoas que respeita e confia dentro de sua organização, mesmo que não tenham experiência com relatórios A3. Por exemplo, se você tem sorte de ter um mentor e *coach* natural em seu trabalho, compartilhe seu rascunho com essa pessoa, buscando conselhos e opiniões. A qualidade do *feedback* pode variar, mas, na maior parte dos casos, qualquer pessoa com boa capacidade de solução de problemas e habilidades gerenciais pode dar bons conselhos e melhorar sua perspectiva sobre o assunto. Essas pessoas também o ajudam a descobrir se o problema é consistente com as prioridades da organização e por quê.

Simplesmente pedir que muitos indivíduos diferentes comentem sobre o rascunho de seu A3 pode ser bastante útil. Especialistas internos em cada assunto podem revelar ideias interessantes sobre o processo em questão. O *feedback* de diversas partes sobre a seção de condição atual ajuda a garantir que você cobriu o processo com amplitude e profundidade suficientes. Ouvir as opiniões de diversas fontes pode equilibrar os pontos de aprendizagem obtidos dos indivíduos isolados. Apesar de não ser ideal, essa abordagem também permite que você receba *feedback* prático de diversas fontes. No fim das contas, no entanto, você precisará decidir por si mesmo quais partes do *feedback* são mais importantes para seu relatório A3.

Buscar conselhos de bons solucionadores de problemas dentro de sua organização também pode ser bastante útil para o seu desenvolvimento, mesmo que não sejam especialistas no problema que você está investigando. Como o pensamento A3 deriva do método científico e do estilo PDCA de solução de problemas, um solucionador de problemas habilidoso deve ser capaz de lhe oferecer *feedback* valioso sobre a qualidade do seu raciocínio e a lógica de suas conclusões. O ideal seria que a mesma pessoa fosse mentor, especialista no processo e solucionador de problemas; quando isso não é possível, no entanto, procure várias pessoas.

Uma última possibilidade que você pode querer investigar é a obtenção de ajuda ou conselhos de um consultor que conheça a elaboração de relatórios A3. Devido à expansão da Toyota na América do Norte e Europa, o número de ex-funcionários da empresa que se tornaram consultores está aumentando. Muitos são excelentes conhecedores dos elementos básicos da elaboração de A3s e podem lhe ajudar a começar sua jornada de aprendizagem. Mas lembre-se de que nem todo mundo que trabalhou na Toyota é necessariamente bom em relatórios A3, assim como nem todo mundo que trabalhou na General Electric é especialista em Seis Sigma. Se decidir buscar *coaching* externo, peça para ver exemplos de A3s completos a fim de ter alguma ideia de como essa pessoa ensinaria a criação de relatórios A3 em sua empresa. Se você gostar dos relatórios, ela pode ser uma boa opção. Se não, aproveitar ao máximo os recursos internos provavelmente é o caminho certo.

Aprovação

Ligado ao *feedback* e ao *coaching* está o processo de aprovação de relatórios A3. Em seus esforços iniciais de confecção de A3s, esse tópico não é uma preocupação importante. No entanto, à medida que o uso do documento começa a conquistar aceitação, a aprovação se torna cada vez mais importante. Para ilustrar a importância de ter um processo de aprovação, compartilhamos aqui as experiências de um dos autores enquanto trabalhava no Japão.

Quando uma nova fábrica de motores foi estabelecida em uma das instalações da Toyota na América do Norte, diversas linhas de usinagem automatizadas foram instaladas para produzir componentes de motores. Em um caso especial, um sistema de carregamento de máquinas para um centro de usinagem de virabrequins envolvia um novo estilo de ponte rolante aérea. Depois de vários meses de produção normal, problemas de funcionamento começaram a aparecer a cada 2 ou 3 meses, em média. Isso continuou por um certo tempo até que se tornou um problema grande o suficiente para transformar-se em uma das cinco maiores causas de parada de máquina em toda a fábrica. A causa principal foi identificada corretamente como uma especificação incorreta dos rolamentos usados na ponte rolante. Os cálculos de engenharia indicaram que, sob o peso existente, o rolamento falharia mais ou menos a cada três meses, e com regularidade era isso mesmo que acontecia. As possíveis ações de melhoria incluíam o seguinte:

- Instalar rolamentos maiores do mesmo tipo, o que exigiria redesenhar porções significativas da ponte rolante.
- Substituir os rolamentos a cada três meses, em um cronograma de manutenção preventiva, o que exigiria quase 20 horas de trabalho no fim de semana a cada vez.
- Mudar de rolamentos engraxados simples para rolamentos engraxados contínuos e estabelecer um sistema de lubrificação centralizado, ao custo de 120.000 dólares.

Casos como esse ilustram uma necessidade clara de um processo de aprovação. Seria possível defender ou rejeitar cada uma dessas soluções, dependendo das necessidades do momento, dos níveis orçamentários, do cronograma e da responsabilidade contratual do fabricante do equipamento. Se a pessoa escrevendo o A3 tiver permissão de tomar a decisão sozinha, é possível que aja com uma perspectiva estreita demais e não siga absolutamente os interesses da empresa.

Na Toyota, a aprovação de planos de ação na maioria dos A3s é exigida pela obtenção de assinaturas de pelo menos dois níveis acima da pessoa autora do relatório. A lógica é que isso em parte mantenha o pessoal sênior por dentro do trabalho realizado pelos subordinados em seu departamento. Em segundo lugar e talvez acima de tudo, o pessoal sênior em geral possui uma experiência mais ampla, possivelmente até já tenha visto situações semelhantes antes, e pode dar conselhos específicos sobre como proceder. O terceiro motivo é simplesmente que a aprovação costuma afetar orçamentos, e decisões sempre precisam ser realizadas dentro do contexto da boa governança fiscal. O pessoal sênior geralmente está em melhor posição para comentar sobre esses assuntos do que a pessoa que elaborou o relatório, ou pelo menos pode exigir a presença de justificativas econômicas no relatório A3.

Assim, algum tipo de sistema de aprovação é necessário para que a ferramenta de relatório A3 evolua e se transforme de fato em um sistema. A convenção da Toyota pode não ser apropriada para todas as organizações, mas alguma forma de convenção deve ser estabelecida para que os A3s conquistem mais aceitação na prática. Algumas ideias:

- Exigir assinaturas de diferentes pessoas em posições de autoridade para diferentes fases de realização. Por exemplo, o histórico e a condição atual podem ser verificados pelo supervisor imediato, mas um A3 completo deve ser aprovado pelo chefe do supervisor antes de poder ser arquivado e disseminado amplamente.
- Estabelecer diretrizes orçamentárias para projetos de melhoria. Por exemplo, chefes de departamento podem aprovar gastos de até 5.000 dólares, enquanto gerentes gerais talvez possam autorizar quantias de até 50.000 dólares. Quantias maiores geralmente precisam de aprovação de outras pessoas na organização. Do mesmo modo, dependendo dos custos envolvidos, a aprovação de relatórios A3 pode passar por níveis de gerência cada vez maiores.
- Determine a autoridade de aprovação com base no escopo do A3. Projetos estritamente intradepartamentais precisam apenas da assinatura do chefe do departamento, enquanto problemas interdepartamentais precisam das assinaturas dos chefes dos principais departamentos envolvidos e de seus superiores.

A maior parte dos A3s, no entanto, pode ser escrita, solucionada e implementada no nível de equipe de trabalho dentro da organização. Em nossa experiência, a maioria envolve mais criatividade do que capital. A Toyota possui a prática interessante de aplicar um carimbo pessoal (chamado de *hanko* em japonês) nos documentos quando eles são aprovados. Basta olhar para o canto superior direito da página e você sabe quem já aprovou o A3 dentro da empresa. Os carimbos de aprovação dão credibilidade em muitos casos, ou indicam que o A3 ainda está em fase de discussão em outros, mas ambos os pontos são importantes ao ler um A3.

Uma empresa com a qual estamos trabalhando está adotando o processo de estabelecer uma ética de gestão por proposta entre sua gerência. Em vez de supervisores dizendo aos subordinados o que fazer ao enfrentarem um problema, eles pedem aos subordinados que proponham soluções aos problemas na forma de relatórios A3. Isso ao mesmo tempo aciona a energia criativa de todos os indivíduos no grupo e cria oportunidades riquíssimas de mentoramento.

Armazenamento e recuperação

Uma última pergunta que surge com frequência é: "O que eu faço com o relatório depois de ele ser completado e aprovado? Seria bom disponibilizá-lo para referência futura." Concordamos que seria bom mesmo, especialmente considerando que os A3s capturam muito do pensamento e da aprendizagem; mas a questão do armazenamento e da recuperação não é, em nossa opinião, um sucesso estrondoso em termos de adoção da ferramenta.

A Toyota usa um método informal e altamente descentralizado para armazenar relatórios A3. Cada pessoa guarda seus próprios relatórios em uma gaveta ou em seu *laptop*. Os relatórios são enviados por e-mail ou fotocopiados quando necessário. O conhecimento de quem escreveu um relatório sobre um dado assunto não é centralizado, mas se encontra na rede organizacional geral de contatos. Outro motivo pelo qual a Toyota exige aprovação de dois níveis superiores ao autor é aumentar a amplitude e a visibilidade de quem fez o quê. Se o A3 contém algum avanço de aprendizagem importante, ele é indicado para inclusão na revista trimestral de engenharia da empresa, a Toyota Technical Review. Outros avanços técnicos detalhados também são compilados em padrões atualizados, como as Regulamentações de Produção da Toyota e os Padrões de Produção da Toyota. A maioria dos A3s, no entanto, ainda fica guardado principalmente em gavetas ou *laptops* individuais.

À medida que maiores quantidades de relatórios A3 são geradas, pode ser importante possuir um método mais centralizado de armazenar, buscar e recuperar os relatórios, para que o conhecimento gerado e capturado possa ser acessado e reutilizado em instâncias futuras de solução de problemas. Um jeito fácil de fazer isso com A3s eletrônicos é usar as novas tecnologias de busca. Relatórios A3 completos e aprovados podem simplesmente ser salvos em arquivos compartilhados e, então, buscados com um aplicativo, como o Google Desktop, por qualquer pessoa com acesso. Não seria demais imaginar um banco de dados centralizado de armazenamento de A3s, ou mesmo aplicativos especializados para criação, aprovação, armazenamento e recuperação de relatórios. Apesar de essa infraestrutura poder ser útil, o primeiro passo é construir dentro da organização uma forte capacidade de criar documentos úteis e significativos. É apenas depois que essa capacidade foi estabelecida que recomendamos refletir sobre sistemas sofisticados de armazenamento e recuperação.

Resumo

Este capítulo cobriu diversos pontos básicos relativos a estruturas de apoio para um sistema de melhoria organizacional baseado na confecção de relatórios A3. Diversos desses pontos são críticos para garantir o sucesso na criação de relatórios A3 úteis e de alta qualidade. Gostaríamos de enfatizar especialmente os seguintes pontos:

- Não se torne escravo de um formato, use o formato como padrão para começar a escrever seus próprios A3s.
- Preste bastante atenção no controle de escopo, especialmente ao começar. Em sua primeira tentativa, comece com algo relativamente fácil e dentro de seu domínio.
- Dependa de imagens feitas a mão, especialmente no começo, para a condição atual e outras seções do A3 em que imagens ou gráficos funcionam melhor do que figuras. Depois que se tornar mais hábil ou o conteúdo for finalizado, passe para formatos eletrônicos. Acima de tudo, evite a armadilha de listar itens, uma prática que é 100% inaceitável dentro da Toyota, pois não desenvolve o processo de pensamento.
- Encontre um bom mentor ou *coach* de solução de problemas (ou talvez uma pequena rede de *coaches*) que possa dar *feedback* útil sobre seus A3.
- Estabeleça algumas diretrizes práticas para a aprovação de relatórios A3. Isso pode ser feito com a criação de certos níveis organizacionais de aprovação ou com a ligação do relatório a um tipo de processo de aprovação de orçamento quando custos estão envolvidos.
- Métodos simples e descentralizados de armazenamento e recuperação de relatórios A3 em sua empresa são, pelo menos inicialmente, suficientes para começar a jornada A3.

Notas

1. K. Henderson, "Flexible Sketches and Inflexible Databases: Visual Communication, Conscription Devices, and Boundary Objects in Design Engineering". Science, Technology, and Human Values, vol. 16, no. 4 (1991): 448—73.

Conclusão 8

Por todo este livro, apresentamos os princípios básicos do pensamento A3. Agora que você já entende os princípios do material, esperamos que passe algum tempo praticando essas valiosas habilidades. Como tudo na vida, é impossível dominar esse assunto de uma só vez ou em muito pouco tempo. A habilidade de elaborar relatórios A3 de alta qualidade aumenta com tempo, treino e esforço. A maior parte dos gerentes da Toyota passou algumas dezenas de anos escrevendo nesse estilo e ainda está afinando suas habilidades diariamente.

Tínhamos vários objetivos em mente ao escrever este livro sobre o pensamento A3. Para os iniciantes, sua intenção era ser um guia introdutório aos elementos fundamentais do A3 para um público geral de profissionais interessados em se tornarem praticantes do material. Em todas as indústrias e setores da economia, gerentes e outros profissionais precisam enfrentar problemas e propor mudanças para poder melhorar. Na verdade, a Toyota usa relatórios A3 em todos os aspectos de seu negócio, desde a produção até engenharia, compras, vendas e finanças. Assim, tentamos realizar descrições gerais que podem ser transferidas a diversos setores. Segundo, este livro pretende ser um veículo de treinamento introdutório, incluindo exemplos, ilustrações e exercícios curtos sobre como começar a aprender. Treine este material como sugerimos e você estará começando a melhorar suas habilidades na área. Terceiro, esperamos que este livro funcione como material de referência conforme você avança em sua jornada de aprendizagem. De tempos em tempos, conforme trabalha na confecção de seus A3s, esperamos que volte a este material e revise as partes mais importantes de cada capítulo.

Agora, vamos revisar os pontos principais destacados nos capítulos anteriores e tentar sintetizá-los dentro de um arcabouço teórico que, esperamos, agora seja mais familiar.

Concluímos com alguns conselhos específicos. A releitura ocasional desta conclusão ajudará você a lembrar de alguns dos pontos principais do livro sem precisar reler todos os capítulos. Quando precisar de mais detalhes, você sempre pode consultar um capítulo específico, conforme for necessário.

O PDCA e a eficácia gerencial

O Sistema Toyota de Produção (STP) existe há mais de 50 anos e não para de prosperar. O STP é uma constante na mídia popular há quase 20 anos. Inúmeros artigos foram escritos e inúmeras tentativas de explicar o sistema foram realizadas durante as últimas décadas. Diferentes livros foram escritos em detalhes sobre as ferramentas e o sistema, e vários são ótimos. É interessante que os livros sobre o STP mais vendidos no Japão são de autores ocidentais, como Jeffrey Liker, Daniel Jones e James Womack. Uma avaliação um pouco autocrítica da situação, no entanto, é que, apesar de nós, ocidentais, termos aperfeiçoado bastante o trabalho de descrever e discutir o sistema, infelizmente ainda não aperfeiçoamos o trabalho de implementá-lo por conta própria.

Para ser justo, a maior parte das empresas ainda está dando os primeiros passos de suas jornadas enxutas. A implementação rigorosa do STP começou na Toyota, por volta de 1950. Mas o STP de meados da década de 1950 não era mais do que algumas eficientes usinagens sob o comando de Taiichi Ohno e Eiji Toyoda. Levou anos para que o STP se espalhasse e se firmasse por toda a empresa. As primeiras áreas-piloto eram chamadas de "Linhas de Ohno", e era isso mesmo que eram: pilotos e experimentos para aprender a aplicar o STP.

O interessante é que a Toyota não se deu ao trabalho de documentar, ou mesmo de começar a chamar seu sistema de STP, até mais ou menos 1973. Até então, a empresa se contentava em resolver problemas e continuamente melhorar a qualidade, baixar os custos, aumentar a produtividade e melhorar outras métricas importantes, ao mesmo tempo em que desenvolvia os recursos humanos. Não havia necessidade de um nome oficial, pois todos compreendiam internamente que esse era o jeito como as coisas eram feitas dentro da empresa. Em 1973, no entanto, o Departamento de Educação e Treinamento da Toyota redigiu o primeiro manual para descrever o STP. O prefácio foi escrito pelo ex-vice-presidente de produção, Taiichi Ohno, e o ex-presidente Fujio Cho foi um dos principais colaboradores. O editor do documento foi Isao Kato, que graciosamente ofereceu alguns conselhos sobre a redação de Entendendo o Pensamento A3.

Na página 3 do primeiro manual de STP, os autores oferecem o importante conselho: "O STP foi construído sobre uma mentalidade científica. Há vários problemas no chão de fábrica. É importante começar com esses fenômenos e buscar a verdadeira causa fundamental, rastreando os problemas até sua origem. Em outras palavras, damos muita importância à descoberta dos fatos."[1]

A base desse pensamento, de acordo com Isao Kato, vêm de diversas fontes. A primeira foi simplesmente a cultura da empresa, desde seus fundadores, Sakichi Toyoda e seu filho Kiichiro. Ambos eram engenheiros e inventores famosos no Japão e estabeleceram a cultura inicial da Toyota e seu espírito inovador. A segunda matéria-prima foi a personalidade marcante de Taiichi Ohno e sua insistência em ir ao chão de fábrica (ou *genba*) para observar a situação em primeira mão e identificar a causa de qualquer problema. O título que deu a seu prefácio ao manual sobre STP de 1973 foi "A Prática Acima da Teoria". Tanto em palavras quanto em ações, Ohno moldou a cultura do chão de fábrica e da gerência com o poder de sua personalidade e força de vontade. A terceira foi a exposição aos conceitos americanos de gestão predominantes nas décadas de 1950 e 1960, como o material de Treinamento Dentro da Indústria (TWI), assim como a filosofia básica do ciclo Planejar-Executar-Verificar-Agir (PDCA).

A influência coletiva dessas fontes, além de diversas outras, ajudou a estabelecer a mentalidade inicial da empresa. Os problemas eram oportunidades a serem resolvidas ou melhoradas, e não a serem ignoradas. As ferramentas familiares aos praticantes de hoje da produção enxuta (*kanban*, mapeamento do fluxo de valor, trabalho padronizado, etc.) não eram ensinadas e treinadas no começo. Esses itens foram derivados e desenvolvidos como contramedidas ou técnicas de análise durante o processo de resolver problemas específicos.

O desenvolvimento de uma ferramenta de produção enxuta específica, a técnica de troca rápida de ferramentas (TRF), é um caso interessante.[2] Um dos autores teve a oportunidade de entrevistar Katsuya Jibiki, o ex-chefe das estamparias da Toyota. Ao perguntarmos sobre como a TRF foi desenvolvida e implementada na década de 1960, ele balançou a cabeça e disse: "Não foi bem assim que aconteceu".[3] Em vez da invenção e implementação de um programa de TRF, ele nos contou a história de como estavam tentando melhorar a disponibilidade operacional das prensas e resolver o problema das peças que não estavam sendo disponibilizadas para a soldagem a tempo e, por consequência, também não estavam chegando às áreas de montagem final.

A situação ou sintoma corrente no momento era a fabricação das peças erradas, na hora errada e em lotes de tamanho excessivos. Os tamanhos de lote eram grandes porque o tempo de troca de ferramenta (no caso, da matriz de estampagem) era longo demais. Análises indicaram que havia diversos motivos para o processo de troca ser tão demorado, como falta de preparação, movimentos excessivos, métodos grosseiros de alinhamento de matrizes e diversos problemas menores. A consequência foi diversos anos de trabalho de solução de problemas, máquina por máquina, implementando planos de ação específicos em resposta a problemas específicos que contribuíam para os tempos de troca longos. Finalmente, o departamento conseguiu atingir um tempo de troca médio de 15 minutos em 1962, de um número inicial de diversas horas.[4] Máquinas de estampagem menores já estavam na casa de um minuto nessa época. Os engenheiros de estampagem espalharam os métodos que deram certo para as outras áreas e, mais tarde, para as novas máquinas. Assim, os métodos específicos foram codificados para a redução do tempo de troca; boa parte desse trabalho é o que hoje conhecemos como TRF. Em outras palavras, o processo estava bastante alinhado com o que chamamos de pensamento A3 neste texto, além de ser muito consistente com o método científico e o estilo PDCA de solução de problemas.

O pensamento A3

Chamar o pensamento A3 de "solução de problemas" é injusto com o tema e com os esforços da Toyota para desenvolver seus recursos humanos durante as últimas décadas. Se solução de problemas e treinamento fossem tudo, o mundo fora da Toyota já teria sido capaz de copiar seu sistema de produção. O sistema de produção da Toyota inclui, é claro, crenças e ações específicas sobre como programar a produção e produzir dentro de um *takt time*, como padronizar as práticas de trabalho, como ter qualidade intrínseca e como realizar manutenção do maquinário, por exemplo. Essas práticas específicas de cada tema foram parte do escopo de muitos outros trabalhos e não são o tema deste livro. Em vez disso, tentamos mostrar o padrão de pensamento ou paradigma comum por trás do desenvolvimento e da implementação prática dessas ferramentas e técnicas.

Mais especificamente, como observamos no Capítulo 2, o estilo de pensamento geral que cerca os A3s dentro da Toyota pode ser caracterizado por um punhado de elementos inter-relacionados. A primeira característica marcante é o processo de raciocínio lógico. Nem o pensamento A3, nem o Sistema Toyota de Produção é misterioso quando é explicado pela pessoa responsável por sua respectiva área. É apenas um método eminentemente lógico de abordar a situação dentro do próprio nível de controle. O apresentador na Toyota geralmente se esforça bastante para explicar que, apesar de não ser ideal, o que se vê é o melhor estado possível com o uso dos métodos atuais.

A segunda característica saliente do pensamento A3 é a objetividade. Na Toyota, os funcionários são instruídos a realizarem caracterizações detalhadas, quantitativas e específicas do estado atual ou de qualquer forma de solução de problemas. O motivo é que as opiniões subjetivas não têm espaço na ciência, na engenharia ou no processo básico de *kaizen*. A causa principal da maioria das discussões e reuniões inúteis é a incapacidade do pessoal da organização de falar em termos objetivos. O resultado é que as trocas de opinião ficam acaloradas e as posições se endurecem. Na Toyota, a ênfase principal está em chegar à causa fundamental do problema, perguntando os "cinco porquês" sempre que necessário. A ênfase está em ensinar os aprendizes a verem o processo claramente, e não meramente cair na armadilha de culpar algum grupo ou indivíduo.

Além disso, a gerência da Toyota enfatiza bastante os resultados e o processo. Mais recentemente, isso passou a ser conhecido como o Modelo Toyota. A pressão de desempenho aplicada a todos os aspectos do negócio é necessária para atingir resultados de classe mundial. Qualquer empresa que pretenda ter os mais altos volumes, os mais altos lucros e a mais alta qualidade em seu ramo precisa ter esse tipo de motivação. No entanto, os resultados não podem vir às custas das pessoas ou dos processos, o que geraria resultados de curto prazo. Enraizada no fundo da mente da empresa está a noção de respeito pelas pessoas e de fazer as coisas de uma certa maneira. Essa maneira, é claro, muda com o tempo, mas a ênfase simultânea em resultados e no processo ajuda a manter um equilíbrio saudável dentro da empresa.

Os outros aspectos que mencionamos ao descrever o pensamento A3 foram síntese, alinhamento, coerência e ponto de vista sistêmico. Cada uma dessas características descreve um aspecto do padrão de pensamento A3 dentro da empresa. Os relatórios A3 podem ser identificados por seu tamanho, mas também pelo modo como são escritos. Um relatório bem escrito é uma síntese eficaz que descreve a situação e promove alinhamento e coerência dentro da organização para o seu tópico. O tópico é escrito de maneira objetiva, na qual os fatos superam a teoria ou o comportamento "provinciano" dentro da empresa. O ideal é que o conteúdo represente um ponto de vista sistêmico do que seria melhor para a situação atual ou para a empresa e explique o motivo de modo convincente. Na verdade, o consenso sobre o relatório por todos que podem ser afetados é central para a implementação dos relatórios A3 pela Toyota. A combinação desses fatores é uma habilidade difícil de dominar e um dos motivos pelo qual leva tempo para se tornar um praticante habilidoso.

Os três tipos principais

Nos Capítulos 3, 4 e 5, tentamos descrever diversos tipos básicos de relatórios A3 em termos concretos. Na verdade, dois relatórios nunca se parecem muito entre si, pois cada um trata de um tópico ou processo específico. Ainda assim, existem três categorias maiores de A3s que identificamos em conversas com praticantes experientes do processo dentro da Toyota. Esses três tipos, em termos gerais, são os de solução de problemas, elaboração de propostas e revisão de *status*.

Todos os novos funcionários começam na empresa praticando os A3s de solução de problemas. Os conteúdos seguem uma ordem lógica e padronizada, semelhante ao padrão encontrado em Círculos de Controle da Qualidade e no estilo PDCA de solução de problemas. Em geral, o padrão é identificar o histórico, representar o estado atual em detalhes, estabelecer uma meta ou um objetivo, analisar as causas fundamentais no processo, implementar um plano de ação, verificar resultados e, então, padronizar, caso os resultados sejam positivos. Se o objetivo não é atingido, o ciclo é repetido. A descrição verbal é fácil. Seguir o padrão, entrar em detalhes e obter resultados é bem diferente. Esse ciclo de aprendizagem e padrão de ação é considerado crítico para todos os funcionários da empresa.

Os outros dois tipos principais de A3s são para elaboração de propostas e revisão do progresso de projetos ou propostas. Cada tipo segue o estilo PDCA básico de pensamento, mas enfatiza uma parte diferente do ciclo. O primeiro tipo é usado com maior frequência no começo, para propor e justificar uma nova política ou curso de ação com o processo, a equipe ou o departamento. O segundo é usado para revisar os resultados de qualquer tipo de projeto ou trabalho de implementação após sua realização. Assim, ambos enfatizam partes diferentes do ciclo PDCA. Inicialmente, recomendamos que você trabalhe com o A3 de solução de problemas básico antes de tentar os tipos seguintes.

Dentro da Toyota, todos os tipos de A3 são revisados em diversas fases de desenvolvimento. Colegas e mentores revisam os relatórios, analisando sua precisão, coerência, completude e eficácia geral da comunicação. A ética Toyota exige que os autores de relatórios sintetizem todo o *feedback* possível de indivíduos e departamentos potencialmente afetados pelo trabalho e pelas ideias do autor. Se as preocupações de um indivíduo não puderem ser contempladas, o autor deve ter a gentileza de se reunir com essa pessoa e explicar o porquê. Além disso, alguém com a autoridade apropriada precisa aprovar cada A3. Em muitos sentidos, esse é um processo de verificação (a pessoa demonstrou o pensamento A3?) e representa uma incrível oportunidade de mentoramento, pois o relatório A3 explicita a lógica e a abordagem de solução de problemas do indivíduo.

Forma e estilo

Por uma questão prática, no Capítulo 6, oferecemos alguns conselhos sobre a forma e o estilo de redação dos relatórios A3. Boa parte dos conselhos veio dos próprios materiais de treinamento da Toyota, ampliados por nossa própria pesquisa e experiência. Como seu nome sugere, a característica mais óbvia do A3 é o seu tamanho: cerca de 42 x 29,7 cm, ou tamanho internacional de papel identificado como A3. Mas não é só o tamanho que faz o A3. Alguns relatórios dentro da Toyota, na verdade, têm três folhas A4, cada uma com 21 x 29,7 cm; outros têm apenas uma folha A4. A estrutura do documento e a forma descrita nos três tipos é o que o torna um relatório A3.

Em nossa opinião, algumas regras estilísticas valem a pena dentro do A3. O conteúdo deve ser breve, mas detalhado e organizado. Listas de itens intermináveis e opiniões prolixas são inaceitáveis. Uma crítica frequente dos A3s confeccionados por ocidentais é a tendência de utilizar a narrativa direta ou listas de itens. O resultado é um A3 de natureza qualitativa e sem o visual de um relatório mais avançado.

Em vez de palavras, o melhor conselho que podemos dar é pedir aos praticantes que, sempre que possível, desenhem figuras e diagramas para representar suas ideias, observações e descobertas. Os japoneses provavelmente possuem uma vantagem natural nesse ponto, pois seu sistema de escrita se baseia em caracteres pictóricos. No entanto, com alguma criatividade, praticamente qualquer pessoa pode desenhar fluxogramas, rascunhos, tabelas, gráficos e outras formas ilustrativas para gerar uma imagem clara dos eventos.

Conselhos finais

Uma história muito contada em descrições da Toyota é um conto indiano sobre quatro homens cegos que se deparam com um elefante em uma clareira. Ao descobrir o animal, cada homem se prende a uma parte e começa a descrevê-lo. Um abraça sua perna e diz que é redonda como um tronco de árvore. Outro segura a cauda e diz que o elefante é como uma corda. Um terceiro está com sua tromba e diz que é uma mangueira, presa a algo maior. O último empurra suas costas e diz que é dura e forte como uma parede.

Todos os cegos estavam "certos", mas também estavam "errados" em sua conclusão. A descoberta do STP e a identificação do sistema são parecidas com essa analogia. O sistema já foi descrito por aprendizes como CCQs, *kanban*, JIT, trabalho padronizado, *kaizen workshops*, mapeamento do fluxo de valor e diversos outros métodos e técnicas. Todos estão certos em algum nível e podem funcionar para promover melhorias de alguma maneira. No final do dia, no entanto, são apenas ferramentas de melhoria.

Em nossa experiência, esforços de melhoria em empresas são ineficazes quando a ênfase está na adesão a uma ferramenta padronizada ou na obediência a certo modo de fazer as coisas. Inerentemente, a adesão possui a boa intenção de ser um meio de promover a padronização e, em última análise, a melhoria. Infelizmente, a implementação dessa ou daquela ferramenta ou técnica pode se tornar mais importante que a melhoria do processo ou da situação atual. Em outras palavras, os meios acabam superando os fins. Assim, nosso último conselho é evitar a armadilha de subitamente ordenar a elaboração de relatórios A3 ou de torná-los o mais novo modismo na implementação de sua versão da produção enxuta. Em outras palavras, enfatize o desempenho, a melhoria e a aprendizagem, não a adaptação a modelos, ferramentas ou procedimentos.

O mais incrível do Sistema Toyota de Produção é que ele continua a fazer sentido depois de 50 anos de operação contínua e segue produzindo resultados operacionais e financeiros. As ferramentas e técnicas mudaram com os anos e um *kanban* de 1950 tem uma cara muito diferente de um *kanban* de 1980 (e sabe-se lá que cara terá em 2020), mas o segredo dentro da Toyota é que a todos os funcionários foi ensinado um padrão geral e rigoroso de como melhorar todos os aspectos do negócio. Ao refletir sobre a importância e o sucesso do sistema, temos fé que são essas habilidades e padrões de pensamento que se encontram no coração do sucesso de longo prazo da empresa, e não meramente suas ferramentas. Esperamos que este livro seja um primeiro passo para ajudá-lo a decifrar um desses padrões de pensamento com maior clareza. Boa sorte com seu próprio pensamento A3!

Notas

1. F. Cho, T. Ohno, K. Sugimori, et al., Toyota Production System—Toyota Methods, editado por I. Kato, publicação interna do Departamento de Educação e Treinamento, Toyota Motor Corporation (January 1973).
2. Esperamos que o leitor que não tem familiaridade com a produção industrial nos permita esse exemplo, pois é uma ilustração concreta da importância da solução de problemas acima da implementação de ferramentas. Para quem não sabe, a estampagem é uma tecnologia industrial para produção de peças a partir de folhas de metal, prensando duas peças endurecidas de aço ("matrizes") que foram usinadas cuidadosamente para ter formas que produzirão peças no formato desejado. As máquinas que prensam as matrizes são chamadas, naturalmente, de prensas. As prensas podem fabricar qualquer peça de folha de metal com a simples troca das matrizes. Na estampagem de peças de automóveis, essa é uma tarefa significativa, pois as matrizes podem pesar várias toneladas. Assim, tradicionalmente, é preciso diversas horas entre a última peça estampada com as matrizes antigas e a primeira peça boa estampada com as novas matrizes. Reduzir o tempo de troca de matrizes permite que a empresa passe mais rapidamente para a produção de uma peça diferente, respondendo com maior velocidade às mudanças.
3. Notas de entrevista com Katsuya Jibiki, ex-gerente geral assistente da estamparia, Toyota Motor Corporation, por Art Smalley, Julho de 2006.
4. M. Cusumano, The Japanese Automobile Industry: Technology and Management at Nissan and Toyota (Cambridge, MA: Council on East Asian Studies and Harvard University Press, 1985), 284—85.

Apêndice A
Relatório A3 de solução de problemas "reduzindo o tempo de envio de cobrança"

Neste apêndice, fornecemos uma amostra de relatório A3 de solução de problemas como possível "resposta" para o exercício apresentado na conclusão do Capítulo 3. Confiamos que você criou pelo menos uma primeira versão de relatório A3 com base nas informações apresentadas. Agora, é possível comparar o seu A3 com o exemplo fornecido. Lembre-se de que existem inúmeras maneiras de escrever relatórios. Apesar de algumas serem mais eficazes do que outras, não existe uma única resposta certa! Por favor, lembre-se de usar este apêndice como exercício de aprendizagem para aprofundar seu entendimento do pensamento A3 e para aprender algumas dicas sobre a elaboração de relatórios A3.

O relatório A3 de solução de problemas de amostra completo se encontra ao final deste apêndice (Figura A.8, p. 172). Nas páginas imediatamente seguintes, apresentamos o relatório seção por seção e oferecemos breves explicações para ajudá-lo a entender melhor como abordamos cada seção e por quê. Para cada seção, comentaremos sobre três aspectos: 1) os pontos fortes da abordagem, 2) comentários prováveis que essa abordagem provocaria durante uma revisão e 3) possíveis sugestões a serem consideradas. Esses não são os únicos aspectos a serem considerados em relação ao documento; no entanto, são alguns dos pontos que devem ser mencionados ou reforçados para a sua aprendizagem. O autor provavelmente não será capaz de trabalhar todas as perguntas no relatório, mas deverá ter pensado sobre elas e estar pronto para discutir as questões inteligentemente com os revisores.

Para maximizar os benefícios de aprendizagem deste exercício, sugerimos a seguinte sequência:

1. Leia o Capítulo 3 deste livro.
2. Tente fazer a parte 1 do exercício encontrado no final do Capítulo 3 (ou seja, faça seu próprio A3).
3. Compare seu A3 com aquele no final deste apêndice.

4. Tente fazer a parte 2 do exercício encontrado no final do Capítulo 3. Critique um dos A3s (o seu ou o nosso) usando as perguntas de revisão genéricas do Quadro 3.3 (p. 75).
5. Finalmente, leia o resto deste apêndice e compare sua crítica com a nossa.

Histórico

Pontos fortes da seção

A seção de histórico (Figura A.1) é clara, concisa e direta. O leitor navega na seção com facilidade para obter as ideias mais importantes do relatório. Observe, também, que o autor presume que o público está familiarizado com termos como "Dias de C/R" e "envio de cobrança", então o autor não gasta espaço com sua definição.

Prováveis comentários ou perguntas de revisão

Os revisores provavelmente farão os seguintes tipos de perguntas, e o autor deve prevê-las e preparar-se para elas de antemão, na medida do possível. Essa é uma alta prioridade para o hospital? Qual é a relação do projeto com os objetivos da organização? Como o A3 menciona "dias de contas a receber", quanto essa métrica aumentou (ou como ela se compara com um *benchmark*)? Esses comentários podem ser quantificados de algum modo?

Sugestões a considerar

Esclareça a extensão da mudança em dias de contas a receber. Quantifique os efeitos dos itens mencionados e considere o uso de um gráfico de tendências, se possível.

Condição atual

Pontos fortes da seção

A característica óbvia da seção de condição atual mostrada na Figura A.2 é a imagem visual que representa o fluxo de trabalho. A imagem ajuda o leitor a en-

---

Histórico
- As fichas do PS frequentemente ficam aguardando transcrição, o que atrasa o envio de conta.
- Envio atrasado de conta aumenta diretamente os dias de C/R.
- A equipe de GI passa por muitos atrasos e improvisos em relação às fichas do PS.

Figura A.1

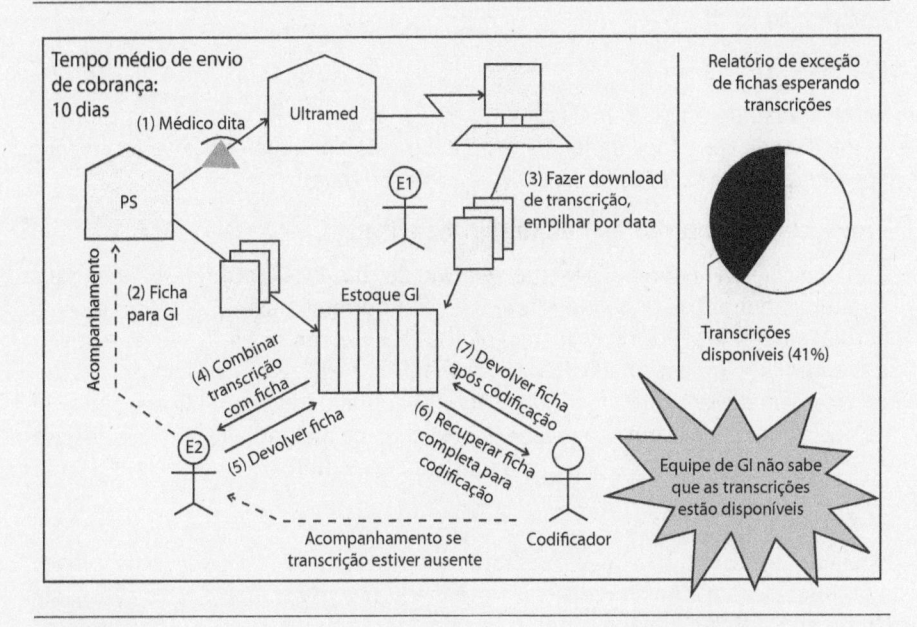

Figura A.2

xergar a natureza do trabalho e a situação básica na área, o que é muito superior a tentar explicar o fluxo apenas com palavras. O uso de ícones também enriquece o visual e é melhor do que o uso de um fluxograma padrão. Além disso, o autor quantificou a extensão do problema com o uso de um gráfico de *pizza*.

Prováveis comentários ou perguntas de revisão

O fluxo de trabalho real segue o processo como representado? Seria bom conhecer algum passo que foi omitido? Qual é o problema no estado atual? Há quanto tempo isso é um problema e até que ponto está aumentando ou diminuindo? Qual é o tamanho da amostra do gráfico de *pizza*? Seus dados são representativos?

Sugestões a considerar

Se possível, facilite o fluxo de leitura para o leitor. Considere se há uma maneira de representar a condição real sem complicar muito a vida do leitor na hora de entender a sequência do trabalho. No mínimo, aumente os números sequenciais ou dê outro jeito de torná-los mais notáveis. Também é sempre aconselhável identificar o número dos itens no gráfico de *pizza*, tornando-o mais claro (por exemplo, o tamanho da amostra é um dia ou mil observações?). Tornar a declaração do problema mais clara e quantificada a torna mais rigorosa.

Declaração do objetivo

Pontos fortes da seção

A declaração de objetivo na Figura A.3 dá ao leitor uma boa meta quantitativa, que é fácil de ver e fácil de ler. Esse objetivo está alinhado com as informações apresentadas nas seções de histórico e condição atual.

Prováveis comentários ou perguntas de revisão

Qual foi a média histórica do tempo de envio de cobrança nos últimos anos? Mais ou menos que os dez dias de referência? Em outras palavras, essa condição é normal em termos históricos ou algo piorou recentemente? Será suficiente medir e acompanhar apenas uma métrica para monitorar o progresso? Ou outras métricas também deveriam ser medidas, como a variabilidade ou amplitude dos tempos de envio ou das contas a receber? Essa meta de melhoria de 30% é agressiva o suficiente? Qual é o prazo final para atingir esse objetivo?

Sugestões a considerar

Declarações de objetivo devem sempre refletir alguns princípios simples. Devem ser específicas e mensuráveis e sempre mostrar o prazo final para a conquista do objetivo. Neste caso, o autor deve considerar mudanças à declaração para torná-la mais clara, usando algo como "Diminuir tempo de envio de cobrança em 30%, de 10 dias para 7 dias". O autor também pode querer indicar quando a meta será alcançada (por exemplo, no final do mês ou do trimestre) para ser mais específico e menos aberto. Outro fator a ser considerado é se outras métricas, como produtividade, qualidade ou outras áreas (como dias de contas a receber), também devem ser acompanhadas. Em geral, é fácil melhorar uma métrica com o sacrifício acidental de outra.

Análise de causa

Pontos fortes da seção

O resumo de análise da causa fundamental mostrado na Figura A.4 usa bem a famosa técnica dos "Cinco Porquês" para apurar a causa fundamental do proble-

---

Declaração do objetivo

- Tempo de envio de cobrança < 7,0 dias.

Figura A.3

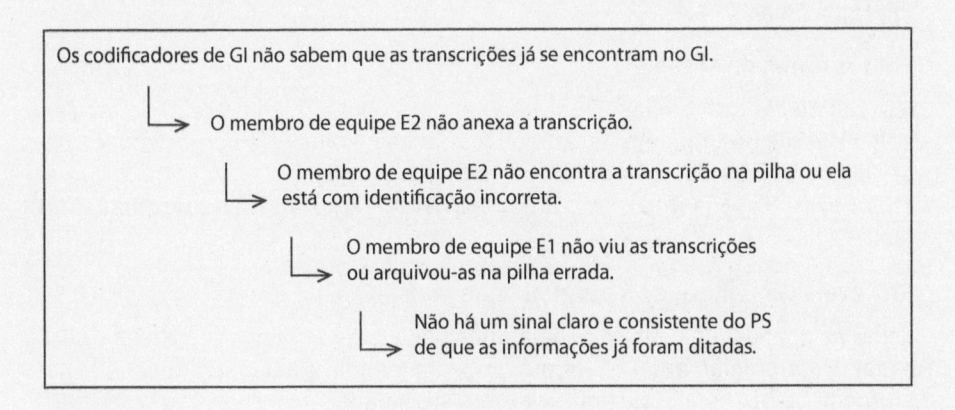

> Os codificadores de GI não sabem que as transcrições já se encontram no GI.
>
> ↳ O membro de equipe E2 não anexa a transcrição.
>
> ↳ O membro de equipe E2 não encontra a transcrição na pilha ou ela está com identificação incorreta.
>
> ↳ O membro de equipe E1 não viu as transcrições ou arquivou-as na pilha errada.
>
> ↳ Não há um sinal claro e consistente do PS de que as informações já foram ditadas.

Figura A.4

ma. Cada passo responde à pergunta "por quê?" em relação ao anterior. Esse é um excelente método a ser aplicado quando apenas uma causa principal precisa ser investigada para resolver o problema.

Prováveis comentários ou perguntas de revisão

O problema tem mesmo apenas uma causa? Algum outro aspecto dos 4Ms (mão de obra, método, materiais e máquina) ou do ambiente também deve ser considerado, por exemplo? Além de deduções, existe algum modo de testar essa noção de causa fundamental? Se não, existe algum aspecto posterior na árvore dos Cinco Porquês sobre a presença ou ausência de um sinal claro do PS ao qual as informações foram ditadas? Ou será que a análise pode realmente parar nesse nível para produzir uma contramedida? Em outras palavras, essa é mesmo a causa fundamental?

Sugestões a considerar

Pode valer a pena mostrar um diagrama de Ishikawa (ou de espinha de peixe), além do diagrama dos Cinco Porquês, especialmente se houver mais de uma causa fundamental a ser considerada. O diagrama pode mostrar diversas causas, enquanto os Cinco Porquês levam a apenas uma. A análise correta depende da situação. Outras técnicas, mais quantitativas, também podem ser usadas em casos mais complexos. Seja como for, considere o melhor modo de estabelecer causa e efeito, e depois comunique a relação ao leitor. A causa suposta e o efeito pretendido podem ser estimados ou tornados mais quantitativos?

Contramedidas

Pontos fortes da seção

A seção de contramedidas (Figura A.5) mostra bem o fluxo pretendido do trabalho depois da implementação das mudanças. O fluxo também destaca os principais planos de ação da contramedida em relação a quem fará o que e até quando. Esse método consegue mostrar ao leitor a essência do trabalho realizado.

Prováveis comentários ou perguntas de revisão

Como há apenas uma contramedida principal, ela está mesmo atacando a causa raiz do problema atual? Será que pode haver uma causa fundamental mais profunda ou uma melhoria potencial do sistema além de transferir a responsabilidade pelo *download* da transcrição do GI para o PS? Alguma contramedida alternativa não foi listada no A3 e também deveria ser considerada por algum

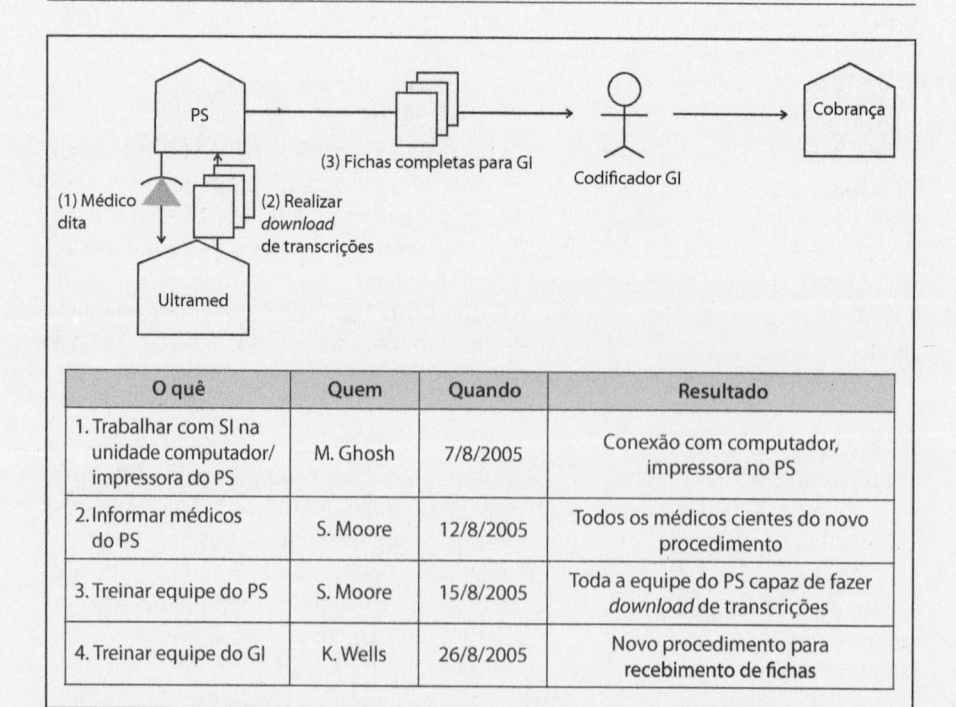

O quê	Quem	Quando	Resultado
1. Trabalhar com SI na unidade computador/impressora do PS	M. Ghosh	7/8/2005	Conexão com computador, impressora no PS
2. Informar médicos do PS	S. Moore	12/8/2005	Todos os médicos cientes do novo procedimento
3. Treinar equipe do PS	S. Moore	15/8/2005	Toda a equipe do PS capaz de fazer *download* de transcrições
4. Treinar equipe do GI	K. Wells	26/8/2005	Novo procedimento para recebimento de fichas

Figura A.5

motivo? A contramedida implementada impedirá a recorrência do problema com algum grau de certeza? Será que a contramedida pode ser testada e confirmada de alguma maneira simples?

Sugestões a considerar

É uma boa prática na construção de relatórios A3 explicitar os relacionamentos entre as causas fundamentais indicadas e as contramedidas. Neste caso, o autor poderia simplesmente adicionar um balão com uma frase como "conexão PS-GI simplificada" para destacar a principal motivação por trás da mudança do fluxo de trabalho a fim de resolver a causa fundamental identificada. O ideal é que o autor também se esforce para mostrar os efeitos previstos ou demonstrados das contramedidas, caso haja mais de uma (indicando a ação de maior impacto e seu motivo). O treinamento costuma ser um item de ação, mas normalmente não é aceitável enquanto causa fundamental ou enquanto contramedida. Sempre considere o que mais poderia ser feito para prevenir a recorrência do problema no futuro e tente tornar o processo "à prova de erros".

Verificação

Pontos fortes da seção

A declaração de verificação apresentada na Figura A.6 mostra que um impacto mensurável foi demonstrado em relação ao objetivo durante um período de 11 dias. Menos fichas foram recebidas sem transcrições, e o tempo de envio foi reduzido a menos de sete dias. Tudo isso indica que a equipe avançou em direção ao seu objetivo.

Prováveis comentários ou perguntas de revisão

O período de tempo é grande o suficiente para ser considerado representativo e confirmar o progresso em direção ao objetivo? O que mais pode ter ocorrido durante esse período que poderia ter afetado o resultado? Alguma outra métrica precisa ser verificada para garantir que outros aspectos da situação não piora-

---

Verificação

Fichas de 10/10/2005 a 21/10/2005 verificadas
- 5 de 371 fichas recebidas sem transcrições (1,3%)
- Tempo médio de envio de cobrança = 6,55 dias

Figura A.6

ram? Por que algumas fichas ainda não foram transcritas? O objetivo inicial era desafiador o suficiente ou a melhoria era fácil demais?

Sugestões a considerar

Reflita sobre a necessidade de adicionar outras métricas para criar o equilíbrio necessário. Verifique que nem a qualidade nem a produtividade foram afetadas negativamente durante o processo de redução do tempo de envio, por exemplo. Talvez você possa representar a melhoria de 10 para 6,55 dias como um gráfico de tendências e também mostrar a porcentagem de melhoria. Demonstre quais itens de ação mais contribuíram para a melhoria, caso múltiplas ações tenham sido implementadas. Você também pode mostrar se a mudança teve algum efeito sobre os dias de contas a receber.

Acompanhamento

Pontos fortes da seção

A última seção do A3 (Figura A.7) lista diversos pontos claros que precisam ser considerados em ações de acompanhamento. A lista é curta, concisa e fácil de ler para o público. Ela se concentra em 1) eliminar os defeitos restantes, 2) garantir que outras partes da organização não serão afetadas negativamente pela mudança e 3) argumentar a favor de mais melhorias.

Prováveis comentários ou perguntas de revisão

Há algum motivo para reduzir o tempo de envio ainda mais, abaixo do nível de 6,55 dias já alcançado? Por que, ou por que não? Caso haja, quanto e que tipo

---

Ações de acompanhamento

- Determinar por que as fichas continuam chegando ao GI sem transcrição e resolver.
- Investigar modos para reduzir ainda mais o tempo de envio de cobrança. O tempo normal de codificação por ficha é < 0,5 horas; assim, mais reduções de tempo são possíveis.
- Verificar com o departamento de cobrança que a codificação continue a ter alto nível de precisão.

Figura A.7

de esforço pode ser necessário? Quem realizará os itens restantes identificados na seção e até que prazo? Alguma outra parte do hospital poderia duplicar esses ganhos?

Sugestões a considerar

Considere contextualizar as ações que sobraram em uma tabela, com indicações melhores de quem fará o que e até quando. Indique se alguma outra seção do hospital também poderia realizar o mesmo tipo de melhoria, compartilhando os métodos e a aprendizagem. Mencione quais outras unidades do hospital ou hospitais-irmãos se beneficiariam dessas informações. Como o hospital pode garantir que a mudança se tornará uma parte permanente do processo? Se a mudança possui alguma implicação para aquisições futuras de tecnologias ou equipamentos, tome nota do fato para discussões adicionais e planejamento futuro.

Resumo da revisão do relatório A3

Esperamos que você tenha sido capaz de aprender com as seções anteriores que a revisão dos relatórios A3 pode ser tão importante quanto a sua elaboração! Não há nada de "errado" com o A3 de exemplo apresentado aqui, e há muito de "certo" com ele. Ainda assim, o A3 possui muitos pontos de melhoria em potencial. Esperamos que você tenha aprendido bastante com a elaboração de seu próprio A3, lendo o A3 neste apêndice e refletindo sobre os pontos de *feedback* apresentados aqui.

Já que não existem A3s "perfeitos", tome cuidado para não passar tempo demais tentando afinar um relatório de modos não muito produtivos. Apesar desse fato, no entanto, os A3s costumam precisar ser reescritos diversas vezes para melhorar seu conteúdo até que estejam aceitáveis. É comum precisar aceitar trocas entre duas vantagens incompatíveis, decidir o que incluir e o que excluir e avaliar o valor das informações em relação aos recursos necessários para compilá-las. Com o tempo, essas decisões ficam mais fáceis. E, é claro, a melhor resposta costuma depender do público e dos detalhes específicos da situação. O melhor modo de aprender é simplesmente começar e, então, pedir que alguém (ou diversos alguéns) revise o A3 e lhe dê *feedback*.

O relatório A3 completo é mostrado nas páginas seguintes, para sua referência.

Tema: redução do tempo de envio de cobrança para pacientes da emergência

Histórico
- As fichas do PS frequentemente ficam aguardando transcrição, o que atrasa o envio de conta.
- O envio atrasado de conta aumenta diretamente os dias de C/R.
- A equipe de GI passa por muitos atrasos e improvisos em relação às fichas do PS.

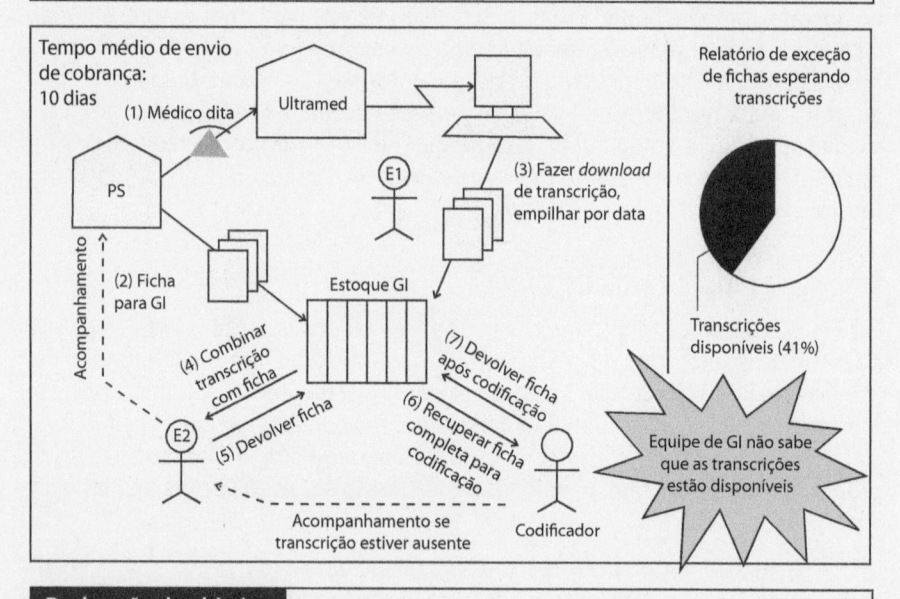

Tempo médio de envio de cobrança: 10 dias

(1) Médico dita — Ultramed
(2) Ficha para GI
(3) Fazer *download* de transcrição, empilhar por data
(4) Combinar transcrição com ficha
(5) Devolver ficha
(6) Recuperar ficha completa para codificação
(7) Devolver ficha após codificação

PS — E1 — E2 — Estoque GI — Codificador
Acompanhamento
Acompanhamento se transcrição estiver ausente

Relatório de exceção de fichas esperando transcrições
Transcrições disponíveis (41%)
Equipe de GI não sabe que as transcrições estão disponíveis

Declaração do objetivo
- Tempo de envio de cobrança < 7,0 dias

Análise da causa
Os codificadores de GI não sabem que as transcrições já se encontram no GI.
→ O membro de equipe E2 não anexa a transcrição.
→ O membro de equipe E2 não encontra a transcrição na pilha ou ela está com identificação incorreta.
→ O membro de equipe E1 não viu as transcrições ou arquivou-as na pilha errada.
→ Não há um sinal claro e consistente do PS de que as informações já foram ditadas.

Figura A.8a A3 "Reduzindo Tempo de Envio de Cobrança de Pacientes da Emergência".
(continua...)

De: M. Ghosh
Para: S. Moore, K. Wells
Data: 19/11/2005

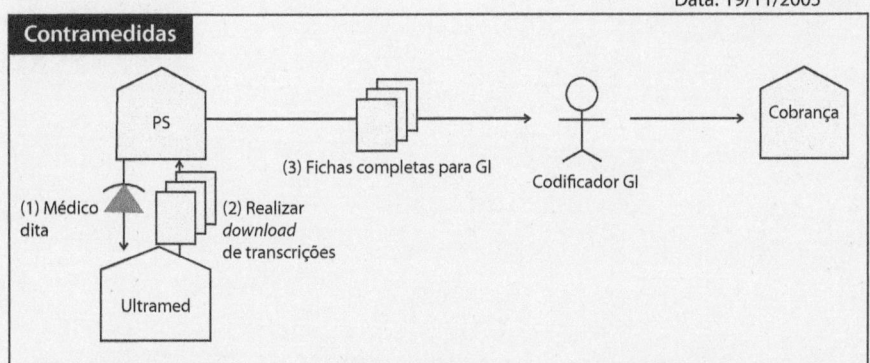

Contramedidas

```
         ┌─────┐
         │ PS  │────────┬──────┐         Ŏ ────────→ ┌──────────┐
         └──┬──┘        │ (3) Fichas      │           │ Cobrança │
            │           │ completas       │           └──────────┘
(1) Médico  │  (2) Realizar para GI   Codificador GI
dita        │  download
            │  de transcrições
         ┌──┴──────┐
         │ Ultramed│
         └─────────┘
```

O quê	Quem	Quando	Resultado
1. Trabalhar com SI na unidade computador/impressora do PS	M. Ghosh	7/8/2005	Conexão com computador, impressora no PS
2. Informar médicos do PS	S. Moore	12/8/2005	Todos os médicos cientes do novo procedimento
3. Treinar equipe do PS	S. Moore	15/8/2005	Toda a equipe do PS capaz de fazer *download* de transcrições
4. Treinar equipe do GI	K. Wells	26/8/2005	Novo procedimento para recebimento de fichas

Verificação

Fichas de 10/10/2005 a 21/10/2005 verificadas
- 5 de 371 fichas recebidas sem transcrições (1,3%)
- Tempo médio de envio de cobrança = 6,55 dias

Ações de acompanhamento

- Determinar por que as fichas continuam chegando ao GI sem transcrição e resolver.
- Investigar modos para reduzir ainda mais o tempo de envio de cobrança. O tempo normal de codificação por ficha é < 0,5 horas; assim, mais reduções de tempo são possíveis.
- Verificar com o departamento de cobrança que a codificação continue a ter alto nível de precisão.

Figura A.8b A3 "Reduzindo Tempo de Envio de Cobrança de Pacientes da Emergência".
(continuação)

Apêndice B
Relatório A3 de proposta "solução prática de problemas"

No Capítulo 4, apresentamos a ferramenta A3 padrão usada para elaboração de propostas. No final daquele capítulo, sugerimos um exercício para testar suas habilidades e aumentar sua capacidade de criar esse tipo de A3. Neste apêndice, apresentamos um relatório A3 de amostra para aquele exercício, permitindo que você o compare com o que criou sozinho. Como os A3s podem ser escritos de inúmeras maneiras, oferecemos aqui alguns comentários sobre cada seção, para ajudá-lo a entender melhor por que escolhemos criar o A3 do modo que o criamos. Outras abordagens podem ser igualmente válidas, dependendo do estilo pessoal, da mensagem central e do público do autor. Assim como no Apêndice A, fornecemos também alguns comentários ou perguntas prováveis de um revisor hipotético e oferecemos algumas sugestões sobre como melhorar o relatório.

Você pode querer primeiro revisar o A3 completo ao final deste apêndice (Figura B.7, p. 183) e depois realizar a sua própria crítica, usando as perguntas apresentadas no Capítulo 4 (Quadro 4.1, p. 85) antes de ler nossos comentários, o que permitirá que você pratique a revisão de A3s de proposta e fortaleça sua aprendizagem com este exercício.

Histórico

Pontos fortes da seção

Os pontos principais da seção de histórico (Figura B.1) são claros, concisos e diretos. O leitor navega na seção com facilidade para obter as ideias mais importantes do relatório. O autor escolheu comunicar o histórico usando uma lista de itens, devido à familiaridade do público com as preocupações maiores.

- Os defeitos na produção cresceram 30+% durante os últimos 12 meses
- A rotatividade de supervisores e líderes nos últimos 12 meses está próxima de 50%
- Necessidade de reduzir defeitos a fim de atender objetivos corporativos estabelecidos para operações de produção em 2007
- Oportunidade para melhorar as habilidades da força de trabalho e desenvolver os recursos humanos em produção

Figura B.1

Prováveis comentários ou perguntas de revisão

Os revisores provavelmente farão os seguintes tipos de perguntas, e o autor deve antecipá-las e preparar-se para elas de antemão, na medida do possível. Qual a importância do assunto para a empresa? Qual é o seu alinhamento com os objetivos específicos deste ano? A rotatividade do pessoal supervisor está relacionada ao aumento no número de defeitos?

Sugestões a considerar

Esclareça o escopo do trabalho claramente para evitar qualquer confusão potencial. Considere mostrar um gráfico combinado que represente as tendências para defeitos em conjunto com as mudanças no quadro de supervisores, o que demonstra rapidamente a presença de correlações possíveis que podem precisar de verificação.

Condição atual

Pontos fortes da seção

A principal característica da seção de condição atual mostrada na Figura B.2 é o uso de um gráfico de *pizza* e de um gráfico de Pareto para representar a situação atual, com a diferenciação dos dados coletados sobre defeitos de produtos por categoria. Esses dois gráficos ajudam a contextualizar e esclarecer a situação atual em relação aos defeitos. O autor também resume sua conclusão sobre os dados (ou seja, que todos os defeitos de produção poderiam ter sido prevenidos). Além disso ele sintetiza os resultados de uma pesquisa sobre a habilidade de solução de problemas com o pessoal, supostamente provocada pela reflexão sobre por que os defeitos não foram prevenidos.

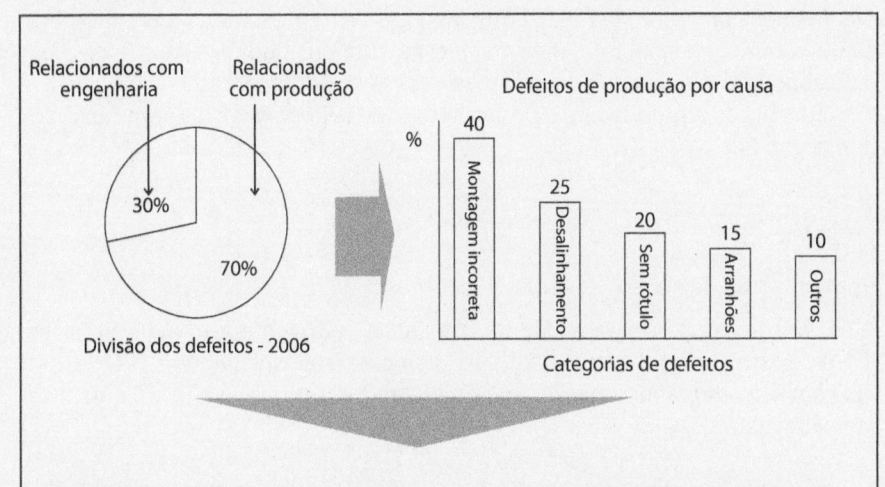

```
┌─────────────────────────────────────────────────────────────────────┐
│  Relacionados com      Relacionados                                 │
│     engenharia         com produção    Defeitos de produção por causa│
│                                                                      │
│          ↓                ↓         %   40                          │
│         ╱───╲                                                        │
│        │ 30% │                          ███  25                     │
│        │    ╲│                          ███  ███  20                │
│         ╲───╱                           ███  ███  ███  15           │
│            70%                          ███  ███  ███  ███  10      │
│                                         ███  ███  ███  ███  ███     │
│    Divisão dos defeitos - 2006                                       │
│                                         Categorias de defeitos       │
│                          ▼                                           │
│                                                                      │
│ • 100% dos defeitos de produção que foram examinados nesta pesquisa poderiam ter sido prevenidos. │
│ • Entrevistas com 20 supervisores de oficinas e líderes indicaram experiência mínima em solução de │
│   problemas                                                          │
│   - 50% jamais haviam recebido qualquer treinamento formal em solução de problemas durante suas │
│     carreiras                                                        │
│   - 40% haviam recebido apenas treinamento introdutório sobre o tema em algum momento de suas │
│     carreiras                                                        │
│   - 10% receberam treinamento avançado em suas carreiras e podiam dar exemplos │
└─────────────────────────────────────────────────────────────────────┘
```

Figura B.2

Prováveis comentários ou perguntas de revisão

Qual foi o número total de defeitos em 2006 (ou seja, qual é o tamanho da amostra)? Qual é a sua relação com os números de 2005 e dos anos anteriores? Algo mudou no produto, no processo ou em alguma outra parte além do pessoal que poderia ser responsável pelo aumento no número de defeitos? A amostra da pesquisa é grande o suficiente para representar a população de supervisores?

Sugestões a considerar

Já que essa é uma proposta hipotética, estamos presumindo que o aumento em rotatividade do pessoal e o aumento no número de defeitos possuem alguma relação. Se isso não está certo, no entanto, a ligação ou correlação deve ser esclarecida nesta seção, por exemplo, com um gráfico que combine as tendências de rotatividade e os defeitos simultaneamente. A seguir, aprofundando-se mais, uma comparação com o nível dos supervisores anteriores em solução de problemas, em contraste com o dos atuais, pode ser representada em uma tabela comparativa. Seja qual for o método, mesmo que tais pontos sejam suposições válidas, o autor deve considerar, ainda, a conversão dos itens sobre o nível de habilidade dos supervisores em uma matriz, tabela ou gráfico, para facilitar a interpretação.

Proposta

Pontos fortes da seção

A declaração de proposta na Figura B.3 indica qual a intenção geral do trabalho proposto para o projeto. Os pontos são concisos, suficientemente claros e indicam o cronograma da ação em alto nível. O autor também inclui uma meta mensurável.

Prováveis comentários ou perguntas de revisão

Qual é o nível de certeza do autor de que esse item de ação é necessário para alcançar a meta? Algum outro item de ação (fora do escopo da proposta) precisará ser trabalhado por outras partes? Por que o atual grupo de supervisores possui menos habilidades de solução de problemas que a geração anterior? Esse aspecto da situação, ou o aumento da rotatividade entre supervisores, precisa ser analisado em separado? O autor está confiante de que uma redução de 50% na quantidade de defeitos pode ser realizada até o fim do ano com essa proposta?

Sugestões a considerar

O escopo e o conteúdo da proposta dependem da conexão entre o aumento no número de defeitos e a rotatividade dos supervisores. Se essa relação estiver clara para a gerência, a proposta pode avançar. Caso contrário, essa questão deve ser esclarecida antes que a proposta possa seguir em frente. Presumindo que a conexão (e, portanto, a base da proposta) foi aceita como verdadeira, a

---

- Implementar um programa de treinamento em solução prática de problemas na produção durante o próximo trimestre
  - Reduzir os defeitos na produção em 50% até o final do ano
  - Melhorar a capacidade de solução de problemas do pessoal atual

Figura B.3

proposta ainda pode ser alterada, mostrando com clareza quais defeitos de produção provavelmente seriam reduzidos e a qual nível com o aumento do nível de habilidade dos supervisores.

Avaliação das alternativas

Pontos fortes da seção

A próxima seção (Figura B.4) resume as três opções em consideração para a proposta de treinamento em solução de problemas. A matriz descreve as propostas e as compara usando alguns critérios simples. Depois, o autor oferece algumas notas explanatórias.

Prováveis comentários ou perguntas de revisão

Esses são os critérios de avaliação mais importantes a serem considerados ou deveríamos considerar outros pontos? Entre esses critérios, quais são os mais importantes? O que está por trás do escore de "qualidade"? Uma opinião subjetiva, algum critério de avaliação ou análise mais robusta de um especialista apoia essa avaliação? Que resultados foram obtidos por outras empresas usando os cursos da faculdade local ou recursos externos? Quem se envolveu na considera-

Alternativas	Critérios		
	Custos	Qualidade	Tempo
A. Contratar recurso externo para treinamento e implementação	$40 mil	Alto	Meados de junho
B. Utilizar treinamento em faculdade local	$15 mil	Médio	Junho
C. Usar recursos internos e desenvolver materiais	N/D	Médio	Maio

Comentários gerais:
- O grupo consultor pretendido está disponível e demonstrou sua experiência com a subsidiária local, mas não pode fornecer o treinamento até meados de junho devido a seus recursos limitados.
- O curso da faculdade local só começa com a sessão de verão em junho, e o treinamento ocorre fora do local de trabalho. Apoio de acompanhamento possível.
- Recursos internos poderiam ser desviados em curto prazo. Uma pessoa do treinamento e desenvolvimento e um recurso em tempo integral da produção seriam necessários para apoiar o treinamento e a implementação.

Figura B.4

ção e na suposição de que os recursos externos poderiam ser desviados tão subitamente? Que experiência tiveram com esse tipo de treinamento no passado? Que pressuposições foram realizadas ao avaliar cada alternativa?

Sugestões a considerar

O autor pode considerar a inclusão de critérios adicionais à matriz de avaliação ou o uso de peso com os critérios atuais se algum for significativamente mais importante do que o outro. Se existe algum dado que apoie o escore, ele pode ser fornecido em um anexo. Acima de tudo, o autor precisa demonstrar que há bastante consenso dentro da organização em relação à avaliação das alternativas e à recomendação final.

Recomendação

Pontos fortes da seção

Esta seção (Figura B.5) apresenta uma simples recomendação de qual alternativa o autor sugere para o caso. A declaração está clara e fácil de ler.

Prováveis comentários ou perguntas de revisão

Qual é a principal razão para selecionar essa opção? Por que o autor rejeitou as outras opções? Quais são os principais fatores por trás da recomendação? Que outros departamentos ou indivíduos se envolveram na seleção e na justificativa da opção? Qual é o comprometimento de tempo e conhecimento necessários pela equipe interna e quem seria a melhor opção para liderar um projeto como esse? Alguém já foi identificado e abordado provisoriamente em relação à liderança do esforço de desenvolvimento de um curso?

Sugestões a considerar

É considerado "melhor prática" em propostas explicitar por que um curso de ação foi recomendado. O autor deve considerar modos de esclarecer mais a conexão entre as alternativas e a recomendação. A elaboração de propostas não

---

- Usar recursos internos para conduzir um programa formal de solução de problemas durante os próximos meses.

Figura B.5

é exatamente o mesmo que a solução de problemas, e a ligação entre causa e efeito em geral é menos demonstrada na proposta porque a aprovação costuma ocorrer antes das ações de implementação. Apesar disso, mesmo as propostas devem tentar mostrar ligações claras entre os itens de ação (ou contramedidas) sugeridos e o modo como eles afetarão a condição atual.

Linha do tempo de implementação

Pontos fortes da seção

A seção de linha do tempo proposta (Figura B.6) usa o recurso em conjunto com atividades de implementação de alto nível necessárias para apoiar a proposta. O gráfico descreve o cronograma geral de modo visual e inclui os passos Verificar e Agir do ciclo PDCA.

Prováveis comentários ou perguntas de revisão

Qual dos planos de ação provavelmente será o mais difícil ou mais crítico? Que nível de confiança está por trás desses planos de ação e das linhas do tempo associadas? Quem se envolveu com a geração desses planos e estimativas de tempo? A linha do tempo é rápida o suficiente para lançar os pilotos, aprender com a revisão e alcançar as metas até o final do ano? Por outro lado, será que certas partes não são agressivas demais (como o desenvolvimento de materiais

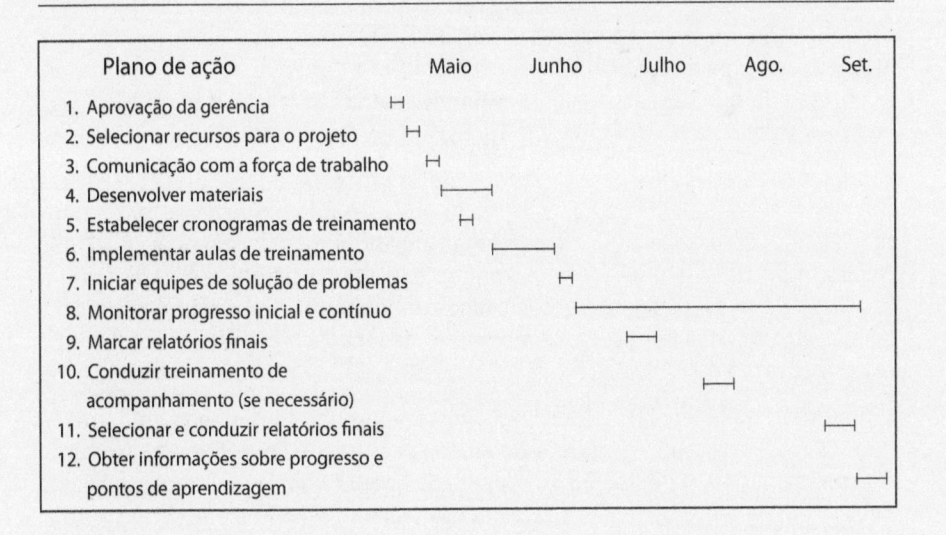

Plano de ação	Maio	Junho	Julho	Ago.	Set.
1. Aprovação da gerência	⊢⊣				
2. Selecionar recursos para o projeto	⊢⊣				
3. Comunicação com a força de trabalho	⊢⊣				
4. Desenvolver materiais	⊢——⊣				
5. Estabelecer cronogramas de treinamento		⊢⊣			
6. Implementar aulas de treinamento		⊢——⊣			
7. Iniciar equipes de solução de problemas			⊢⊣		
8. Monitorar progresso inicial e contínuo			⊢————————⊣		
9. Marcar relatórios finais			⊢⊣		
10. Conduzir treinamento de acompanhamento (se necessário)				⊢⊣	
11. Selecionar e conduzir relatórios finais					⊢⊣
12. Obter informações sobre progresso e pontos de aprendizagem					⊢⊣

Figura B.6 Linha do tempo proposta.

de treinamento e aulas em apenas algumas semanas)? Quantas horas de recurso serão necessárias para apoiar esse trabalho e será que algum custo interno não está sendo considerado? Quem seria a melhor pessoa para conduzir esse tipo de trabalho? Quem possui a experiência certa?

Sugestões a considerar

Nas propostas, o plano de implementação em geral é de altíssimo nível. Antes de conceder aprovação, é difícil investir tempo na criação de planos muito detalhados. Essa linha do tempo provavelmente é um ponto de partida suficiente para nossos objetivos. Ela poderia melhorar com a identificação das partes responsáveis por cada item do plano de ação. Também poderíamos acrescentar uma estimativa das horas de mão de obra ou incluir uma coluna que ordenasse os itens por dificuldade (por exemplo, fácil, médio, difícil).

Resumo da revisão do relatório A3

O A3 de proposta completo se encontra na Figura B.7, para sua referência e revisão. Assim como o Apêndice A, esperamos que você entenda a importância de revisar os relatório A3. O ato de escrever de modo estruturado leva os autores a esclarecerem suas próprias ideias na hora de comunicá-las, e a revisão dos A3s também pode levar a ideias melhores e mais claras, além de mais áreas de melhoria. No caso da elaboração de propostas, os autores quase sempre precisam refinar suas ideias iniciais à medida que mais dados começam a surgir. Esse exemplo pode ser uma revisão preliminar que seria aprovada nesse ponto (dependendo das pressuposições observadas anteriormente) ou devolvida para a inclusão de mais justificativas e revisões. Tudo depende das circunstâncias: lembre-se de que apresentamos o exemplo apenas como caso hipotético para consideração em suas atividades práticas.

O principal objetivo deste livro é apresentar o processo de elaboração e os três tipos básicos de relatórios A3. O primeiro passo é aprender a escrever os tipos básicos e, é claro, executar o trabalho associado a eles. A princípio, o A3 não é nada mais do que uma ferramenta para executar o ciclo PDCA de gestão. O processo de revisão, seja durante as fases preliminares da criação do relatório, seja na fase final, é importantíssimo para o desenvolvimento do indivíduo e da organização.

Uma última observação: os exemplos neste apêndice são apenas amostras, e não respostas às quais você deve se ater. O segredo nos relatórios A3 é a parte do "pensamento" da equação e o desenvolvimento contínuo e permanente do pessoal. Esperamos que você aproveite essa técnica e impulsione suas próprias habilidades. Boa sorte!

Proposta de "Treinamento em Solução Prática de Problemas"

Histórico

- Os defeitos na produção cresceram 30+% durante os últimos 12 meses
- A rotatividade de supervisores e líderes nos últimos 12 meses está próxima de 50%
- Necessidade de reduzir defeitos a fim de atender objetivos corporativos estabelecidos para operações de produção em 2007
- Oportunidade para melhorar as habilidades da força de trabalho e desenvolver os recursos humanos em produção

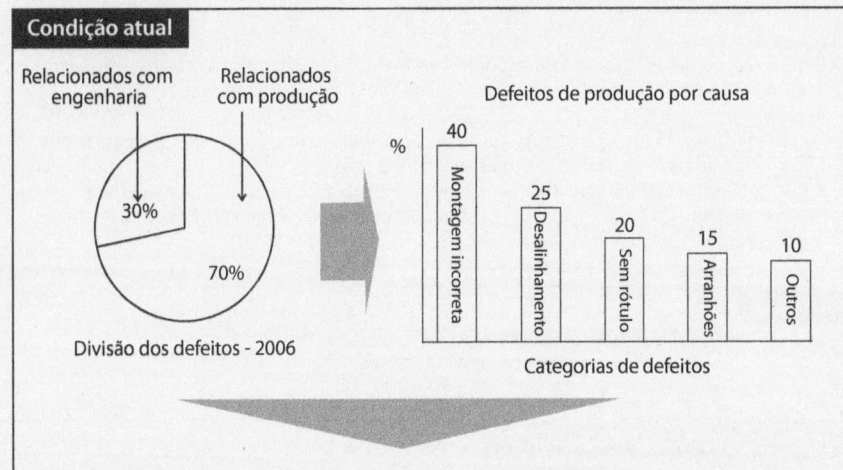

Condição atual

Relacionados com engenharia: 30%
Relacionados com produção: 70%
Divisão dos defeitos - 2006

Defeitos de produção por causa (%):
- Montagem incorreta: 40
- Desalinhamento: 25
- Sem rótulo: 20
- Arranhões: 15
- Outros: 10

Categorias de defeitos

- 100% dos defeitos de produção que foram examinados nesta pesquisa poderiam ter sido prevenidos.
- Entrevistas com 20 supervisores de oficinas e líderes indicaram experiência mínima em solução de problemas
  - 50% jamais haviam recebido qualquer treinamento formal em solução de problemas durante suas carreiras
  - 40% haviam recebido apenas treinamento introdutório sobre o tema em algum momento de suas carreiras
  - 10% receberam treinamento avançado em suas carreiras e podiam dar exemplos

Proposta

- Implementar um programa de treinamento em solução prática de problemas na produção durante o próximo trimestre
  - Reduzir os defeitos na produção em 50% até o final do ano
  - Melhorar a capacidade de solução de problemas do pessoal atual

Figura B.7a A3 de proposta de "Treinamento em Solução Prática de Problemas".

(continua...)

De: Scoot S.
Para: Gary K.
Data: 22/4/2006

Avaliação das alternativas

Alternativas	Critérios		
	Custos	Qualidade	Tempo
A. Contratar recurso externo para treinamento e implementação	$40 mil	Alto	Meados de junho
B. Utilizar treinamento em faculdade local	$15 mil	Médio	Junho
C. Usar recursos internos e desenvolver materiais	N/D	Médio	Maio

Comentários gerais:
- O grupo consultor pretendido está disponível e demonstrou sua experiência com a subsidiária local, mas não pode fornecer o treinamento até meados de junho devido a seus recursos limitados.
- O curso da faculdade local só começa com a sessão de verão em junho, e o treinamento ocorre fora do local de trabalho. Apoio de acompanhamento possível.
- Recursos internos poderiam ser desviados em curto prazo. Uma pessoa do treinamento e desenvolvimento e um recurso em tempo integral da produção seriam necessários para apoiar o treinamento e a implementação.

Histórico

- Usar recursos internos para conduzir um programa formal de solução de problemas durante os próximos meses.

Linha do tempo de implementação

Plano de ação —— Maio —— Junho —— Julho —— Ago. —— Set.

1. Aprovação da gerência
2. Selecionar recursos para o projeto
3. Comunicação com a força de trabalho
4. Desenvolver materiais
5. Estabelecer cronogramas de treinamento
6. Implementar aulas de treinamento
7. Iniciar equipes de solução de problemas
8. Monitorar progresso inicial e contínuo
9. Marcar relatórios finais
10. Conduzir treinamento de acompanhamento (se necessário)
11. Selecionar e conduzir relatórios finais
12. Obter informações sobre progresso e pontos de aprendizagem

Figura B.7b A3 de proposta de "Treinamento em Solução Prática de Problemas".

(continuação)

Índice

A

A Máquina que Mudou o Mundo, 23-24, 31
A3 dobrado em três, 132-133
Agir, passo, 26-29, 41-42, 70-71, 84-86, 93-95, 114, 181-182
Alinhamento organizacional no pensamento A3, 38-40
Alternativas de respostas em solução de problemas, 47-48
Análise dos cinco porquês, 44-46, 64-65, 75, 125-126, 128-129, 158-159
Aprendendo a Enxergar, 101, 104, 111-112
Aprovação, 149-152
   estabelecendo convenção para, 150-152
   necessidade de, 150-151
   níveis de, 150-151
   obtendo, 49-50
      relatório A3 de proposta, 106, 108-109
Aprovação da gerência, 149-152
   convenção para estabelecimento, 150-152
   necessidade de, 150-151
   obtendo, 49-50, 106, 108-109
Armazenamento de relatórios A3, 151-153
Artigos publicados sobre a Toyota, 23
Avaliação das alternativas, 179-181

B

Brevidade, para forçar síntese da aprendizagem, 37-39, 132-134

C

Causa, efeito, percebendo a diferença entre, 34-35
Causas fundamentais
   causas óbvias, distinção de, 44-45
   problemas relativos ao processo de investigação, 44-46
   relatório A3 de solução de problemas, exemplo de, 65-66
Círculo de Controle da Qualidade (CCQ), 53-55, 68, 159-162
Clareza da mensagem em gráficos, 135, 138
Coaching, para elaboração de A3s eficazes, 148-150
   comentários de indivíduos, solicitando, 148-150
   consultores, 149-150
   feedback, 148-150
   opiniões de diversas fontes, obtendo, 148-150
   solucionadores de problemas na organização, conselhos de, 149-150
Compartilhando a mudança planejada com os grupos impactados, 47-48
Computadorizados *versus* escritos a mão, relatórios A3, comparação, 145-149
   benefícios de desenhar imagem do processo, 146-147
   descrições de alto nível, pouca utilidade das, 145-147
   gráfico de Pareto, uso de, 28-29, 65-66, 136, 146-147, 175-176
Comunicação horizontal, 38-39
Comunicação vertical, 38-40
Condição atual, 175-179
   relatório A3 de solução de problemas, 59-62
   relatório A3 de *status*, 118-119
Confirmação, relatório A3 de solução de problemas, 70-71
Consenso, valor do, 38-40
Consistência entre unidades organizacionais, no pensamento A3, 39-41
Consultores, sobre elaboração de A3s eficazes, 149-150
Contexto, entendendo a situação em, 40-41

Contexto amplo, entendendo a situação em, 40-41
Convenções
  de estilo, forma, 131-135, 138
  para aprovação, relatórios A3, estabelecendo 150-152
Cultivo de desenvolvimento intelectual por meio do sistema A3, 34-35

D

Declaração de hipótese, importância de, 27-28
Declaração do objetivo, relatório A3 de solução de problemas, exemplo de, 62-63
Deming, W. Edwards, 26-29, 69
Desenvolvimento intelectual, como prioridade da Toyota, 34-35
Design de gráficos, 135, 138-139
Destilação no pensamento A3, 37-39
Diagramação, relatório A3 de solução de problemas, 61-62
Disciplina necessária no uso do ciclo PDCA, 28-29, 34-35
Discussão com as partes afetadas, 48-49, 105-106

E

Efeito, causa, percebendo a diferença entre, 34-35
Eficácia da comunicação, forma, estilo, efeito sobre, 131
Eficiência dos gráficos, 38-39
Elementos do pensamento A3, 34-42
  alinhamento organizacional, 38-40
  consistência entre unidades organizacionais, 39-41
  destilação, 37-39
  objetividade, 35-37
  ponto de vista sistêmico, 40-42
  processo, natureza crítica do, 36-38
  processo de raciocínio lógico, 34-36
  resultados, natureza crítica dos, 36-38
  síntese, 37-39
  visualização, 37-39
Empresas Toyota originais, fundadores das, 24-25

Escala dos dados em gráficos, 137-138
Esclarecimento do problema, 42, 44-45
Escrever para um público, importância de, 134-135, 138
Escritos a mão *versus* computadorizados, relatórios A3, 145-149
  benefícios de desenhar imagem do processo, 146-147
  descrições de alto nível, pouca utilidade das, 145-147
  gráfico de Pareto, uso de, 28-29, 65-66, 136, 146-147, 175-176
  vantagens, 147-148
Especificidade no estilo dos relatórios, 134-135
Estética do relatório, 132-133
Estilo de relatórios, 131-135, 138, 160-161
  brevidade, 132-134
  efeito sobre eficácia da comunicação, 131
  escrever para um público, 134-135, 138
  especificidade, 134-135
  estrutura gramatical paralela, listas, 133-134
  gramática, 134-135
  listas, 133-134
  listas de itens, 133-134
  listas numeradas, 133-134
  negrito, 134-135
  ortografia, 134-135
  sublinhado, 134-135
  vírgulas, uso de, 134-135
  voz ativa *versus* voz passiva, 133-135
Estrutura gramatical paralela, listas, 133-134
Executar, passo, 26-28, 41-42, 84-85
Exemplo de recomendações de serviço de alimentação em refeitório, relatório A3 de proposta, 94-95, 101, 104
Explicações verbais
  confusas, eliminação de, 38-39
  natureza repetitiva das, 38-39
  repetitivas, eliminação de, 38-39

F

Feedback durante elaboração de relatórios, 148-150

Firmas americanas, Toyota, comparação da solução de problemas entre, 27-28
Fluxo dos relatórios, 39-40, 54-55, 132-133
Fluxograma, 137-138
Foco em dados *versus* design em gráficos, 138-140
Fonte dos dados em gráficos, notação de, 138-139
Ford Motor Company, Toyota ultrapassando em vendas de veículos, 23
Forma dos relatórios, 131-140, 160-161
    dobrado em três, A3, 132-133
    efeito sobre eficácia da comunicação, 131
    estética, 132-133
    fluxo do relatório, 132-133
    legibilidade, 132-133
    rótulos das seções, 132-133
    seções de relatórios, 132-133
    título do relatório, 132-133
Fundadores das empresas Toyota originais, 24-25

G

General Motors, Toyota ultrapassando em vendas de veículos, 23
Gráficos
    clareza da mensagem, 135, 138
    de barras, 136
    de barras horizontais, 136
    de barras verticais, 136
    de colunas, 136
    de colunas empilhadas, 137-138
    de colunas empilhadas de porcentagem, 137-138
    de dispersão, 137-138
    de Gantt, representando conjunto de atividades, 117-119
    de linha, 136
    de Pareto, 28-29, 65-66, 136, 146-147, 175-176
    de *pizza*, 136
    design de, 135, 138-139
    eficiência dos gráficos, 38-39
    entender dados, 135, 138
    escala para os dados, 137-138
    escolha de, 135, 138
    fluxograma, 137-138
    foco em dados *versus design*, 138-140
    fonte dos dados, notação de, 138-139
    histograma, 137-138
    legenda, 135, 137-138
    opções ao apresentar dados, 135, 137-138
    quantidade de dados, 135, 138
    rótulos, 135, 137-138
    tabelas, comparação de *design* de, 139-140
    texto, redundância de gráfico com, 138-139
    tipos de gráficos, 135, 137-138
    título, 135, 137-138
    uso apropriado de, 135, 138
    visual sujo, minimizando, 138-140
Gramática em relatórios, 134-135
Grupo de colegas, discussão com, 105-106, 125-126, 128-129

H

Habilidades de solução de problemas necessárias, relatório A3 de proposta, 83
Histogramas, 137-138
Histórico da situação, consideração de, 39-40

I

Identificação de causas diretas, 44-46
Investigação, método científico de, 24-25

J

Japan Union of Scientists and Engineers (União Japonesa de Cientistas e Engenheiros), princípios científicos do controle de qualidade, 26-27
JUSE. *Ver* Japan Union of Scientists and Engineers (União Japonesa de Cientistas e Engenheiros)

K

Kiichiro Toyoda, patentes concedidas a, 24-25

L

Legenda, uso em gráficos, 135, 137-138
Legibilidade do relatório, 132-133
Liker, Jeffrey, 23, 31, 50-51, 81-82, 111-112
Linha do tempo de implementação, 181-182
Linhas em tabelas, uso mínimo de, 139-140
Lista de ação, relatório A3 de solução de problemas, 66-67
Listas
   de itens, 133-134
   em relatórios, 133-134
   numeradas em relatórios, 133-134
Literatura, práticas da Toyota Motor Corporation, 23
Lucros, Toyota, 23-24

M

Mentalidade por trás do sistema A3, 34-42
Método científico de investigação, 24-25
Modelo de produção enxuta, Sistema Toyota de Produção, 23-24
Modelos, desenvolvimento de, 141-143
   diversidade de formatos de relatório, 141-142
   padrão, definição de, 141-143
   perigo de, 142-143
Modelos padronizados, desenvolvimento de, 141-143
   diversidade de formatos de relatório, 141-142
   padrão, definição de, 141-143
   perigo de, 142-143
Múltiplas alternativas de respostas em solução de problemas, 47-48
Multiplicidade de perspectivas, lidando com, 35-37

N

Narrativa
   relatório A3 de proposta, 85-95
      análise, 88-91
         exemplo, 90-91
      condição atual
         A3 de proposta, exemplo de, 88-89
         enquadramento de, 88-91
      cronograma de implementação, 91, 93
      detalhes, descrição de, 94-95
      detalhes do plano, exemplo de, 91-92
      efeito total, 94-95
      feedback, 91-92
      fluxo, 86-87
      histórico, 87-89
         exemplo, 87-88
      proposta, 88-91
         detalhes do plano, 91-93
         exemplo, 90-91
         fluxo de, 88-91
      seção de itens não resolvidos, 91, 93
      tema, 86-88
   relatório A3 de solução de problemas, 53-72
      ações de acompanhamento, 70-72
      análise da causa fundamental, 63-66
      Círculo de Controle da Qualidade (CCQ), 53-55, 68, 159-162
      confirmação de efeito, 68-71
      declaração do objetivo, 62-64
      descrição do problema, 59-63
      efeito total, 71-72
      informações de histórico, 57-60
      respostas para problema, 66-68
      seção de condição atual, 59-63
      tema, descrevendo problema trabalhado, 56-58
   relatório A3 de *status*, 114-122, 124-125
      efeito total, 121-122, 124-125
      histórico, 116-119
      questões não resolvidas, 120-122
      seção de ações de acompanhamento, 120-122
      seção de condição atual, 117-119
      seção de resultados, 119-122
      tema, 114-117
Natureza colaborativa do sistema de relatórios A3, 33-35
Natureza contraintuitiva do processo da Toyota, 23-24
Natureza iterativa da solução de problemas, 41-42
Negrito, 134-135
Níveis de aprovação, relatórios A3, 150-151
Níveis de revisão, relatório A3 de proposta, 105-106

O

O Modelo Toyota, 23, 31, 50-51, 81-82, 111-112
Objetividade no pensamento A3, 35-37
Objetivos da empresa, ligando o histórico ao, relatório A3 de solução de problemas, 58-59
Observação
    direta, na coleta de dados, relatório A3 de solução de problemas, 60-62
    do problema em primeira mão, 42, 44-45
    em primeira mão, 42, 44-45
    humana, natureza subjetiva da, 35-36
    natureza subjetiva de, 35-36
Ohno, Taiichi, 24-25
Opções ao apresentar dados gráficos, 135, 137-138
Opinião qualitativa, natureza contraproducente da, 36-37
Orientação ocidental para resultados de curto prazo, 26-27
Orientação sobre elaboração de A3s eficazes, 148-150
    comentários de indivíduos, solicitando, 148-150
    consultores, 149-150
    feedback, 148-150
    opiniões de diversas fontes, obtendo, 148-150
    solucionadores de problemas na organização, conselhos de, 149-150
Orientador, discussão com, 105-106, 125-126, 128-129
Ortografia em relatórios, 134-135

P

Patentes concedidas a Sakichi, Toyoda, Kiichiro Toyoda, 24-25
Pensamento mágico, natureza contraproducente do, 36-37
Pensando em mudanças para o sistema atual, 45-48
Perspectivas, multiplicidade de, lidando com, 35-37
Planejar, passo, 26-29, 41-42, 84-86, 114
Plano de acompanhamento
    criação de, 48-49
    execução de, 49-51

Planos de implementação
    criação de, 47-48
    execução de, 49-51
Ponto de vista sistêmico no pensamento A3, 40-42
Prática de controle de escopo, 144-146
    padrão para aprender A3s, desenvolvimento de, 144-145
    processo de aprendizagem inicial, 144-146
    questões interfuncionais, 144-146
    sessões de prática, 144-146
Preconceitos, confronto de, 26-27
Prêmios internacionais, Toyota, 23
Prêmios nacionais, Toyota, 23
Pressuposições, confronto de, 26-27
Princípio 80/20 *Ver* Princípio de Pareto
Princípio de Pareto, 35-36, 50-51, 109-110
Processo
    de aprendizagem inicial, prática de controle de escopo, 144-146
    de raciocínio, em sistema de relatórios A3, 33-51, 158-160
        alinhamento organizacional, 38-40
        consistência entre unidades organizacionais, 39-41
        desenvolvimento intelectual, como prioridade da Toyota, 34-35
        destilação, 37-39
        mentalidade, 34-42
        natureza colaborativa de, 33-35
        objetividade, 35-37
        ponto de vista sistêmico, 40-42
        processo, natureza crítica do, 36-38
        processo de raciocínio lógico, 34-36
        resultados, natureza crítica dos, 36-38
        síntese, 37-39
        visualização, 37-39
    de raciocínio lógico no pensamento A3, 34-36
    natureza crítica do, no pensamento A3, 36-38
    que origina o problema, entendendo o, 41-46
Proposta de estampagem, relatório A3 de exemplo, 101, 104-106
Público, consciência do, relatório A3 de solução de problemas, 57-59

Q

Quantidade de dados em gráficos, 135, 138
Quantificação do problema, relatório A3 de solução de problemas, 61-62
Questões
　aprovação, 149-152
　armazenamento, 151-153
　coaching, 148-150
　com estruturas de apoio, 141-153
　escritos a mão *versus* computadorizados, relatórios A3, 145-149
　interfuncionais, prática de controle de escopo, 144-146
　modelos padronizados, desenvolvimento de, 141-143
　orientação, 148-150
　prática de controle de escopo, 144-146
　recuperação, 151-153

R

Recomendação, 180-181
Recorrência, respostas preventivas, 45-48
Recuperação de relatórios A3, 151-153
Redução de estoque, relatório A3 de *status*, 125-126
Redução de sucata, exemplo de relatório A3 de solução de problemas, 73
"Reduzindo o tempo de envio de cobrança", relatório A3 de solução de problemas de amostra, 163-173
　acompanhamento, 170-171
　análise de causa, 166-169
　condição atual, 164-166
　contramedidas, 168-170
　declaração do objetivo, 165-167
　histórico, 163-165
　resumo, revisão do relatório A3, 171
　verificação, 169-171
Relatório A3 de proposta, 83-112, 175-182
　amostra de solução prática de problemas, 175-182
　exemplo da Estamparia Acme, 101, 104-106
　exemplo de recomendações de serviço de alimentação em refeitório, 94-101, 104
　exercício de prática, 108-111
　　elaboração, 109-111

　revisão, 110-111
　habilidades de solução de problemas necessárias, 83
　implementação de cartão de crédito corporativo, 96
　narrativa, 85-95
　　análise, 88-91
　　　exemplo, 90-91
　　condição atual
　　　A3 de proposta, exemplo de, 88-89
　　　enquadramento de, 88-91
　　cronograma de implementação, 91, 93
　　detalhes, descrição de, 94-95
　　detalhes do plano, 91-93
　　　exemplo, 91-92
　　efeito total, 94-95
　　exemplo, 90-91
　　feedback, 91-92
　　fluxo, 86-91
　　histórico, 87-89
　　　exemplo, 87-88
　　proposta, 88-91
　　seção de itens não resolvidos, 91, 93
　　tema, 86-88
　relatório A3 de solução de problemas, comparação, 85-86
　revisão, 105-109
　　aprovação, obtendo, 106, 108-109
　　grupo de colegas, orientador, discussão com, 105-106
　　níveis de, 105-106
　　partes afetadas, discussão com, 105-106
　　perguntas para, 107
Relatório A3 de solução de problemas, 53-82, 163-173
　amostra de redução de tempo de envio de cobrança, 163-173
　análise dos cinco porquês, exemplo de, 64-65
　confirmação, 70-71
　declaração do objetivo, exemplo de, 62-63
　diagramação, benefícios da, 61-62
　exemplo de redução de sucata, 73
　exercício de prática, 75-81
　　crítica de A3, 80-81
　　escrevendo A3s, 77-81
　fluxo, 54-55

lista de ação, 66-67
modelo, 57-58
narrativa, 53-72
  ações de acompanhamento, 70-72
  análise da causa fundamental, 63-66
  Círculo de Controle da Qualidade (CCQ), 53-55, 68, 159-162
  confirmação de efeito, 68-71
  declaração do objetivo, 62-64
  descrição do problema, 59-63
  efeito total, 71-72
  informações de histórico, 57-60
  respostas para problema, 66-68
  seção de condição atual, 59-63
  tema, descrevendo problema trabalhado, 56-58
objetivos da empresa, ligando o histórico ao, 58-59
observação direta, na coleta de dados, 60-62
público, consciência do, 57-59
quantificação do problema, benefícios da, 61-62
questões fundamentais, 62-63
relatório A3 de proposta, comparação, 85-86
revisão, 72, 75-77
seção de ações de acompanhamento, exemplo de, 71-72
seção de análise da causa fundamental, exemplo de, 65-66
seção de condição atual
  exemplo, 61-62
  objetivo de, 59-60
seção de histórico, exemplo de, 58-59
seção de respostas, exemplo de, 66-67
Relatório A3 de *status*, 113-130
  comparação entre A3s, 114
  exemplo, 125-126, 128-129
  exercício de prática, 128-129
  fluxo, 116-117
  gráfico de Gantt, representando conjunto de atividades, 117-119
  grupo de colegas, discussão com, 125-126, 128-129
  implementação de cartão de crédito corporativo, 122-123

narrativa, 114-122, 124-125
  efeito total, 121-122, 124-125
  histórico, 116-119
  questões não resolvidas, 120-122
  seção de ações de acompanhamento, 120-122
  seção de condição atual, 117-119
  seção de resultados, 119-122
  tema, 114-117
orientador, discussão com, 125-126, 128-129
perguntas de revisão, 125-126, 128-129
propósito, 121-123
redução de estoque, 125-126
seção de ações de acompanhamento, exemplo de, 121-122
seção de condição atual, exemplo de, 118-119
seção de histórico, exemplo de, 117-119
seção de resultados, exemplo de, 119-120
tempo de ciclo, 125-126
Respostas
  desenvolvendo, 45-48
  relatório A3 de solução de problemas, exemplo de, 66-67
Resultados
  de curto prazo, orientação ocidental para, 26-27
  natureza crítica de, no pensamento A3, 36-38
  relatório A3 de *status*, exemplo de, 119-120
Resumo da revisão do relatório A3, 183-182
Resumo do projeto. *Ver* Relatório A3 de *status*
Revisão
  relatório A3 de proposta, 105-109
  relatório A3 de solução de problemas, 72, 75-77
  relatório A3 de *status*, 125-126, 128-129
Rother, Mike, 101, 104
Rótulos
  em materiais gráficos, 135, 137-138
  em seções de relatórios, 132-133

S

Sakichi Toyoda, patentes concedidas a, 24-25
Seção de ações de acompanhamento
  relatório A3 de solução de problemas, exemplo de, 71-72
  relatório A3 de *status*, exemplo de, 121-122

Seção de histórico, relatório A3 de solução de problemas, exemplo, 58-59
Seções de relatórios, 132-133
Segunda Guerra Mundial, crescimento da Toyota após a, 23-24, 26-27
Sessões de treino, prática de controle de escopo, 144-146
Sete elementos do pensamento A3, 34-42
    alinhamento organizacional, 38-40
    consistência entre unidades organizacionais, 39-41
    destilação, 37-39
    objetividade, 35-37
    ponto de vista sistêmico, 40-42
    processo, natureza crítica do, 36-38
    processo de raciocínio lógico, 34-36
    resultados, natureza crítica dos, 36-38
    síntese, 37-39
    visualização, 37-39
Shewhart, Walter, 26-27, 69
Shook, John, 101, 104
Síntese no pensamento A3, 37-39
Sistema
    de apoio à gestão PDCA, 29-31
    que origina o problema, entendendo completamente o, 41-46
Solução de Problemas
    natureza iterativa de, 41-42
    processo de, 41-51
    solução prática de problemas, relatório A3 de proposta, 175-182
Soluções anteriores, consideração de, 39-40
Sublinhado, em relatórios, 134-135
Sujeira, visual, em materiais gráficos, evitando, 138-140

T

Tabelas, 138-140
    exemplo, 139-140
    gráficos, comparação de *design* de, 139-140
    linhas, uso mínimo de, 139-140
    visual sujo, evitando, 138-140
Técnica de troca de matrizes de estampagem em um minuto, ferramenta de produção enxuta, 157-159
Tempo de ciclo, relatório A3 de *status*, 125-126
Tempo morto mecânico em equipamentos, 35-37
Terceirização por parte das indústrias americanas, 24-25
Texto, redundância de gráfico com, 138-139
Tipos de gráficos, 135-138
Títulos
    material gráfico, 135, 137-138
    relatórios, 132-133
Tufte, Edward, 138-139

V

Verificar, passo, 26-29, 41-42, 48-49, 83, 93-94
Vírgulas, uso em relatórios, 134-135
Visual sujo em materiais gráficos, evitando, 138-140
Visualização
    do estado futuro, 45-48
    no pensamento A3, 37-39
Voz ativa, uso de *versus* voz passiva, 133-135